ちくま文庫

地理学者、発見と出会いを求めて世界を行く!

水野一晴

筑摩書房

目次

地理学者、発見と出会いを求めて世界を行く！

文庫版はじめに

旅に出るために、駅から列車に乗るとき、港から船に乗るとき、そして空港から飛行機に乗るとき、ワクワクして心臓の鼓動が聞こえてくるようである。きっと、未知のものに出会えるかもしれないという期待感が、小躍りしているだろう。よく知らない海外の場合はなおさら元気だ。

私は大学の学部時代から自然地理学を専攻し、大学院博士課程までは日本アルプスや大雪山《たいせつざん》など日本の高山で植生の立地環境の研究を行い、それらをまとめて博士の学位を取得した。その後は、主たる研究地域を国内から海外に変更して、これまで五〇ヶ国以上で調査を行ってきた。

暑い国もあれば寒い国もある。乾いた大地があれば雨続きで洪水に出くわすこともある。サンゴ礁のエメラルドグリーンのラグーンもあれば氷河の輝く頂《いただき》もある。行く先々でいろんな自然に遭遇し、その環境の中で力強く生きている人々と出会った。日本にない自然や人々の生活に出会うとしても新鮮で心が躍ってくる。そんな新鮮な風に当たり、特有なにおいをかぎわけながらひたすら歩くと、新たに興味深いものが見えてくる。そして時には思わぬ発見に出くわすこともあるのだ。調査では様々な人たちと出会う。その人々と織りなす経験が自分の人生においてかけがえのないものになることがある。それだから海外調査はやめられないのだ。

自分の目で見て観察し、疑問を投げかけ、その答えをノートに書き記していくと、単なる観光では見えなかったことがわかってくる。これがフィールドワークの醍醐味《だいごみ》であろう。

私が専攻する地理学や地域研究はフィールドワークがとくに重要で、自分の足で稼いで現地調査を行い、フィールドノートにペンを走らせる。このように地理学者の私が、いかにして海外に渡り、どのように悪戦苦闘しながら調査をし、そこから新たな発見と人々との出会いがあったかを紀行文としてまとめたのが本書である。

私は一九九六年四月から一九九七年三月まで、『月刊地理』（古今書院）に「ひとりぼっちの海外調査」というタイトルで文を連載した。それは、初めての海外調査にひとりで出かけ、いろいろ苦労しながら調査したようすを綴ったものである。そのようにして多様な世界を経験したことは、私にとって大きな財産である。

また、文部科学省の在外研究で、一九九九年一〇月から二〇〇〇年七月までの一〇ヶ月間を、ドイツのレーゲンスブルク大学で研究生活を送ることができた。この海外で研究生活を送るという体験は、またしても私に貴重な糧《かて》をもたらした。この経験を、二〇〇〇年四月から二〇〇一年三月まで、再び『月刊地理』（古今書院）に「続ひとりぼっちの海外調査（ひとりぼっちの在外研究――in レーゲンスブルク）」と題して連載した。

これらの連載は読者による選出の賞で一位を獲るなど好評を博した。読者のみなさんから投票で選出されたこの賞は格別うれしかった。

この『月刊地理』の一連の連載をまとめようと考え、二〇〇五年に文芸社から一冊の本として出版し、おかげさまで好評を博した。そして、長い時を経て、今回題名を変えて文庫化されることになった。

本の出版から一五年あまり、『月刊地理』の最初の連載から二五年余りを経て、若いときに調査した土地や調査方法などは大きく変化している。それで、前半部分の内容に少し加筆をしてより充実させ、さらに現地のその後の変化について述べた第三部「その後の世界」を新たに執筆した。また、この三〇年間ケニア山やキリマンジャロで継続して悪戦苦闘しながら調査した成果がどのようなものであったか、また、一九九三年と二〇一二～一四年にアンデスで調査した研究成果もあわせて、これまでの研究成果を著した。ドイツについても、勤務先の大学のサバティカルという制度を利用して一二年後にドイツに居住したときの様子を描いた「一二年ぶりにドイツに住む」の章を加筆した。

第二部までと違い、やや専門的な内容も含まれるが、ここまでに語ってきた調査旅行の成果でもあるので、ぜひお読みいただければと思う。

なお、本の分量が大幅に増加することや文庫の性格上コンパクトに収めるため、第二部のドイツ編は一部のみを掲載することにした。

一部の文章の加筆を除き、統計など状況が変わっているところは、そのつど［　］のなかに注釈を加えている。また通貨の換算については、連載原稿執筆時と文庫版注釈執筆時それぞれの時点のレートにもとづいている。

本書は、旅をしながらその地域の自然、環境、文化などがいっそう理解できるようにと、そのつど補足解説を加えている。そういった意味で新しいスタイルの「紀行自然学」と言えるかもしれない。ページをめくりながら、みなさんといっしょに未知の場所に飛び込んで海外調査を行い、海外留学を経験し、いろいろと感じ、考えていきたいと思う。

水野一晴

エチオピア
スダシャン山
ケニア山
ケニア
ィクトリア湖
ウガンダ
キリマンジャロ
ザンジバル島
タンザニア
インド

図 0-1　本書に出てくる国と位置

第一部　アフリカ・南米を行く

初めての海外調査はこんなものだった
——一九九二年ケニア・タンザニア調査

海外調査への軌跡

私の研究の大きな目的は、気候変動や環境変化が植生分布に及ぼす影響を明らかにし、植生変化を環境変化の指標としてとらえ、将来的な環境保全の方策を探ることである。その目的のために、植生と環境の関係を把握する必要があり、最初に植生と環境の関係が比較的見きわめやすい高山において研究し、しだいに低いところに下りて研究しようと考えた。それには、若くて体力があるときに高山で調査をし、体力がなくなるとともに下に下りていこうという考えもあった。そこで、まず日本の北アルプスや南アルプス、大雪山で調査を実施し、ある程度成果が得られたので、次に、日本と気候環境が最も異なる熱帯で調査を実施することにした。

熱帯では、近年の植生破壊が気候環境に大きく影響を及ぼしているので、その調査は重要である。そこで、南米のアンデス山脈で調査しようと考え、かつてアンデスで調査をされた都立大の野上先生に相談したところ、スペイン語ができないと調査は難しいとの返事。それで、先生の薦めもあって、ケニア山で最初の調査をすることにした。アフリカといえば、ほかの大陸に比べ古い地質が広く覆い、さらに、人類のルーツがあるところである。「アフリカに行けば何かがわかる」という夢と期待に体中が満ちあふれた。

ケニアはイギリスの植民地であったため、ケニア山の研究も、古くから比較的多くのイギリス人研究者の手によって行われてきた。そのため、英語による文献が容易に手に入るのはありがたかった。それらの文献を読みあさるうちに、ケニア山の氷河がどれも、今世紀に入って急速に縮小していることがわかった。氷河が後退していくのであれば、植物がそれに従って上っていくのではないか――。そのようなことがわかれば、地球温暖化の生物分布に与える影響のひとつの側面に多少なりとも光を与えることができるはずである。そう考えて、期待に胸をふくらまし、一九九二年七月下旬に日本を出発した。

その頃の私は、大学の非常勤講師と予備校の講師をして生計を立てていた。その関係でどうしても、夏の一ヶ月半しか調査に出られない。自分のまわりにいる、大学に就職している人たちが、非常にうらやましかった。また、そういう人たちのなかに、フィールドワークの必要な研究をしていながらあまり調査に出ない人を見ると、代わってほしいものだといつも思っていた。

アフリカへの旅立ち

日本からケニアに行く場合、安く行こうという人は、一般的にエアーインディアかパキスタン航空を使う［近年は、エミレーツ航空やカタール航空で行く人が多い］。私は、エアーインディアで行った。

最初の乗り継ぎでムンバイ（ボンベイ）に立ち寄る。ムンバイに降り立つと、ブゥオーと熱風を浴びせられるような湿った暑さを感じた。日本の太平洋岸の夏の蒸し暑さもいやだが、ムンバイはそれ以上である。

実は、気温が高くなるほど大気は水蒸気を多く含むことができ、さらに、風は海から水分の供給を受けるので、暖かい海を風が長距離渡るとそれだけ湿るのである。名古屋が夏に蒸し暑いのも、夏の南東の季節風が太平洋―伊勢湾を横断するときに、水蒸気をたくさん吸収して名古屋に吹き付けるからであり、日本で新潟が一番雪が降るのもこの理屈である。大陸からの乾燥した冬の北西の季節風が、日本海を渡るときに、暖流の対馬海流によって暖められた海からの水蒸気を吸収し、そのとき北西からの風が日本海を最も長距離渡る先が新潟というわけだ。インドは、夏に赤道のほうからインド洋を長い距離渡ってきた南西の季節風が吹いてくるので、インド西海岸にあるムンバイはきわめて湿った風を受け、雨も非常にたくさん降るのだ。

ムンバイはコルカタ（カルカッタ）やデリーと並ぶインド有数の巨大都市である。発展途上国では、近年農村部から大都市、とくにプライメートシティー（人口最大都市）に仕事を求める人口の流入が著しい。インドのムンバイやコルカタは、ブラジルのサンパウロ、リオデジャネイロ、メキシコのメキシコシティーと並び、とくにその人口流入がすさまじいところである。

写真1-1　ムンバイのスラム街

夜、空港からホテルまで行く途中、路上で寝ているたくさんの人が車窓から見られた。こんなところに寝ていて、車にはねられたら大変だと思いながら、発展途上国の巨大都市の一面を見たような気がした。農村部からの人口集中により、巨大都市ではスクォッター（Squatter、所有者不明瞭の土地を不法占拠する者）の集落、つまりスラムの形成が都心周辺地区で生じるが、それを見るために、タクシーの運転手にムンバイ市内を回ってもらうことにした。

海岸沿いには、無数のほったて小屋が立ち並ぶ（写真1-1）。農村部から流入してきた人たちは最初のうちは家を持たず、路上で寝泊まりしているものの、そのうち、このような誰の土地でもない海岸や河川敷に、集めてきた木や布でバラックの家を次々と建てていくのである。スラム街のなかを、車を降りて見て回るのは多少不安もあったが、人々、とくに子供の人なつっこさに接し、その不安もすぐに消えた。ただし、これはインドだから大丈夫なのであって、ケニアではそうはいかないことは後で知ることとなる。

私が今まで海外で知り合った多くの日本人の長期旅行者が、必ずといってもいいほど長く滞在していた国が三ヶ国ある。インドとネパールとタイである。インドに来てみて、それがわかるような気がした。あまりにも日本の常識とはかけ離れた、いろいろな点で神秘的な国であるからだ。いつか、私も長期滞在することにして、今回は足早にケニアへと向かうことにした。

研究者の集う学振オフィス

ナイロビには、夜の一〇時ぐらいに着くため、初めてのアフリカということもあって、事前に旅行会社にお金を払って宿まで車で送迎してもらうことにしてあった。ところが、飛行場に着くと、そのとき日本学術振興会（通称〝学振〟）のナイロビ駐在員であった京都大学の重田《しげた》さんが、大阪外大の学生平田くんを伴って迎えに来てくださっていた。そのときは、どうして重田さんが見知らぬ私を迎えに来てくれていたのか不思議であった。その真相は、私が出発してから、都立大学の門村《かどむら》先生が気をきかしてくださって、「水野という者が〇〇日の夜ナイロビに着くからよろしく」というような内容のファックスを重田さんに送ってくれていたからであった。私が旅行会社にホテルまで送迎を頼んであると話すと、重田さんは「それでは明日の昼に学振のオフィスに昼食を食べに来てください」と言ってくださった。

それが、重田さんとの初めての出会いである。この出会いによって二年後の私のエチオピア調査が可能になったのである。後でわかったことであるが、このとき重田さんと平田くんは無駄足を踏んだわけで、私も恐縮して陳謝したつもりであるが、重田さんの私に対する第一印象は非常に悪かったようである。

次の日、さっそく、学振のオフィスに出向いた。その日は、学振のオフィスで昼食会が催されていて、重田さんの奥さんの手料理を食べさせてもらった。この学振のオフィスには、アフリカにいる間たびたび出入りすることになったが、そのつどいろいろな研究者と出会うことができ、普段聞けないような興味深い話を聞くことができた。

海外での時間の流れは子供の頃と同じ！

初めて海外に出たオーストラリア以来、つくづく思うのであるが、海外に出て一番の財産となるのは人との出会いである。人生にとって一番貴重で、かつおもしろくさせてくれるものは人との出会いであると常々思ってはいたが、海外に出ると見知らぬ人と出会う機会がはるかに多く、その貴重さを痛感する。それが私を海外に駆り立てる最大の要因にもなっている。

また、一ヶ月半であっても、海外にいると非常に長く感じる。海外にいた一ヶ月半がその年の四分の一から三分の一くらいの時間的長さに感じられるのである。ボリビアにいたとき、いっしょに過ごした長期旅行者たちとそのことについて話し合ったが、結論は、海外にいるときの時間の長さは子供の頃に感じる時間の長さと同種のものであろうということになった。

子供の頃は一年が長いが、大人になるにつれ短く感じる。それは、子供の頃は見るもの経験するものが新鮮で、すべてが学習の対象であるが、年とともに当たり前の世界になってしまって、時間があっという間に経ってしまうからだ。しかし海外に出ると、子供と同じように、すべてが新鮮で、それについて感じたり学習したりするから時間を長く感じるのであろうということである。したがって、私は、人生を豊かに過ごす意味においても、海外に出かけることは非常に有意義だと思っている。どうせ短い一生なのだから、なるべく長く有意義に過ごしたいものだ。日本にばかりいると、つい、ぼぉーっと時を費やしてしまいがちである。

さて、ナイロビに着いて数日間は、調査のために必要な物を手に入れるために奔走した。ナイロビはアフリカ有数の大都会なので、ほとんどの物が手に入る。街のあちこちでコピーができるし、スライドも作成できる。ただし、問題なのは治安の悪さである。夜歩くのは禁物で、私がナイロビにいた間も日本人学生二人が夜八時頃に街を歩いていて、後ろから岩で殴られ、金品を奪われて重傷を負った。

海外には不思議な出会いが待っている!

ケニア山登山に関する情報は、ナイロビ市内にある日系の旅行会社のオフィスに何度も足を運んで得た。そのオフィスでは早川さんとか鈴木さんといった若い日本人女性がいろいろと相談にのってくれた。何年も前のことであるが、私が都立大学博士課程の院生であったときに、当時の教官の寺阪先生が「私の仕事の手伝いをしてくれている東京女子大の学生が、君と同じ名古屋の明和高校の卒業生だから、一度食事をする機会を持ってあげよう」とおっしゃったことがあった。実際その機会が持たれようとしたとき、私が北海道に行ってしまい彼女と出会うことはなかったのだが、ここのオフィスで彼女たちと話をしていて、その東京女子大の学生が鈴木さんであったことが判明して、「日本では会えなかったけど、神様がアフリカで会わせてくれたんだね」ということになった。

このような不思議なめぐり合わせがこの後、海外にいて何度もあった。例えば、私が非常勤で教えに行っている大学の学生と飛驒《ひだ》・木曽《きそ》地方に行ったときのこと。旧中山道《なかせんどう》の宿場町妻籠《つまご》のそば屋でそばを食べていると、後ろから「水野さん」と声をかけられた。

びっくりして振り返ったら、そこには、その年（一九九四年）アフリカのケニア山を登る途中、山小屋でいっしょだった名古屋の夫婦が立っていたのである。

いざ、ケニア山へ！

いよいよナイロビを出発することになった（図1-1）。ケニア山の麓《ふもと》の町・ナロモルへは、ナイロビのリバーロードでナニュキ行きの「ニッサン」に乗る。「ニッサン」とは、ナイロビから遠方へ行く乗合ワゴンのことで、かつては日産車を使うことが多かったので、ナイロビの人々の間でこう呼ばれている。リバーロードはナイロビでも最も治安が悪い場所のひとつなので、緊張しながらナニュキ行きの「ニッサン」を探す。私が乗ったのはトヨタ製の「ニッサン」であったが、荷物が多くて座席を余分に占領すると言われて、三人分の料金（約一二〇〇円）を取られた。

小さなワゴンに恐ろしくぎゅうぎゅうに詰め込まれて約三時間、途中トイレ休憩なし（発展途上国では当たり前のこと）で、ナロモルに着いた。ナロモルは小さな町で、その中心には郵便局や安ホテル、店屋などが並んでいる。この町で、まずガイドとポーター二人を雇うことにした。私が雇ったガイドはフローレンス・マイナという三〇歳過ぎの人で、彼には食料の調達を頼んだ。

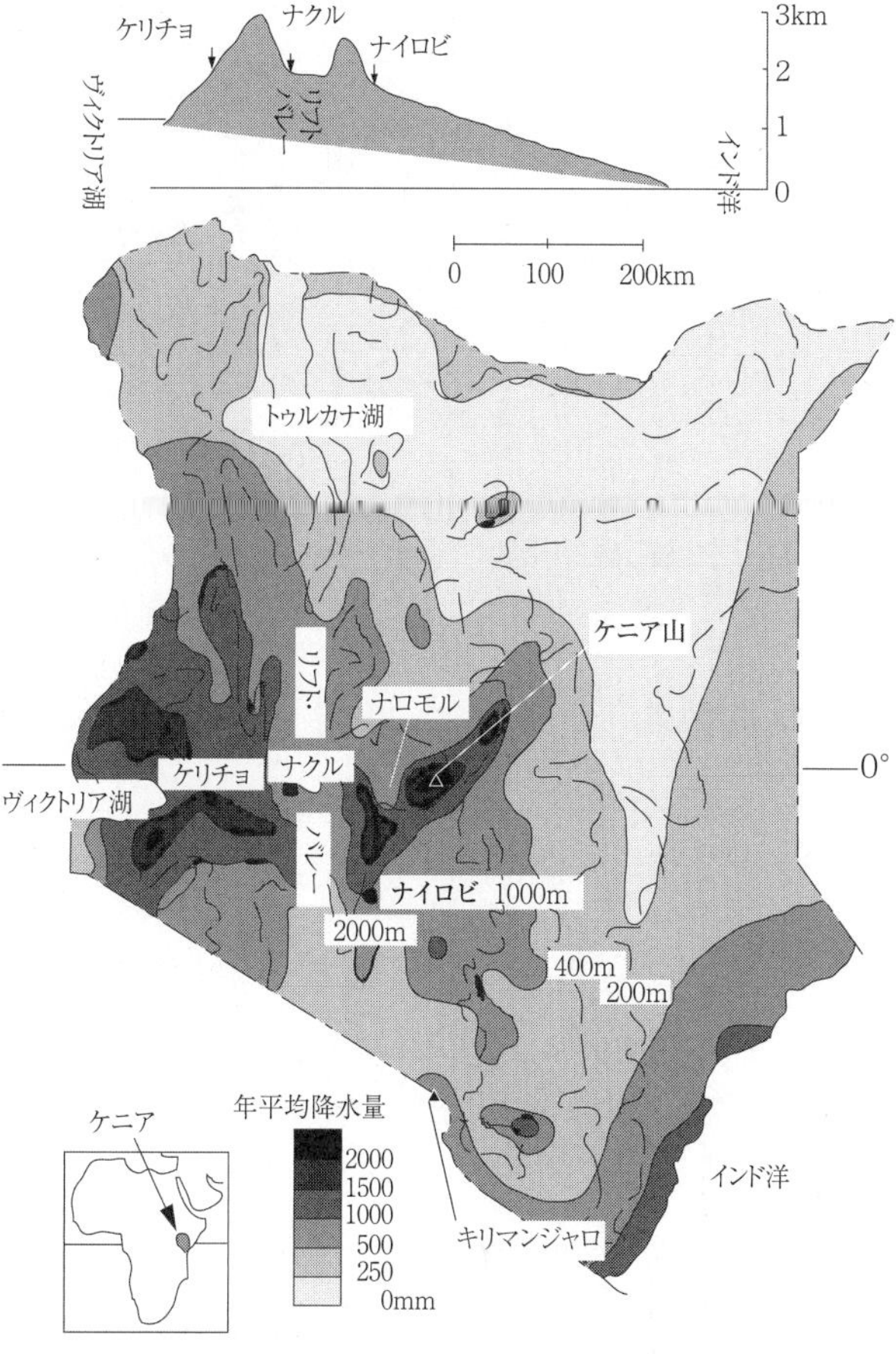

図 1-1　ケニアの地形（破線は等高線）と年平均降水量（篠田 1996 を一部改変）

ナロモルの町では、昼間から何もせずにぼぉーっとしている人がいっぱいいる。フローレンスに、「彼らはなぜ何もしていないのだ?」と聞いてみた。その答えは、「農民たちは一週間のうち、一日で農作物の手入れが終わってしまう。あとの六日間は何もすることがない。だから、一日中ぼぉーっとしているのだ」ということだった。さらに彼はこう付け加えた。「でも、ナロモルは非常に恵まれている。それは、ケニア山があるからだ。ケニア山があるから登山客がこの町に来て、ガイドやポーターを雇ってくれて、この町も潤う。ほかの町はそれがないから非常に貧しい」。

ナイロビにいる間は、ケニアの貧しさをあまり感じなかった。ビルが立ち並び、そのビルの間をたくさんの車やきちんとした身なりの人々が活動的に行き交っていた。しかし、一歩ナイロビから足を踏み出すと、経済的に貧しい農民たちの姿が目に入ってくる。この点が先進国と発展途上国の大きな違いである(精神的には発展途上国の人のほうが先進国より豊かかもしれない)。発展途上国では人口爆発で人口が急増しているにもかかわらず、人口の多くを占める農民が新たに土地を得ることはできない。そして、彼らは生きるために、ナイロビに押し寄せる。こういった構図が発展途上国の大都市どこでも見られるのである。

アフリカの山はお金がかかる

いよいよ、ケニア山に登ることになった。朝、ガイドのフローレンスが宿に迎えに来て、二人のポーターに引き合わされる。まだ、二人とも二〇代の若者であった。日本から運んできたテントや炊事道具、ガイドに調達を頼んであった食料などを四人で分けてザックに詰める。

ナロモルからメッツステーションまでは車で入った。メッツステーションは気象観測が行われている場所である。車代は片道約七〇〇〇円［二〇一九年時点では一二〇ドル（約一万四〇〇〇円）］とべらぼうに高い。途中の国立公園事務所で入山（国立公園入園）の手続きをする。入山料が一日あたり外国人約二七六〇円（一九九四年夏、以下同じ）、ケニア人一〇〇円（三人で三〇〇円）、合わせて一日あたり約三〇〇〇円もかかる［二〇二二年入山料が一日あたり外国人は五二ドル（六〇〇〇〜七〇〇〇円）、ケニア人は四三〇ケニアシリング（略シル）（四三〇円）］。二週間入山すれば、約四万三〇〇〇円かかることになる。日本の山では、まったくかからないこれらの費用が必要なのである。その他、ガイド料とポーター料は、一日一人あたり、それぞれ、約五八〇円、五四〇円［二〇一九年ガイド料は一日三〇ドル（三五〇〇円）、ポーター料は二〇ドル（二三〇〇円）］かかるので、二週間だと三人で二万三二四〇円。山小屋代はマッキンダーズキャンプが一泊約一七六〇円、メッツステーションが一泊約一二八〇円（もちろん素泊まり）。したがって、ケニア山で二週間調査すると一〇万円近くかかることになる。

ケニア山を登る

メッツステーションは標高三〇五〇メートルに位置する山小屋である。ここから先は車では行けない。今回は、メッツステーションに泊まらず、このままマッキンダーズキャンプを目指すことにした（図1-2）。登り始めたら雨が降ってきた。ケニア北部は乾燥しているが、ケニア山にはインド洋からの湿った風がぶつかって上昇気流が生じるので比較的降水量が多い（図1-1）。メッツステーション周辺は竹林帯（タケ地帯）である（図1-3）。ヨーロッパにはない竹もアフリカには分布する。竹林帯を抜けると、標高約三三〇〇メートルからはエリカ・アルボレア *Erica arborea* の低木が優占するエリカ帯と呼ばれるヒース地帯（低木帯）になり、そこはタソックと呼ばれるドーム状の株立ちのイネ科草本《そうほん》が叢生《そうせい》する湿地帯になっている（写真1-2）。湿地帯は標高約三七〇〇メートルまで続く。ここは雲霧帯《うんむたい》と呼ばれ、年中霧が発生する高度帯である。

横断にはスパッツを要するほどの悪路で、足がときどき泥沼にもぐり込み疲れる。イネ科植物が群生する湿地のなかに、ニョキニョキと大きいものは数メートルの背丈にも達する大型長高の植物が見られる。ロベリアやセネシオなどの木本《もくほん》性植物である。これらの植物はジャイアント・ロベリアとかジャイアント・セネシオとか呼ばれているが、標高四五〇〇メートルあたりまで生育している（図1-4）。

そのような標高の高いところは、夜間は零下まで気温が下がる。しかし、ジャイアン

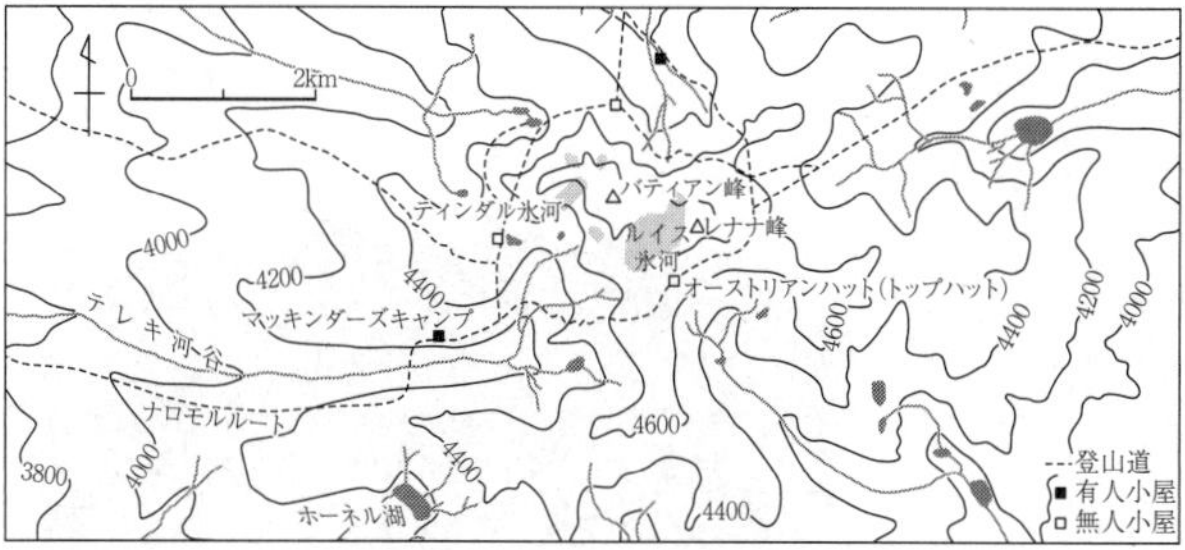

図 1-2　ケニア山の周辺

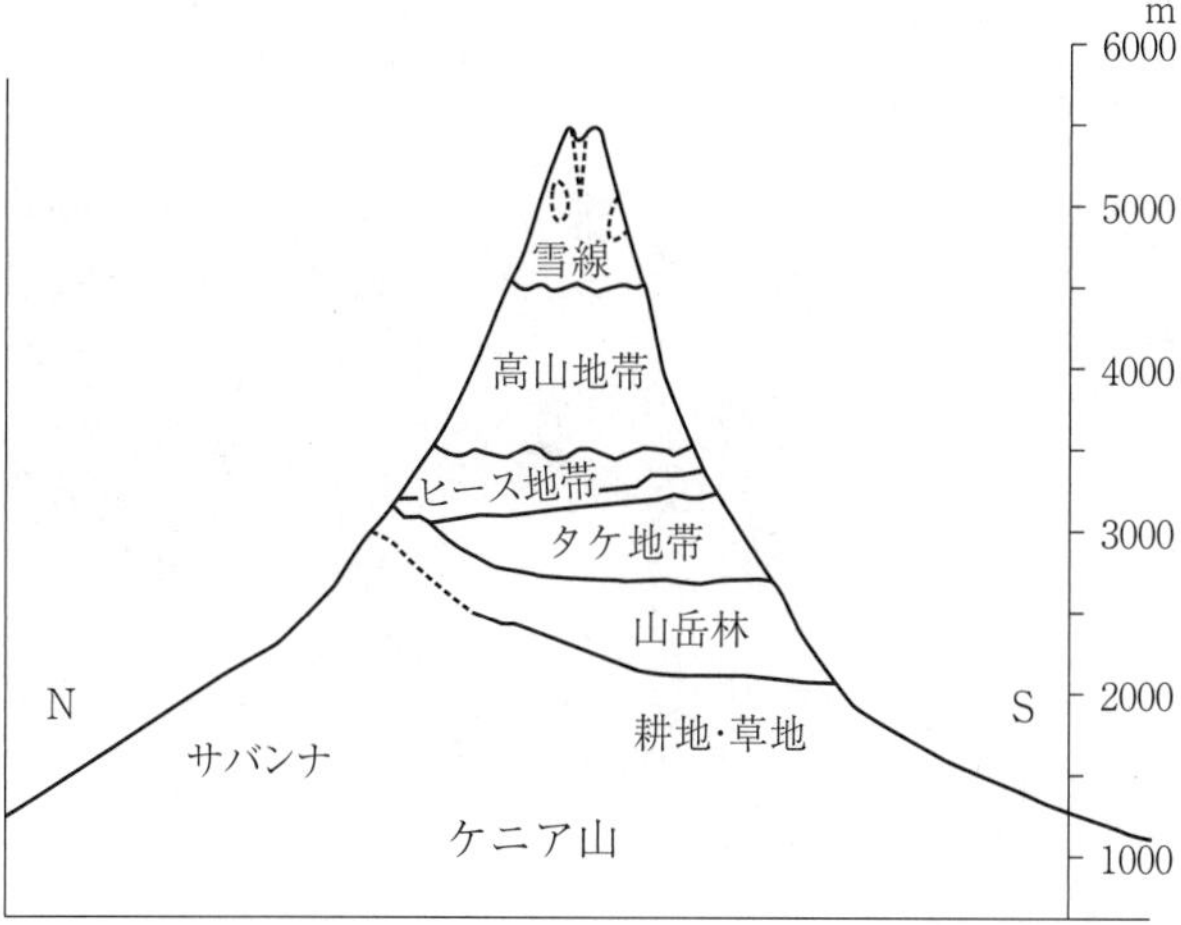

図 1-3　ケニア山の垂直分布（Coe 1967）

写真1-2　標高3300mから3700mにひろがっている湿地帯　ここは雲霧帯にあたり一年中霧が発生している。イネ科植物が叢生する中に、ロゼット型植物のジャイアント・ロベリアやジャイアント・セネシオが分布している

写真1-3　テレキ河谷（標高4000m）から望むケニア山　氷河時代はこの河谷を氷河が流れたためU字谷をなしている

ト・セネシオの幹のまわりは、枯れても落ちない葉のマントで一面覆われて、それが夜の寒気から身を守る役割を果たしている。ロゼット状（葉が放射状に地中から直接出ている状態）の葉を幹の先端に付けているのも、地表近くの低温域を回避しているためである。さらに、そのロゼット葉は日中に開くが、夜は葉が畳み込むように閉じられて、寒《かん》

図1-4　ケニア山の主峰、バティアン峰（5199m）（中央）　都留泰作画　左はティンダル氷河

気《き》から守られる。そして、ロゼット葉は流し出すように水を分泌し、葉の間の隙間を水滴で満たす。寒い夜のたびに水の表層は凍るが、水の下層や茎の頂部は水中にあって霜の害を受けない。

また、ジャイアント・ロベリアの花《か》茎《けい》は高さ二〜三メートル、直径五〜八センチメートルの中空の円筒形で、その中空のなかに地表から高さ一メートルくらいまで液が満たされている。この液が約〇℃で凍結して潜熱を放出し、その潜熱が中空の上部を対流して花茎内部を温めるという構造をなしている。

このように、日本の高山では見られないような大型木本性植物であるジャイアント・セネシオやジャイアント・ロベリアは、熱帯特有の一日の激しい気温変化に適応して生き抜いているのである。

湿地を歩いている途中であまりにも雨がひどくなり、岩小屋で雨宿りをすることにする。岩小屋とは、岩がひさし状に出っぱっているだけのものだが、雨をしのげるので登山者は敬意を表して〝小屋〟と呼ぶ。ここの岩小屋は、緊急の避難地程度のものだが、たまに泊まったりすることもあるようだ。

小一時間休んだがいっこうに降り止まないし、明るいうちに次の小屋マッキンダーズキャンプまで行かなければならないので出発することにする。標高三九四〇メートルの地点でテレキ河谷《かこく》が一望できる地点にたどり着く（写真1-3）。少し息苦しくなり、軽い頭痛に襲われる。テレキ河谷のなかを歩いているうちに日が暮れてしまった。マッキンダーズキャンプ（標高四一四〇メートル）に着いたときには、あたりはもう真っ暗であった。

氷河の下のベースキャンプ

朝、目を覚ますとかなり頭痛がひどくなっている。小屋の人はもう一泊していくことを勧めたが、強気で行くことにする。日頃、自分のこの強気から後で後悔することが多いのだが……。標高四七九〇メートルのオーストリアンハットを目指し、ルイス氷河の末端近くまで来たときに、左手遠方にいくつかのテントが見えた。ガイドに聞くと、通称アメリカンキャンプ（標高四三五〇メートル）と呼ばれ、指定のキャンプ地ではないので野営代が無料だという（指定キャンプ地は一日約一〇〇〇円かかる）。よく見ると、ティンダル氷河のすぐ下ではないか。これは、調査には絶好の場所だと思い、ガイドのフローレンスにそこへ行くようにと言った。彼は、ポーターにキクユ語でその旨を伝えたが、二人とも怪訝《けげん》な表情で互いの顔を見合わせていた。

アメリカンキャンプには、すでに三つのテントが張られていた。そばにいたケニア人に聞くと、イギリスの大学の学生巡検だという。ケニア山一帯に何ヶ所かのステーションが設けられ、学生たちがそれぞれのテーマで調査をしているのだそうだ。ここもそのひとつのステーションだった。海外で学生巡検とはうらやましい。これも、ケニアがかつてイギリスの植民地で、イギリスにとってケニアが身近な土地であるせいか。

われわれもここにテントを張り、ベースキャンプにした（写真1-4）。フローレンスにここでいっしょに泊まるように言うと、「テントが小さいから俺はマッキーンダーズ小屋に泊まる。毎朝ここに来るから、それでいいだろ」という返事であった。小屋からここまでは一時間の道のりである。二人のポーターには二週間後に迎えに来てもらうことにして、下山させた。

ところが、しばらくすると頭痛が激しく私を襲った。薬を飲んだが戻してしまった。フローレンスが夕食を作ってくれたが、とても食べる気にはなれない。ともかく寝るこ

写真 1-4　ケニア山山頂　中央が最高峰のバティアン峰（5199 m）で、登頂には、高度な登はん技術が必要。写真左が調査したティンダル氷河。右がダーウィン氷河でともに後退中。手前には、大型半木本性ロゼット植物のセネキオ・ケニオデンドロン *Senecio keniodendron*

とにしたが、寝るとさらに具合が悪くなるのがこの高山病の特徴である。高山病は酸素不足でなるのであるから、寝ればそれだけ呼吸が少なくなり、さらに悪化するというわけである。しかし、寝るしかない。夜中、何度も激しい頭痛で目が覚め、そのたびに薬を飲むが良くなることはなかった。ナイロビを出るときの、旅行会社（Do Do World）の女性スタッフたちが忠告してくれた言葉を思い出した。

「水野さん、気をつけてよ。二週間ほど前、登山経験豊富な日本人大学生がケニア山に登り、上でテント張って寝たんだって。ところが寝たまま昏睡《こんすい》状態に陥って目を覚まさないの。それで、なんとか下に下ろしたんだけど、医者がもう助からないから両親を呼べっていうことで、外務省を通じて日本から親を呼んだんだって。ところが、両親が来たら奇跡的に目を覚ましたのよ」

このまま寝たら、私も目が覚めないのではないだろうか。そう考えていたら寝てしまった。

ケニア山の食事に驚いた

翌朝、フローレンスの声で目が覚めた。彼が朝食を作りに小屋からやってきたのである。食料の調達と炊事は彼にまかせてあった。しかし、ときどき驚くようなことがあった。

例えば、なんでこんなにいるのかと思うほどの量の砂糖。最初はあまりの大包みであったので砂糖とは思わなかったほどだ。しかし、後で納得がいった。ケニアが世界で四番目［二〇一九年は第三位］のお茶の生産国であるせいか、あるいは圧倒的世界一のお茶の消費国イギリス［二〇一九年はトルコ］（われわれ日本人はよくお茶を飲むと思っているが、それでも一人あたりイギリス人の三分の一の消費量である［二〇一九年はトルコの三分の一以下、イギリスの二分の一］）の植民地であったせいか、ケニア人はよく紅茶を飲む。そして、恐ろしいほどの量の砂糖を入れるのである。

山へ果物をいっぱい持って上がるのもすごい。日本の場合、山に登るとき、少しでも荷物を減らすため、あまり果物は持って上がらない。しかし、このテントのなかは、よりによって重たいパイナップルがごろごろしているのだ。どうりで、四人で分けても荷物が重かったわけだ。

食事は、基本的に朝食がパン、夕食がご飯である。夕食は、ご飯に肉と野菜を入れておじやのようにしたもので、最初食べたときはおいしいと思った。しかし、この食事が四日続いた頃には、少し不安が頭をよぎった。「まさか、同じものが二週間続くことはないだろうな」「まさか。まさか……」。そう思った私が甘かった。この後、ずーっと、このカレー味おじやが続いたのである。わずか三日だけ、中身はまったく同じであるが、チキン味であったのがせめてもの救いであった。

アフリカでは、「まさか？（疑問の表現）」が「まさか！（驚きの表現）」になることが、以後たび重なり、これがアフリカであることがよくわかった。アフリカっておもしろい！

調査で日焼けする

四日ほど高山病で頭痛や吐き気に悩まされたが、それ以降はなんともなかった。毎日、テントからすぐ前にあるティンダル氷河のモレーン（氷河が流れたとき地面をブルドーザーのように削り、その先端にできた堆積物の小山）を登り、あっちこっちとはいつくばりながら調査を続けた（写真1-5）。とくに昼食というものはとらず、疲れたらチョコレートやビスケットをかじる毎日だった。

ところで、調査を続けているうちに、強い紫外線によって顔がただれ、日ごとにはれ上がっていった（写真1-6）。調査の後半には、まわりでテントを張っていたイギリス

写真1-5　ティンダル氷河のモレーン（氷河の手前）と斜面下方に広がる大型半木本性ロゼット植物のセネキオ・ケニオデンドロン

写真1-6　調査を始めて1週間たったときの筆者の顔（すぐ右は、調査前の顔）　紫外線で顔がはれている。この数日後、さらに爆発的に顔がはれあがり、ガイドがひどく驚いた

のグループや、ロッククライミングに来ていたスペイン人の四人組や、南アフリカ共和国の若者が、私の顔を心配して代わる代わるテントに薬を持ってやってきてくれた。ある朝、起きると、フローレンスがびっくりしたような声で、「顔を鏡で見てみろ！」と言うので、恐る恐る携帯の小さな鏡をのぞきこんでみた。そこには、とてもこの世のものとは思えない自分の顔があった。しかし、そんな顔も、下山したらすぐに良くなってしまった。

高山での調査はとてもとても厳しいものがある。しかし、それを超えるワクワクするような未知のものが待っているので、やめられないのである。

空中写真を手に入れるのは大変！

ケニア山から下山して、しばらくナイロビで休養することにする。まず、しなければならないことは、空中写真を手に入れることであった。アフリカの多くの国では、研究調査するのには国の許可証が必要で、ケニアでもそれを得るのに大変な労力と時間を要したが、空中写真の場合も同じであった。

まず、ナイロビ大学の地理学教室のオジャニイ教授のところに、空中写真の入手方法を聞きに出向いた。しかし、教授が不在であったので、困って、廊下ですれ違った学生に空中写真のことを聞いてみた。すると、彼がある部屋に私を連れていき、そこにいる教官らしき人に聞いてくれた。その教官は、リモートセンシングセンターにあるかもしれないと言って、そこへの行き方を紙に書いて手渡してくれた。その紙に従い、バスを乗り継いでリモートセンシングセンターに行ったのだが、そこには空中写真はなかった。

しかし、そこの所員がサーベイ・オブ・ケニアに行けばあるのではと教えてくれたので、また、バスに乗ってそこに行ったのである。

サーベイ・オブ・ケニアでは、昼食時間であったにもかかわらず、空中写真の入手方法とケニア山周辺の空中写真の存在を確かめてくれた。空中写真は存在したのだが、ケニアの研究機関の推薦状が必要であるとのことで、その日はあきらめて帰った。後日、苦労して推薦状を手に入れて再度サーベイ・オブ・ケニアに行ったところ、所員の人がこう答えた。

「申請書を書いて推薦状といっしょに提出し、二週間ぐらい後に許可されたら、原板から写真を焼き付けるので、そのための印画紙を街で手に入れて持ってくるように」

これでは、とても帰国までに空中写真を手に入れることはできない。私が困った顔をしていると、所員の人がどこからともなくひとりの日本人を連れてきた。その日本人にわけを話して私の名刺を渡すと、彼がその名刺を見て叫んだ。「僕の後輩じゃないか」。私の名刺には「東京都立大学理学部地理学科」と書いてあったのであるが、私の目の前の日本人、大朏《おおつき》さんも都立大の地理学科出身だったのである。またしても不思議なめぐり合わせである。大胐さんは、JICAの技術者として、空中写真の技術をここで教えていたのであった。大胐さんの話によれば、印画紙を手に入れるだけで一ヶ月かかるということであった。彼は、「後輩ならしょうがないな」と言い、「後のことはすべてやっておいてあげるから、できたら日本に送ってあげるよ」と言ってくださった。なんと幸運なことであろうか。

キリマンジャロ登山

ナイロビの街をぶらぶらと歩いていて、信号待ちをしていたら、ひとりの日本人青年が話しかけてきた。「今後、どこへ行かれる予定なのですか?」「キリマンジャロに登ろうと思っています」「ぼくも登りたいのですが、山登りの経験がないので、よかったら同行させてもらえませんか?」「いいですよ」。結局、この信号待ちの間に、見知らぬ日本人青年とキリマンジャロを登ることが決まってしまった。

まず、旅行会社のマイクロバスでアルーシャに向かう。途中のナマンガで国境を越え、タンザニアに入国する。アルーシャに着いたら、まず銀行で両替し、インド人の店で昼食をとった。タンザニアでもケニア同様、商店はインド人の店が圧倒的に多い。

アルーシャでは、キリマンジャロ山麓《さんろく》の町・モシまでのバスを探さなくてはならない。人に聞くと、大型の路線バスとマイクロバスがあり、前者は後者の二倍以上の時間がかかるという。そこで、バスターミナルで高速のマイクロバスを待っていたところ、バスターミナルの五〇メートルぐらい手前で群衆がバスを待ち受けていて、バスが来るとそれを追っかけ、バスが止まるやいなや、ものすごい勢いで乗り込んでいくのだ。結局、鈴なり状態で乗れなかったので、しようがなくて各停の大型の路線バスに乗った。マイクロバスで四五分のところを、二時間かけてモシに到着する。どうして路線バスがこうも時間がかかるのかというと、バス停で人が乗り降りするたびに、バスの屋根の上の荷物を乗せたり降ろしたりするのに手間がかかるからである。

モシに入るとりっぱな家が数多く見られ、今まで見てきた集落とはいくぶん異なっていた。これもキリマンジャロのお陰なのだろうか。このあたりに住むのはバントゥー系の農耕民、チャガの人たちで、コーヒー、トウモロコシ、バナナを栽培している。バナナは煮込んで食べるという。コーヒーの木の栽培を始めたのは一九〇〇年代初めのことで、現在では独自に開発した灌漑《かんがい》システムにより集約的なコーヒー生産を行っている。ここモシは、インド洋のタンガから一九一二年に鉄道が敷設され発達した都市である。

モシに着いて、歩いていた中年女性にＹＭＣＡの場所を聞くと、彼女は運転手付きの車でそこまで送ってくれた。ＹＭＣＡに着いて、まず登山ツアーを申し込んだ。キリマンジャロ登山は個人で登るのは不経済で、ほとんどの人はツアーで登る。ツアーは、小屋泊まりで一人四四〇ドル（入山〔国立公園入園〕料金、ガイド、ポーター料、食料費、救援費、小屋代、登山口までの車代）であった［二〇二二年には一人二〇万円ほどかかる］。しかし、各ツアー会社に小屋の定員が割り振られている。それでオフィスの人は「小屋の割り当てがすでにいっぱいで、テントしか空いていない。テントだといくぶん安くなる」という。それを聞いた私は、「テントなんて布でできた野蛮なものに泊まったことなんて生まれてこの方一度もない」とかなんとか、オフィスの人の顔色をうかがいながら、ウソ八百を並べ立てて、結局二九〇ドルにしてもらった。それを見ていた同行の青年には感心された。実際に登ってみると小屋に空きがあり、とくに追加料金を払うこともなく小屋に泊まることができたのだからラッキーであった。

シャワーは夜七時からお湯が出ることになっていたのだが、なかなか出ない。フロントに文句を言いに行ったところ、しばらくして薪を割る音が、カーン、カーンとホテル中にこだました。三〇分ほどすると、従業員がバケツ一杯のお湯を持ってきてこれでかんべんしてくれと言うので、それでなんとか頭や体を洗った。

熱帯雨林帯から雲霧林帯へ

翌朝、ツアー参加者はホテル前に集合した。ドイツ人二人、スペイン人四人、イギリス人一人、そしてわれわれ日本人二人の、計九名であった。まずは、車でマラングゲート（一五五〇メートル）まで行き、そこで、待ち受ける群衆のなかからポーターを雇う。

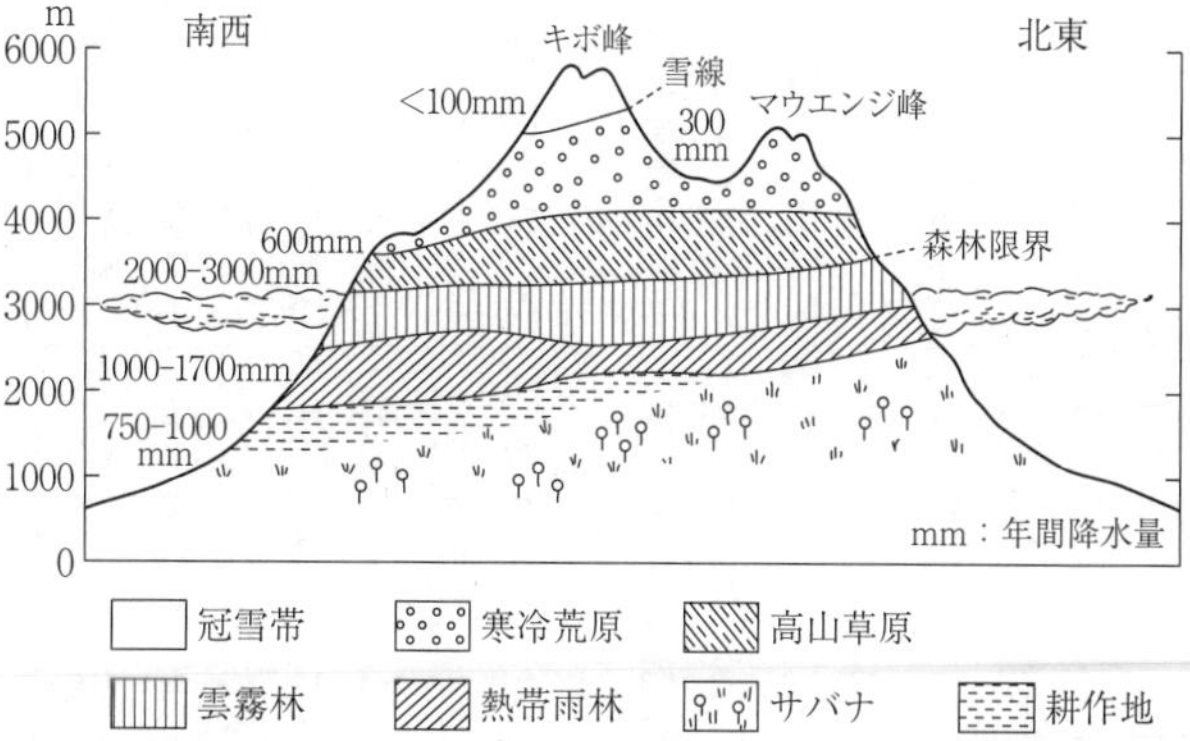

図1-5　キリマンジャロの垂直分布（Walter 原図、Schmidt 1969 より）

彼らのたくさんの視線が注がれるなか、ポーターとして選ばれた者は喜び、選に漏れた者はうなだれる。彼らは仕事を得るため、毎日町からゲートまでかなりの距離を歩いてくるのである。

ゲートで入山手続きを済ませ、いよいよ登ることになった。登山道は非常にダラダラした道で、広く、東京の高尾《たかお》山《さん》登山のような、迷うことのない道である。まわりは熱帯雨林で、時折サルがキーキーと鳴きながら姿を現す。荷物はポーターが持ってくれるので、貴重品を入れたサブザックひとつの楽な登りである。しばらく登ると、気温の低下や降水量の減少に伴い、葉が小さくて厚く、樹高が低い、常緑広葉樹林へと変化していく。この植生は熱帯山岳林とか雲霧林とか呼ばれ、オリーブ属、モチノキ属、ビャクシン属などからなる（図1-5）。

ゲートを出て、二時間半でマンダラハット

(二七二七メートル)に着いた。雲霧帯にあるため、霧がかかる寒い小屋であった。夕食はスープに始まり、けっこうおいしかった。小屋のなかで、同じグループのヨーロッパ人たちに漢字を教えてあげた。「木という字は、その木の実際の形から誕生し、漢字の左に木が付いていたら、梅とか松とかのように木の種類を示すんだよ」と紙に書きながら説明してやったら、一斉に「ワオー」と歓声があがった。私も調子にのり、水から池、湖、沼など次々に解説していたが、気がついたら、私のテーブルは黒山の人だかりになっていた。イギリスの若者に、「それじゃ、ワープロで漢字を打つにはどうするんだ?」と質問され、私のつたない英語で答えるにはとても骨が折れた。

高山草原(ヒース帯)から寒冷荒原へ

翌日は、マンダラハットからホロンボハット(三七八〇メートル)という小屋までの五時間コースである。六時起床、朝食はパン、ソーセージ、卵焼き、スープ、アボカド、小さいバナナにコーヒーである。八時に出発し、しばらく歩くと、標高三〇〇〇~三五〇〇メートルで雲の層の上に出る。ここを境に景観は暗く湿った樹林帯から、明るくて乾燥したヒース(低木・草地)帯に劇的に変化する(写真1-7)。いわゆる森林限界である。降水量は、標高二〇〇〇メートル以下で年間二〇〇〇ミリメートル以上に上っていたのが、上に行くほど減少し、とくに雲の層の下と上で大きく変化する。

写真 1-7　ヒース帯のなか、荷物を頭にのせて運ぶポーターたち

高山草原といわれるヒース帯では、色とりどりの花をつけた低木が登山者の心をなごませてくれる。このヒース帯はエリカ帯と呼ばれるように、エリカ・アルボレアの低木が優占する。アロエのような風采で、黄色い花がだんだん赤く染まっていくクニフォフィア・トムソニイ *Kniphofia thomsonii*、白い花を咲かせるプロテア・キリマンジャリカ *Protea kilimandscharica*、先端に黄色い可憐な花をつけ、低温と乾燥に適応するように小さく多肉的な葉を持つエウリオプス・ダクリディオイデス *Euryops dacrydioides*、ヒレアザミの一種で、茎にヒレがあるカルドゥウス・ケニエンシス *Carduus keniensis*、ムギワラギクの仲間で「永久花」と呼ばれるヘリスクムの一種の白い花（実際は中央の黄色い花弁を包む

写真 1-8　寒冷荒原のサドル高原とキボ峰

葉)、ヘリクリスム・メイェリヨハニス *Helichrysum meyeri-johannis* など、どの花もかわいらしく、しかもその厳しい環境にじっと耐えながら精一杯生きていた。

そのなかに、ケニア山のところでも述べたジャイアント・セネシオと呼ばれて背丈が五メートル以上にもなる木本性の植物、セネキオ・ヨンストニイ *Senecio johnstonii* が立ちはだかっている［なお近年は木本性の大型のセネシオを「デンドロセネキオ」*Dendrosenecio* と新しい属にするようになったが、本書では *Senecio* で統一する］。霧が発生すると幽霊のように見えるため、ゴースト・ツリーとも呼ばれている。ジャイアント・セネシオは、東アフリカの標高二五〇〇メートルから四七〇〇メートルの高山に隔離分布し、山系によって形態が異なり、約一〇種が分布している。この植物は大半が草原の斜面の湿ったところや沼地に生えている。

昼の一時過ぎにホロンボハットに到着した。手続きをして、小屋の鍵をもらう。四人部屋で、日本人二人とスペイン人二人の相部屋となった。

次の日は、ホロンボハットを出発し、標高四二〇〇メートル〜四七〇〇メートルに広がるサドル高原を横断する（写真1-8）。途中、最後の水場で水を汲む。このサドル高原は年降水量が二五〇ミリメートル以下であり、寒冷荒原《かんれいこうげん》といわれ、景観は砂漠に近い。砂塵《さじん》が風で舞い上がるため、目が痛む。あちこちに構造土（地表の凍結融解作用などにより形成された地表面の幾何学的模様）も見られ、植生はイネ科植物がところどころにパッチ状に点在するのみである。さえぎるものが何もなく、はるか先まで見えるので、かえって疲れる。

雲海をはるか下にして歩く道は異様な感じがする。一二時頃にキボハット（四七五〇メートル）に到着する。キボハットは今までと違い、石造りの小屋がひとつとオフィス兼炊事場の小屋がひとつあるのみ。まわりは草ひとつ生えていない荒涼とした世界である。

火山でもあるキリマンジャロ

キリマンジャロは三つの峰を持っている。一番最後に噴火したのが最高峰のキボ峰（五八九五メートル）である。右手に第二の峰、マウェンジ峰（五一四九メートル）を見ながら、どんどんキボ峰に近づいていくと、キボ峰が目の前に迫ってきた。キリマンジャロの噴火史についてはあまりよくわかっていない。七五万年前の火山活動により誕生したとされ、今から一万年前以降の完新世《かんしんせい》の時代に入っても噴火活動があったようだが、詳しいことはわからない。キリマンジャロの麓に住むマサイ民族の人々は、その西の頂を「ヌガイエ・ヌガイ（神の家）」と崇めてきた。そして一八四八年、ドイツの宣教師ヨハン・レープマンらが雪に覆われたキリマンジャロを初めてヨーロッパに報告し、大きな話題となったのである。

ここで、少し、アフリカの火山について触れる。アフリカ第二の高峰であるケニア山も、おもに三一〇万年前から二六〇万年前に、断続的な火山噴火により作られた。アフリカは古く安定した大陸なので火山は少ない。しかし、東アフリカには、地下深部から集中的に熱の供給を受けている部分があり、そのために大地が隆起し、地下からマグマが上昇して活発な火山活動が生じている。地下深部の熱を運ぶ上昇流が途中で左右二つの反対方向に分かれ、それによって地殻（地球の表層）が両方に引っ張られ、その結果二つの平行な断層が生じて中央部が陥没した。すなわち、アフリカ大地溝帯《だいちこうたい》（リフトバレー）が形成されたのである（図1-6）。

その後も地下深部からの集中的な熱の供給がなおも続いているので、現在も火山活動が活発なのである。そのため、アフリカ大地溝帯に沿って、キリマンジャロやケニア山などの火山が集中的にある。さらに、その地溝帯に水がたまって、断層に沿う細長く巨大な湖（断層湖あるいは地溝湖）も誕生した。タンガニーカ湖、マラウイ湖、アルバート湖などがそれである。ロシアのバイカル湖や日本の琵琶湖など、細長くて巨大な湖は多くの場合、断層湖（地溝湖ともいう）と考えてよい。断層湖の特徴は水深が深いことで、世界で最も深いバイカル湖（最大水深一七四一メートル）、第二のタンガニーカ湖（最大水深一四七一メートル）、第四のマラウイ湖（最大水深七〇六メートル）も断層湖であり、逆に断層湖でないヴィクトリア湖（最大水深八四メートル）は、水深が浅く水の汚

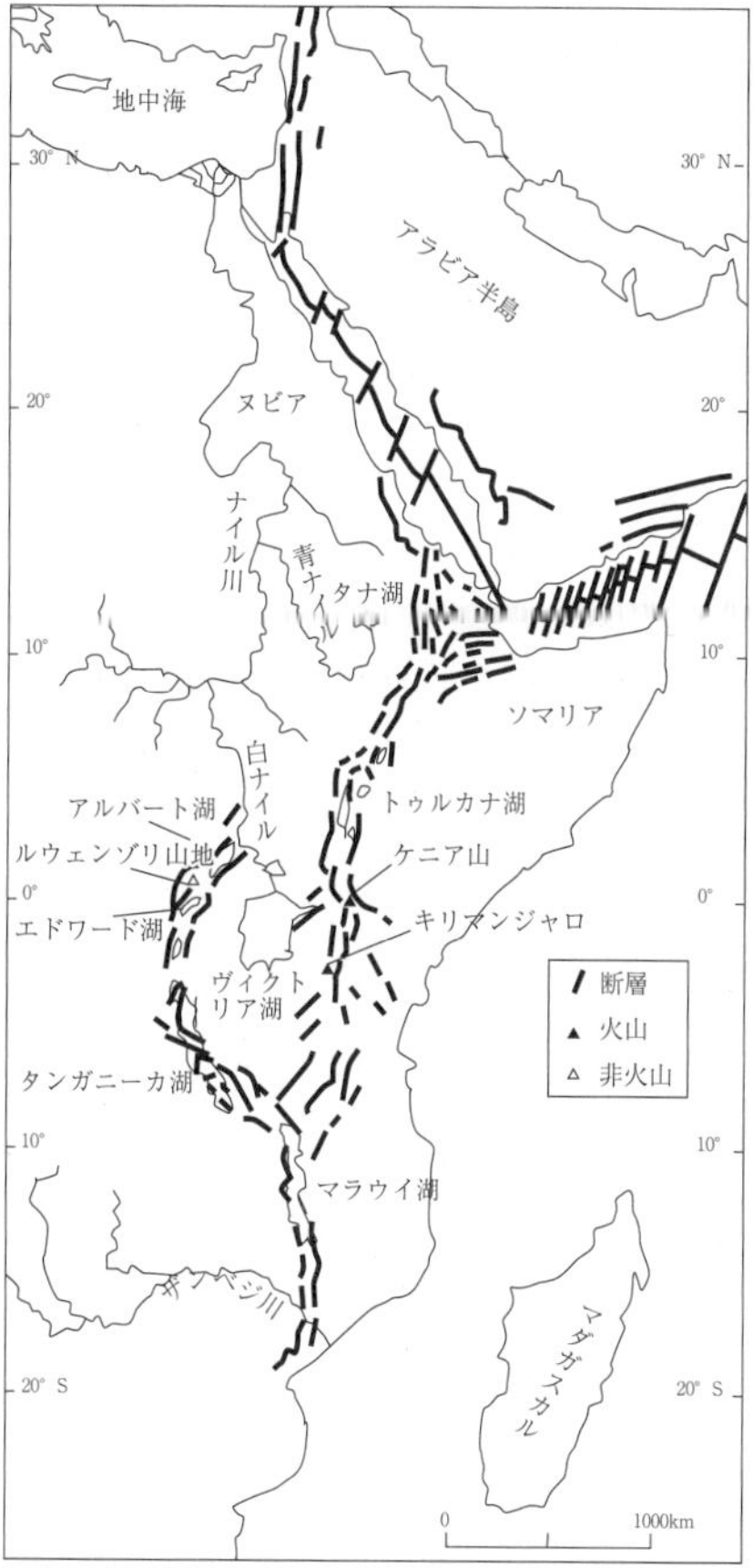

図 1-6　東アフリカ大地溝帯（諏訪 1997）

染が進んでいる。約四〇〇〇万年前に始まったアフリカ大地溝帯の活動は今なお続き、現在では一年に五ミリメートルぐらいずつ開いている。

このような現象は日本でも見られる。日本にはフォッサマグナと呼ばれる大地溝帯があるが、その西縁である大断層、糸魚川《いといがわ》─静岡構造線（新潟県の糸魚川から諏訪湖を通って安倍川《あべかわ》付近に抜ける）と東縁の柏崎から千葉に抜けるラインの間の地溝帯には、妙高山《みょうこうさん》、黒姫山《くろひめやま》、飯縄山《いいづなやま》、浅間山《あさまやま》、蓼科山《たてしなやま》、八ヶ岳《やつがたけ》、富士山、箱根山と火山が集中的に存在し、その地帯に温泉が集中しているのである。ライン川が流れるフランス・ドイツ国境のライン地溝帯にバーデンバーデンなどの温泉地があるのもこれと同じだ。

ひとりで歩くキリマンジャロ山頂の氷河

その日は早めに寝て、夜中の〇時に全員起床。ビスケットと紅茶で腹を少し満たし、一時に出発する。ここまでたどり着いた六、七グループの計五〇人ぐらいの人が、ほぼ同時に登り始める。標高五〇〇〇メートルの真夜中はすさまじいまでに寒く、みなひたすら無言で、月明かりのなか、凍りついたような息を吐く音だけが静寂を伝わる。セーターを二枚着ていたのだが、その上に着ている雨ガッパが薄いので寒くてたまらない。

キボ峰の頂上のひとつ、ギルマンズポイント（五六八五メートル）に到着し、日の出を迎える（図1-7）。アフリカの大地から昇る太陽を見て、なぜか瞳が涙で曇った。ここから見る階段状の氷河は、日の出のオレンジ色の光を反射させてまさに荘厳という言葉がぴったりであった（写真1-9）。キボ峰の東側の縁には、一九世紀終わりまでは連続した氷壁が存在したが、現在は氷雪がほとんどない。南側の一連の氷河は、初期の探検家によってドイツ語で名付けられ、今世紀まではその氷舌《ひょうぜつ》（氷河の末端の突出部）が

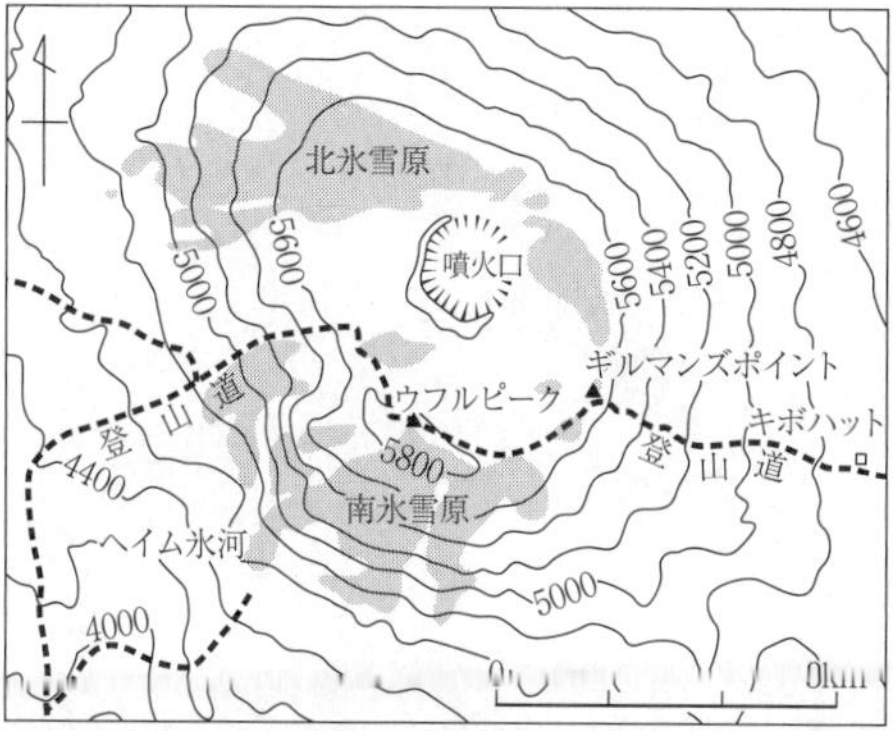

図 1-7　キボ峰山頂

写真 1-9　ギルマンズポイント（5685 m）から見た、キボ峰山頂にある階段状の氷河

写真 1-10　ウフルピーク（5895 m）から見たキボ峰山頂の氷河

独立していたが、今では区別しづらくなっている。〝南《みなみ》氷雪原《ひょうせつげん》〟の西端のヘイム氷河の氷舌はまだはっきりと姿を見せている。この南西斜面に位置する氷河は標高四五七〇メートルまで達している。氷河時代には南―東斜面で標高三六六〇メートルまで氷河が達したといわれている。とくに、近年になって、地球温暖化に伴い、ここでもケニア山同様、急速に氷河が後退しているのである。

ギルマンズポイントまでは結局二〇人ほどの人が登頂できた。しかし、ギルマンズポイントまで来ると、キリマンジャロ最高峰のウフルピーク（五八九五メートル）まで登りたくなる。ここから往復約二時間の道のりである。私についていたガイドは、情けないことに途中でギブアップして下山してしまっていたので、同じグループのもうひとりのガイドに一緒に行ってくれるように頼んだら断わられた。それを聞いていた他のグループのガイドが二〇〇ドル出せばついていってやると言うので、「お前はバカか?」と言って、ひとりでウフルピークに行くことにした。

雪が氷のように固くしまり、波打った氷雪原の上を氷柱群や氷壁を見ながら歩く(写真1-10)。眼下に見えるサドル高原の茶色の砂漠とキボ峰山頂の氷河の白さが明瞭なコントラストを作り、この世とは思えない崇高な光景に身がしまる。歩き始めると、アフリカ最高所の誰もいない世界にひとりぼっちであることに恐くなり、思わず小走りになってしまった。

山頂近くまで来ると、遠くに人影が見え、ピークでの写真を撮ってもらうために駆け寄った。ピークに着くと三人のフランス人と彼らのガイドがいて、結局この日、ウフルピークまでたどり着いたのは、私とこの四人だけであった。山頂ではそこそこに写真を撮り、全速力でキボハットを越え、ホロンボハットまで帰り着いた。

ポーターのマイクは二二歳

翌日は、ホロンボハットからトまで一気に下りる日である。下山前にガイド、ポーターを含め全員で記念撮影をする。下山をしながら、私の荷物を持ってくれているポーターのマイクに話しかけてみた（写真1－11）。

彼は、二二歳で母親と二人暮らし。学校に七年通い、さらに大学に行くのに必要なその上の学校に二年行くために、今年はお金をため、勉強をしているのだそうだ。一月からポーターの仕事を始め、今回が五度目の仕事だそうだが、三月からは一度も仕事にありついていないと言う。そのわけは、毎日マラングゲートに通うのだが、ガイドは自分の友人や親戚を優先的にポーターとして雇うため、知り合いのいない彼はいつも雇われないのであった。それで今回は、三月以降八月まで一度も雇ってもらえなかったと泣きついてなんとか採用してもらったという。どこの国でも同じだなあという実感である。

写真 1-11　ポーターのマイクとともに

彼は、日本はすばらしいと言う。東京はBig cityであり、SkyscraperがありMany carsでいっぱいだと言い、その語り方はまさに「あこがれ」であった。そんなことを話していたら、ゲートに着いた。マイクに学校へ行く足しになるようにと、少し多めにチップをあげたらとてもうれしそうな顔を見せた。

ここから車でモシまで行き、YMCAで同じグループのヨーロッパ人たちと別れた。ドイツ人の二人の女性たちは、私のカメラでいっしょに撮った写真を送ってくれるようにと何度も言うので、別れ際に彼女たちに向かって「I will send photographs to you with my heart.」と言ってやったら、「ワオー」とけっこう受けた。

ザンジバル島はこの世の楽園

キリマンジャロでは、スペイン人のグループもドイツ人のグループも、この後、ザンジバル島に行くと言っていた。しかし、その名前は、初めて聞くものであった。彼らが言うには、「世界でも残り少ないこの世の楽園だ」という。そこまで言われれば、行きたくなるものである。それでナイロビに帰ったらすぐに、旅行会社の女性スタッフたちに、「ザンジバル島はそんなにいいのか？」と聞くと、「そんなにいい」と言う。私は、この後マサイマラにサファリに行く予定で、その後は、日本に帰るまで五日しか残っていなかったので、「たった四日程度でも行くべきか？」と再度尋ねると、「行くべきだ」と言う。これはもう、行くしかない。飛行機の直行便がナイロビから出ているというので席を予約してもらったら、一席だけがまだ空いていた。まさしく、ザンジバル島が私を呼んでいたのである。

ザンジバル島の飛行場に着くと、まず島の中心である西海岸のタウンまでタクシーで

写真1-12　ザンジバル島西海岸のタウン　大半の人はムスリム（イスラム教徒）で、衣装がアラブ的

行った。ザンジバル島は、かつては世界一のクローブ（香辛料の一種、別名丁子《ちょうじ》）の生産地で、豊かな土地である。一九六四年に大陸のタンガニーカと合併してタンザニア連合共和国になった。歴史的にアラブの支配下にあったため、町はイスラーム的建築が立ち並び、それこそ異国情緒という言葉がぴったりなところであった（写真1－12）。子供の頃は誰にでも、うれしいことがあると思わずスキップをしてしまうことがあったと思うが、ここはまさにそんなスキップ気分になるところである。

夕方になると、海岸にはたくさんの露店が並び、日本で言うところのお好み焼きとか焼き鳥のようなものなどが売られていて、縁日を思わせる。ザンジバル島は治安が非常に良く、夜ひとりで歩いていても、まったく不安を感じさせない。

青い珊瑚礁の海は真っ裸でも大丈夫

翌朝になって、東海岸に行こうと考え、東海岸に行く車に乗り込む。なんとその車には、キリマンジャロで別れたドイツ人の二人の女性、バーバラとマリエスが乗っていた。またしても、「ワオー」であった。結局、彼女たちとは同じ宿に泊まることになった。その宿は、経営者が三浦さんという日本人女性である。三つの二人用コテージからなっていて、そのひとつに宿泊した。隣にバーバラとマリエスが泊まった。コテージのなかに入ると、日本で言うところの洋式の水洗便所があり、「へー、こんなところにもあるんだな」と感心してレバーをひねったが、水が出ない。なんのことはない。水は井戸まで汲みに行って、その水をトイレのタンクに入れるのである。もちろん、電気もない。ランプである。

目の前には珊瑚礁《さんごしょう》の限りなく澄みきった海があり、そこにいる人は宿の数人だけに限られているので、まさに自分だけの海という感じである（写真1-13）。砂浜には誰もいない。遠くでマリエスが寝そべって日光浴をしているのが見えたので、話しかけようと近づいていったら水着をつけていないことがわかり、途中で回れ右をして戻ってきてしまった。まあ、仮に彼女に近づいたところで、どこに視線を持っていき、話しかけてよ

写真 1-13　ザンジバル島東海岸の珊瑚礁の海　砂浜には誰もいないので、たまに自転車や車が通る

写真 1-14　ザンジバル島東海岸でドイツ人女性たちと

いかわからないし……。

その晩は、彼女たちに誘われて、三〇分ほど離れた集落にある東海岸唯一のレストランに食事に行くことにした（写真1-14）。夕日のなかを出発し、しばらく歩くと日が沈んで真っ暗になり、何も見えなかったが、人の気配で集落のなかに入ったことがわかった。その暗闇のなかから、「ジャンボ（こんにちは）、ジャンボ」という挨拶する声が聞

こえてくる。しかし、私の目にはどこに人がいるのかわからない。とにかく電気がないので、真っ暗なのである。暗闇に向かって「ジャンボ」と応えた。

レストランに近くなると、自家発電気の音とともに明かりが見えてきた。レストランには、東海岸のすべての観光客が集まっているのではないかと思うほどで二〇〜三〇人の人がいた。隣の席がフランス人の青年であったので、「僕は、大学の第二外国語がフランス語だ」と言って話しかけたら、「じゃあ、何かフランス語を言ってみろ」と言うので、「ジュテイム（おまえが好きだ）」と言ったら、「向こうを向いて言ってくれ」と言われてしまった。

夕食後は隣のバーでお酒を飲み、また三人で夜の海岸を宿まで戻る。空は満天の星、それを背景にヤシの木が風でなびくのがシルエットで映し出される。女性がもしひとりだったら、思わず手を繋いでいただろう。そんなムードが漂っていた。途中で、たいまつを焚いて、魚を獲っている人たちとすれ違う。

「ジャンボ」「ジャンボ」

アフリカの次は南米へ──一九九三年ボリビア・ペルー調査

ボリビア・アンデスへの旅立ち

一九九三年七月二八日水曜日、成田をアメリカン航空の飛行機が飛び立つ。九時間かけてシアトルに着き、三時間の待ち時間の後、六時間かけてマイアミに着く。マイアミの空港ロビーでは、スペイン語が飛び交い、ここが南米の玄関口であることが肌で感じられた。さらに六時間かけてボリビアのラパスに到着する。南米は日本からすると地球の反対側。やはり遠い。

ラパスの空港は、標高四〇五〇メートルにある。富士山より高いところに空港があるわけだ。ラパスの空港に着いて驚いた。近代化からほど遠い感じの空港である。荷物が出てくるまでずいぶん時間がかかった。世界最高所の首都ラパス（標高約三八〇〇メートル）、世界で最もインディヘナの多い国（五五パーセント）ボリビア。初めての南米、胸がときめく（図2-1）（写真2-1、2-2）。

今回の南米の調査は、前年のアフリカ調査に比べるといろいろと不安があった。最大の不安は英語が通じないこと。二番目の不安は、私のまわりに南米に行った経験のある人がほとんどいなくて、最近の情報が得られないということだ。出発前に、若い頃にアンデス山系で調査をされた都立大の野上先生に相談した。先生のアドバイスにより、治安の悪いペルー・アンデスでの調査を避け、ボリビア・アンデスで調査をすることにした。先生が言われるにはラパス近郊にチャカルタヤ山（五三九五メートル）があり、そこに日本とボリビアの共同研究の観測所があるので、日本人研究者が行っているかもしれないということであった。さらに、野上先生は観測の中心になっている東工大等に問い合わせてくださった。そして、「この人が今、ラパスにおられるようだ」と言って私に一枚のメモを手渡してくれた。そこには、「岡山大学、金子達之助教授、現地連絡先、サンアンドレアス大学物理学教室ＴＥＬ＊＊＊、ＦＡＸ＊＊＊」と書かれてあった。私はこれを受け取るとすぐに、サンアンドレアス大学気付で金子先生に「都立大の地理学科の水野という者ですが、そちらに行くので一度会って

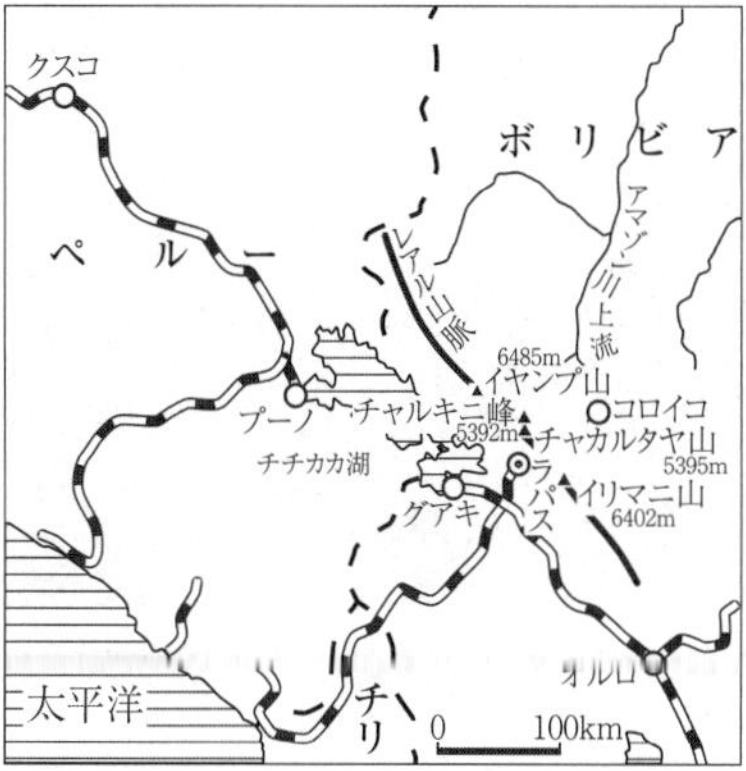

図 2-1　チチカカ湖周辺

写真 2-1　盆地の底にある世界最高所の首都ラパス（標高約3800 m）とイリマニ山（6480 m）

写真 2-2　ラパスの中心にみられる高層ビル群

ください」とファックスを送ったのである。出発直前に返事が来て、「ラパスの日本人会館のレストランによく食事に行くので、そこに来てください」ということが書かれてあった。それで、ラパス初日の夜、日本人会館のレストランに出向いたのだった。

日本人会館は小さな二階建ての建物であったが、日系人の人たちが集う場所であり、ここで日本語の勉強をしたり、囲碁、将棋をしたり、日本食を食べることができる。レストランには、何人かの日本人あるいは日系人らしき人がいたが、どの人が金子先生かわからない。しばらくすると、大学生らしき若者を伴った人が隣のテーブルに座った。その人たちの会話が聞こえ、そのなかに「都立大」という言葉が耳に入ってきた。もしやこの人がと思い、「金子先生ではいらっしゃいませんか?」と尋ねると、まさにその人であった。若者は東工大の大学院生白崎くんであり、先生たちは東工大を中心とした研究グループで、チャカルタヤ山の観測所（標高五二〇〇メートル）で宇宙線の観測をしているのであった。

写真2-3　アルチプラノ（ボリビア高原）（標高約4000m）
左手の盆地の底にラパスがある

一週間のうち、月、火、木、金曜日に観測所に車で行くということだったので、同乗させてもらうことにした。朝八時半にサンフランシスコ広場前で待ち合わせすることにしたのだが、チャカルタヤ山まで車で二時間くらいかかった。ラパスの市街地からチャカルタヤ山に行くには、盆地の底から崖斜面を上り、広がるアルチプラノ（ボリビア高原）の上を移動することになる（写真2-3）。ところが、ラパスに着いて二日目でチャカルタヤ山の観測所に行くことは無謀であった。高山病になり、結局観測所では頭痛と吐き気で苦しみ、横になっているだけであった。夕方ホテルに戻ると、食事もとらずベッドにもぐり込むしかなかったのである。

アパートでの素敵な共同生活

次の日、これから長期滞在するための安宿を探す。情報を得ようと日本人会館に行くと、そこで貼り紙を見つけた。そこには、こう書いてあった。

「どんなに安いホテルより安いアパート。日本人旅行者が集まっています。入り口のベルのうち日の丸マークの付いたベルを押してください。by佐々木夫婦」

これはラッキーと思い、重い荷物を背負ってそのアパートを探していたが、途中で疲れてしまい、建物の前で休んでいると、ちょうどその家のおばあさんが出てきたので道を聞いてみた。おばあさんはスペイン語で何か言っていたがわからず、困っていると息子を呼んできて、彼が新聞広告の地図で説明してくれた。もちろんスペイン語であり、身振り手振りのやりとりである。しかしそのかいあって、アパートにたどり着くことができた。

日の丸印のベルを押す。鉄の扉がギーと開いて、若い女性、北田さんが笑顔で迎えてくれた。なかに入り、三階に上がってドアを開けると、佐々木さん夫妻が歓迎してくれた。このときより、佐々木さん夫妻、北田さん、伊藤さん、藤原くん、ペルー人・ウイリアムと私の計七人での生活が始まった。ウイリアムは、伊藤さんとエクアドルで知り合って以来彼女といっしょに旅している若者である。

このアパートは、佐々木さん夫妻が大家から一世帯分を借り、住人は大家に一人あたり一ヶ月につき約八〇〇〇円を支払うというものであった。一日にすれば約二五〇円である。旅行者にすればたしかに安い。一方、大家にしてみれば多人数から収入があり、得をするわけで、双方にとって良い契約が成立している。しかし、契約成立の最大の理由は、大家にとって日本人なら安心ということがあるらしい。ベッドルームが四つと居間は一つ、それに台所とバス、トイレが付いている。居間のテーブルの上に空き缶が置いてあって、そこに一日おきに一〇ボリビアーノ（約三〇〇円）を入れる。それが約二日、計六回の食費とトイレットペーパーなどの雑費に当てられる。買い物も料理も掃除もすべて分担である。とくに係りが決まっているわけではなく、手の空いている者がやるというものであった。ボリビアは中南米の他国同様、排水管が細いので、水洗トイレに紙を流せない。脇に置いてあるゴミ袋に使用済みトイレットペーパーを入れる。初日は抵抗感があったが、二日目からは慣れてしまった。シャワーは一般家庭で使われているのと同じで電熱器によるものであったが、湯とはとても言えず、水よりはましという代物で、昼間の暖かいときにしか浴びることができない。

ベッドルームは、二人部屋が二つ、一人部屋が一つと四、五人部屋が一つ。私は大部屋に入った。荷物を整理した後、さっそく伊藤さんと買い物に出かける。アパートの前の通りが、すでに路上マーケットである（写真2-4）。アイマラ民族のインディヘナ（インディオは差別用語ということで南米では公には使用されず、インディヘナを使う）のおばちゃんたちがトレードマークの帽子をかぶり、路上でさまざまなものを売っている。それを見ているだけでも楽しい。伊藤さんはスペイン語ができるので、手早く食事に必要なものを買っていく。ここでも日本の「味の素」が売られていて、その国際性には少々驚かされた。

写真2-4　道沿いにずらりとならぶ露店

アパートは、街の中心のサンフランシスコ寺院から伸びるサガルナガ通りをしばらく上ったところにある（写真2-5）。サンフランシスコ寺院はスペイン人による植民地化が始まってすぐの一五四九年に建てられたバロック様式の教会である。サガルナガ通りは道沿いに民芸品や日用品、食料などを売る露店が並んでいる、ラパスでも有名な通りである。アパートと街の行き来にその露店をのぞきながら歩けて楽しい。アルパカのセーターやインディヘナ特有の織物、銀製品などが多く売られ、フォルクローレの楽器や呪術に効くという薬草や大地の神パチャママに捧げる魔除けを売る店も見られる。アルパカのセーターはとても暖かく肌ざわりも良いが値段が高く、アルパカ一〇〇パーセントのセーターは五〇〇〇～一万円する。安物にはリャマの毛や羊毛が混ざっている。街

写真 2-5　アパートから見た風景　まわりはアドベ（日干しレンガ）の家々。斜面の上ほど貧困層が住んでいる

写真 2-6　ラパス市内によく見られる靴磨きの少年たち

の片隅には靴磨きをやっている少年たちを見かける。彼らは家族にとって貴重な働き手なのだ（写真2‐6）。

高山病には愛情こもった熱いお茶が一番！

次の日は日曜日で、朝九時頃起きたらすでに朝食ができていた。ホテルでひとりであったら、こんなことはないだけにありがたかった。翌日の月曜日からは、金子先生たちのチャカルタヤ山行きの車に同乗させてもらい、自分の調査を始めた。朝七時に起き、八時二〇分に待ち合わせのサンフランシスコ広場前に出向く。車に乗り込み、一〇時過ぎにチャカルタヤ山に到着。観測所で朝食をとってから雪渓《せっけい》を下ることにした。植生はなく、おまけに気分が悪くなった。二時頃から観測所に戻ろうとしたが、途中で吐いたりするなど高山病がひどい。苦しみながら五時前に観測所に戻る。車が五時に下山するからだ。

頭痛を抱えながら、アパートに戻ると、見知らぬ日本人が二人来ていた。体の具合が悪いので、薬を飲んでベッドで横になっていると、北田さんがハチミツとレモンとコカの葉の入った熱いお茶を持ってきてくれた。私は日本では独り暮らしなので病気になったときはさびしい思いをするが、よりによって遠く離れた南米でこんな家族的「温かさ」を経験できるなんて……幸せな気がした。コカの葉は高山病に効くと現地では言われている。

先ほどの見知らぬ日本人とは　福井から来ていた達川さんと梅沢さんであった。この二人とここで出会ったことにより、二年後フォルクローレコンサートを福井で開催するための手助けで、伊藤さんといっしょに福井に出かけることになった。毎度のことながら、海外での出会いとは不思議なものである。頭痛薬と愛情こもった(?)熱いお茶のお陰で、しばらくすると気分も良くなり、二人が差し入れてくれた牛肉や鶏肉を食べた後には、ウイリアムがチャランゴを弾き、佐々木夫妻の夫の亨さんがサンポーニャ(パンフルートのような楽器)を吹き、アパートはにわか演奏会場となった。

次の日からは、チャカルタヤ山に行っても高山病にかからずに済んだ。水曜日は金子先生たちがサンアンドレアス大学の物理学教室に行く日になっているので、私も同行させてもらった。大学ではいろいろな先生に紹介してもらい、気象データのコピーや、地質学科で地図の入手方法を教えてもらえたのはありがたかった。

金子先生と白崎くんは、ここで毎週水曜日に日本の東工大から観測の方針をファックスで受け取ることになっていた。しかし、そのときはファックスの調子が悪くてしばらく困っており、そのうちパソコンで日本からの観測方針を受けることにした。まだ電子メールが普及していない当時は、どうしてパソコン上で日本からの指示を受け取ることができるのか非常に不思議であったのだが、今ではその私自身がインターネットや電子メールを使うようになった。パソコン通信の近年の革新・普及にはつくづく驚かされる。

ところで、私はひとつの疑問をずーっと持ち続けていた。それは、日本で野上先生より受け取った「金子達之助教授」というメモである。すなわち、金子先生が「金子達之助」教授なのか「金子達之」助教授なのかという疑問であった。ファックスでは「Professor Dr. Kaneko」という宛名で打ったため、なんの疑問も持たず、野上先生にも確かめることなくラパスに来てしまった。しかし、日本に帰ったら礼状を書こうと思いついたときに、名前がどちらなんだろうと悩んでしまったのである。それで、それとなく金子先生にお聞きしたら、果たして「金子達之助」教授であった。

さまざまなアパート住人たち

何日かが経って、新たに斉藤さんと飯田くんもアパートの住人に加わった。斉藤さんは白髪の六〇歳ぐらいの人であるが、ひとりでやってきた。佐々木さん夫妻とアフリカで知り合ったそうで、それ以来手紙のやりとりをし、彼らを頼ってここにやってきたのである。飯田くんはアメリカの音楽大学に留学中で、南米の音楽を勉強するためにボリビアにやってきていた。飯田くんの専門はフルートで、これで毎夜のアパートの演奏会が一段と大きくなったのである（写真2-7）。

アパートの住人たちの経歴はさまざまである。佐々木さん夫妻は日本を出て一五年ぐらい経つそうで、そもそも二人は一五年ほど前から個々に一人で長期旅行をしていて、一〇年ほど前に旅先で出会ったという。それ以来いっしょに旅を続け、途中で結婚することにしたそうである。旅先で佐々木さんがいろいろな写真を撮り、それを契約している雑誌社に送って生活費の足しにしているが、その額がわずかなため、お金がなくなるとニューヨークに行って稼ぎ、さらなる旅を続けているということだ。この一五年間に日本に帰国したのは二度しかないという。世界中のほとんどの国に行っている彼らに言わせると、ボリビアは非常に落ち着け、快適な生活が送れるという。ご夫妻に、これまで行った国のなかでどこが良かったかを聞いてみた。太平洋の島国キリバス、カリブ海諸国、インドネシアのバリ島などが良かったという。なかでもカリブ海諸国の青い海は忘れられないという。太平洋の島国でも、かつてのイギリス領の国は快適だが、フランス領は物価が高くて生活しにくいそうだ［その後佐々木さん夫妻はインドのヨガの聖地リシュケシュに移住され、ヨガを教えられていて、筆者も二〇一四年に訪問した。現在は沖縄北部に居住されている］。

写真 2-7　アパートでの夕食後のひとこま

藤原くんは前年の六月、つまり約一年前からアラスカを起点に、太平洋岸に沿って北から南へ自転車旅行を続けている。しかしパナマのジャングルだけは自転車が使えず、そのためコスタリカからコロンビアまでは飛行機で飛んで、あとは自転車で移動し、ボリビアにはペルーに自転車を置いてやってきたという。彼は八月上旬にわれわれのアパートを出て、ペルーに戻り、また自転車旅行を再開し、この後アルゼンチンの南端を回って二月頃にブラジルに入って、リオのカーニバルを見て日本に帰るという。

伊藤さんは二〇歳過ぎの女性であるが、ひとりで半年前から南米を旅している。北田さんも二〇歳過ぎの女性で、アメリカの大学でスペイン語を専攻していて、夏休みを利用して南米に来ていた。ウイリアムはアパート最年少の二〇歳で、まじめなペルー人である。

あるとき、伊藤さんが私に「ウイリアムが水野さんはゲイじゃないか？　と私に聞くのよ」と言うので、よく聞くと、「ウイリアムは日本人の若者を見ると、いつもゲイじゃないか？　って聞くの。日本人の青年は話し方や動作がおとなしいから、ペルー人にはゲイに見えるそうなのよ」。さらに「ペルーでは、男の子に好きなスポーツは？　と聞いて、サッカーと答えたらゲイじゃなくて、バレーと答えたらゲイなんだって。ペルーでは男の子にはサッカーが大人気で、その半面女子バレーが強いからだそうよ」と言う。その晩、みんなでテーブルを囲んで夕食を食べているとき、私とウイリアムの目が合った。すかさず、ウインクしてやったら、彼はあわてて目をそらした。

また、以前に人から、「スペイン語で『Pajero』は自慰の意味なので、三菱車の『パジェロ』は南米には別の名称で輸出されている」と聞いていた。それでそれを伊藤さんに話したら、彼女がウイリアムに「パヘロ（パジェロ）」ってどういう意味？」と聞いた。すると、まじめな彼は顔を真っ赤にして何も答えなかった。

このように、これまでまったく見知らぬ人たちが日本とは地球の反対側の、南米のボリビアの小さなアパートで、ひとつ屋根の下での家族のように生活した。日本にいては考えられないことだ。これだからやっぱり海外調査はやめられない。

ラパスの時間はゆっくり過ぎる

私は月、火、木、金曜日には調査に行っていたが、ほかの長期旅行者の人たちは、毎日何をするわけでもない。ラパスは肌寒いので、太陽の日射しがあたるところにみんなで椅子を持ってきて、毎日本を読んだり、ケーナやサンポーニャをピーピー吹いたりしていた。本は日本人会館に図書室があってそこから借りてくる。朝は屋根に集まってくる鳩たちに窓からパンくずをやり、午後になると、日の光を求めて椅子とともに移動する。こんなに時間がゆっくりと過ぎていく生活は、日本では経験できないであろう。この人たちを見ていて、こんな人生もあるんだな……と考えさせられた。

写真2-8　フォルクローレの演奏練習をしているインディヘナの若者たち

ある日、アパートに杉山さんがやってきた。杉山さんはボリビア音楽を勉強するために、三年前からボリビアに来ていた。今日は彼のグループの音楽演奏の練習日だというので、彼らの練習場に梅沢さん、飯田くん、ウイリアムといっしょについていくことにした。練習場はブエノスアイレス通りからバスで一五分くらいのところである（運賃は〇・九ボリビアーノ＝二七円）。バスが盆地の斜面をどんどん登っていく。ラパスは盆地の底に高所得者層が住み、上に登るほど貧しい人が住んでいる。練習場はメンバーのひとりの家の庭で、そこのお母さんが出迎えてくれた。そこでは少年がたらいで洗濯をしていた。日本の昭和三〇年代を思わせる風景である。彼らは、ボリビアの古くからの伝統音楽を収集し、後世に残そうと考えているのだ。二時間ほど練習を見て帰る（写真2-8）。

夜は、夕食後に梅沢さんとペーニャNairaに行く。ペーニャとはフォルクローレの音楽を聞かせる店のことである。一ドリンク付きで二〇ボリビアーノ（約六〇〇円）であった。夜一〇時半から深夜一時まで五、六グループの演奏と二グループの踊りが見られて、とても楽しかった。ちょうどこの日は日本のテレビ局（関西テレビ）が取材に来ていて、日本に帰国してからその番組をたまたま見たのであるが、二人がかすかに亡霊のように映っていた。帰りは深夜一時、歩いての帰宅だが、これもボリビアが治安が良いから可能なのであって、ペルーとかケニアでは命がけになる。

梅沢さんとは、ピンク映画も見に行った（なぜ普通の映画ではなく、ピンク映画を見るかという言い訳をさせてもらえば、普通の映画を見ても英語やスペイン語がよくわからず、わけがわからないが、ピンク映画は視覚的に理解できるからである）。映画館に入って驚いた。劇場のような高級なつくりで、天井が非常に高く、そこにほぼ満席に近いお客さんが入っているのである。映画はノーカットのイタリア映画であった。

アパート住人に助けられた研究調査

アパートに来て二週間ほど経ったある日、朝起きたら曇っていた。達川さんがすぐ後に起きてきて、魔法瓶の水筒に紅茶を入れて持たせてくれた。サンフランシスコ広場に行ったが、車にすでに乗っていたサンアンドレアス大学のスタッフの人が、「今日はチャカルタヤ山が雪だから行っても無駄だよ」と教えてくれた。結局、この日はアパートに戻った。すると、しばらくして雨が降り出した。ラパスに来て初めての雨である。この季節のラパスは乾季ということもあり、非常に乾燥していたので、雨がなつかしく感じられた。朝食を食べた後、梅沢さんと街に出て、空中写真ができているはずなので地図屋にも行った。空中写真の受取証を出すと、店員が「アラス　シンコ　デ　ラ　タルデ（今日の午後五時）」と言ったのであるが、二人とも意味がわからず、梅沢さんが「シンコ　ボリビアーノ？（あと五ボリビアーノ必要？）」と聞き返したら、店員の顔がゆがんだ。

翌日にもう一度空中写真を取りに行ったが、できていた写真はピンボケの写真であった。店員がスペイン語のわからない私に、両腕を伸ばして「ブーン、ブーン」と一生懸命飛行機のまねをするのであるが、いったい何を言いたいのかさっぱりわからなかった。この後、またアパートに戻り伊藤さんに来てもらって通訳してもらった。この店には、この後、佐々木夫人にも通訳で来てもらった。結局、最初に同行してくれた北田さんをはじめアパートの三人の女性に地図屋に来てもらったことになる。こうなるとアパートの住人は、私の調査にとってもかけがえのない存在である。

チャカルタヤ山の雪は三日続き（写真2-9）、これによって宇宙線の観測所の一部の屋根が落ちた。そのため車に修理人が数人乗り込むので、私はこれ以降車に乗ることはできなくなってしまった。それで、これ以降の調査は、達川さんたちが何度か利用した、英語のできるネルソンというドライバーのタクシーを利用することにした。

ところで、チャカルタヤ山では、氷河周辺の植生の分布について調査した。その調査

写真 2-9　チャカルタヤ山の横の雪化粧したワイナポトシ山（6088 m）

結果は後で述べることにして、世界の山岳氷河について少し説明する。日本の場合、中部山岳地帯であれば、現在高度四〇〇〇メートルくらいのところに雪線がある。雪線というのは、おおまかに言えば、それより上の高度では、雪が解ける量より、積もる量の方が多く、そういったところの下限をいう。雪線より上の高度に山があれば、そこには雪がどんどん積もり、ある程度の厚みができると自らの重みによって氷になり、それが一年間に数十メートルから数百メートルのスピードで地面を滑っていく。それが氷河である。

したがって、もし富士山に四〇〇〇メートル以上の標高があれば、今頃は氷河が流れていたであろう。残念ながら日本には現在、四〇〇〇メートル以上の山が存在して

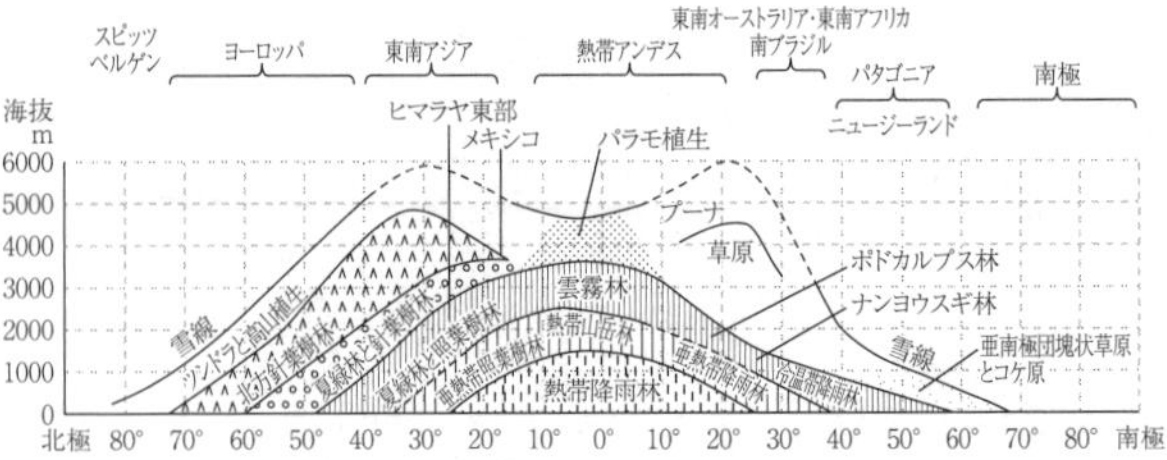

図2-2　地球の植生分布の鉛直南北断面（Troll 1948原図。岩田2009）　水平方向への変化と高さの方向への変化が並行的である

いないので氷河もない。しかし、最後の氷河時代、ヴュルム氷期（七万〜一万年前）の最盛期（約一万八〇〇〇年前）に約七〜九℃の気温低下があり、雪線が一五〇〇メートル低下した。したがって、北アルプスや南アルプスの標高二五〇〇メートル以上のところに、氷河が削ってできた半円形の凹地であるカールや、氷河がブルドーザーのように岩屑を運んでできた堆積物の小山であるモレーンのような、氷河地形が見られるのである。

熱帯のような気温の高いところでは、当然、雪線の高度も上がる。しかし、雪線の高度が一番高いのは、最も気温の高い赤道直下ではなく、赤道よりいくらか南北に離れた場所である（図2-2）。アフリカの場合、サハラ砂漠のような乾燥地帯で雪線高度が高く、ボリビアの南緯一七度ぐらいだと、雪線高度は五〇〇〇メートル以上になる。逆に赤道直下では雪線高度が下がる。なぜならば、雪線高度には気温だけではなく、降水量もかかわってくるからだ。そのため赤道直下では降水量が多く、山の上では雪がよく降るので、雪線高度が逆に下がってくるのである。このようなことから、標高五二〇〇メートルのケニア山には四五〇〇メートル以上にいくつもの氷河が存在するが、ボリビアだと五〇〇〇メートル以上の高度に行かないと氷河は見られない。

コロイコへの家族旅行

一ヶ月もアパートで生活すると、アパートの住人たちとは家族同然になる。毎日、交代で買い物に出かけたり、食事を作ったりする。食事のときはテーブルを囲んでみんなで食べる。食後は、飯田くんがフルートやケーナ（縦笛）を吹き、ウイリアムがチャランゴ（アルマジロの甲羅を用いて作られた弦楽器）を弾き、佐々木亨さんがサンポーニャを吹いて、小さな音楽会になるのだった。

八月下旬にはラパスを出てペルーに行くことになっていたので、みんなと別れるのはとてもさびしい気がした。それでラパスを発つ前に、みんなで旅行に行くことを提案した。旅先はコロイコである。サンタクルスに行っていて不在の飯田くんとぎっくり腰になった佐々木さんを除いた全員、すなわち私と伊藤さん、佐々木夫人、斉藤さん、ウイリアムの五人で行くことになった。

ラパスからコロイコ行きのバスに乗る。ラパスを出発してしばらくは最近の雪で雪化粧した山肌が広がる（写真2-10）。最初のうちは舗装道路であったが、途中から道が悪

写真2-10　ラパス近郊のアルパカやリャマ

写真2-11　コロイコの植生（右バナナ、左コーヒー）

くなる。車はどんどん標高を下げていく。標高四〇〇〇メートルから標高一五〇〇メートルまで、二五〇〇メートルも下がるのである。まわりの植生がどんどん変わっていく。途中の雲霧帯は常に霧が発生する場所であるため、シダやコケなどが目についた。霧のなかをしばらく走ると霧が晴れ、いきなりバナナやコーヒーの木が目に飛び込んできた（写真2-11）。まるで夢の世界にでも来たようである。ふと、ジュディー・ガーランド主演の映画『オズの魔法使い』を思い出した。主人公のドロシーが夢の世界に行く。現実の世界から夢の世界に入るとき、白黒フィルムからカラーフィルムに変わった。それを見たのは高校生のときだが、その変化があまりにも幻想的かつ鮮烈であったため、今でもその場面が私の脳裏に深く息づいている。ラパスからコロイコへの旅はまさに『オズの魔法使い』の「オーバー・ザ・レインボー」であった。

ラパスを出てコロイコまではわずか三時間で到着した。この変化があまりにも印象的であったので、当時自分がアルバイトで教えていた予備校（河合塾）の模擬試験「全統記述模試」［全統模試は二〇二〇年に年間のべ二六三万人が受験した、最大の模擬試験］に、このラパスとコロイコの関係を出題したことがあった。

ケッペンの気候区分によると、ラパスは温帯のCw気候（温帯冬季小雨気候）であるが、すぐ東側は熱帯のAw気候（サバナ気候）になる。すなわち、ラパスは本来低地であれば熱帯のAw気候になるはずであるが、標高が高いので温帯のCw気候になっているのである。AwからCwまでわずか三時間である。このケッペンの気候区の変化を身をもって感じた。

コロイコは小さな村である。商店の店先には浮き袋が目立つ。三時間前に出発したラパスでは一週間前に雪が降ったというのに……。

見晴らしの良いホテルにみんなで泊まった。一泊一五ボリビアーノ（約四五〇円）。翌日は朝からどしゃ降りの雨。雨のなか、この小さな村を歩いてみた。途中で、子供が集まっている店があったのでのぞくと、そこにはテレビゲームが何台かあって、ひとりがやっているのを何人もの子供がうらやましそうにのぞき込んでいた。店の壁には「NINTENDO」と書いたポスターがいくつも貼ってあった。

写真2-12　コロイコから見たラパス方面（雲の奥の山並みがラパス近郊）

写真2-13　コロイコでの「家族旅行」

次の日、朝起きてみると、雨が止んでいた。たなびく雲のはるか奥に、ラパスのある高原を見ることができる（写真2-12）。外に出かけてみるとバナナやコーヒー、レモンの木などが生い茂っていた。ここでは馬を借りて散策することができるので、二時間ほど馬に乗って回ってみた。乗馬は初めてだが、けっこうおもしろい。馬の尻を叩くと猛スピードで駆け出し、振り落とされそうになる。車が入れない小道にもどんどん入っていける。馬が駆け出すごとに天気はどんどん回復し、どんどん暑くなり、まわりの景色がまぶしくなる。ラパスは緑が非常に少ない。そんなところから熱帯の地にやってくると、緑がまぶしいのである。木々の匂いが何かやすらぎを与えてくれる。緑の重要さをつくづく感じさせられた。広場で撮った写真はラパスの家族の記念写真になった（写真2-13）。

ラパス出発の準備

コロイコから戻った翌日、朝八時前にネルソンさんのタクシーでチャカルタヤ山へ行く。二日前に降った雪で、車は調査地のかなり下までしか行くことができなかった。チャカルタヤ山はすっぽり雪に覆われ、それに反射する光でまぶしい。この日の夜は、金子先生と白崎くんをアパートに迎えた。いろいろお世話になったので、私がラパスを発つ前に招待したのである。アパートの住人たちが日頃食べられないような日本食を用意してくれた。インゲンのゴマあえ、湯豆腐（白菜入り）、ペヘレイ（チチカカ湖にいる白身の魚）のしょうが煮、みそ汁と豪華。これだけの材料をラパスで手に入れるのは大変である。食後は、いつもどおり音楽会となった。

翌日はラパスを出る前の日でもあり、ラパスを出るための準備をする。朝食後、佐々木夫人がスペイン語ができない私のために、街にいっしょについてきてくれて、世話を焼いてくれた。女姉妹のいない私は、ふと「こんなお姉さんがいたらなー」と思ったものである。郵便局に行って、テントなどこの先必要のない物を小包で日本に送ることにしたが、小包を預けると局員が私の目の前でまるごと布で包み、それを糸で縫ってしまった。途中、他の郵便局員が中身を盗み取らないようにするためである。

夜には斉藤さんが私のためにズボンの内側の足首のところに巻き付ける貴重品袋を作ってくれた。斉藤さんはペルーで四、五人の男に取り囲まれて現金を奪われたので、私もペルーに行ってそんな目にあわぬようにと作ってくれたのである。それまで、私はズボンの内側の腰のところに巻く貴重品袋を使用していたのだが、斉藤さんが言うには、それでは不十分だという。果たして、この貴重品袋が後にペルーで私の運命を左右することになる。

チチカカ湖へ

いよいよラパス出発の日がやってきた。結局ラパスには約一ヶ月滞在した。ペルーのプーノに行くバスに乗るため、朝六時過ぎに起きた。驚いたことに佐々木さんと飯田くんがすでに起きていた。それに、なんと佐々木さんが私の朝食と昼の弁当を作ってくれていたのである。その後ほかの人も起きてきて、みんなでバスターミナルまでの送迎ワゴンが立ち寄るサガルガナホテルまで見送ってくれた。佐々木夫人は記念にアパートに飾ってあった人形を手渡してくれた。ワゴンの窓越しにみんなと手を振って別れる。もうこれで永遠に会えないのかもしれないと思うと目頭が熱くなってしまった。

ワゴンはすぐにバスターミナルに着き、そこで大型バスに乗り換える。ボリビアの思い出を振り払うかのようにボリビアの大地をひたすら走るバスのなかでラパスでの思い出に浸っていると、眼前に真っ青なチチカカ湖が広がった。これが一目見たかった世界最高所の湖かと胸がときめいた。ラパスでの別れの悲しさとこれからの未知のペルーへの期待で、胸中に言いようもない重苦しさを感じた。途中、チチカカ湖の湖峡を乗客とバスが別々の船で渡る。言葉がわからないのでほかの乗客の後にひたすらついていく。

ラパスを出て五時間ほどで、コパカバーナに着く。アパートの住人たちに「コパカバーナでバスを乗り換えないと、また同じバスでラパスに戻ってきてしまうよ」という忠告を受けていたお陰で、無事にバスを乗り換えることができた。スペイン語のわからない日本人はよく同じバスで戻ってきてしまうそうだ。バスの運転手の指示はすべてスペイン語なので、英語もよくわからない自分にとっては、事が起きると一大事である。

コパカバーナはチチカカ湖湖畔の非常に美しい町である。一六世紀にこの地を訪れたスペイン人は、この美しい湖畔を聖地にするため、一六四〇年から七年かけて立派なムーア様式（一三～一六世紀にスペインを征服したイスラム教徒の建築様式）のカテドラルを建てた。以来、ここには信仰の篤い信者たちが各地からやってくるようになったのである。

農作物は原産地がおいしい！

コパカバーナと、バスで三〇分ほど離れたユングーヨとの間に、ボリビアとペルーの国境がある。国境の手前でバスから降ろされ、税関でボリビア出国の手続きをする。歩いて国境を越え、ペルー側の税関で、今度はペルー入国の手続きを終えてバスに乗り込む。夕方四時頃、チチカカ湖湖畔の町プーノに到着（図2-1）。結局、ラパスのサガルガナホテルよりずっといっしょだったアメリカ人夫婦と同じ「ホテルイタリー」に泊まることになった。一泊三〇ソル（約一五〇〇円）であった。シャワーは一応温かかった。

夕方、プーノの町を歩いてみた。路上マーケットがずっと続いている。夜はホテル内でジャガイモとチチカカ湖の魚ペヘレイの料理を食べたが、どちらもとてもおいしかった。ラパスに来て以来ずっと思っていたことだが、こちらのジャガイモ料理はとにかくおいしい。日本ではジャガイモ料理をさほどおいしいと思ったことはないが、ジャガイモの原産地であるチチカカ湖周辺では、日本とは何かが違うのである。これは私の持論なのであるが、農作物は原産地がとにかくおいしい。例えば、この後クスコに行って、そこでレストランの主人がアマゾン川流域（カカオの原産地）で自生していたカカオでチョコレートを作ってくれたのだが、これがチョコレートかと思うほどにおいしかった。香りが違うのである。また、エチオピアに行ったときは、アジスアベバであろうが、奥地の小さな村であろうが、とにかくコーヒーがとてつもなくおいしかった。コーヒーはエチオピアが原産地である。

したがって、中国とともに大豆の原産地である日本では、大豆料理、すなわち、豆腐やみそ汁、醤油、納豆などは世界一おいしいはずである。その土地が原産である農作物は、その土地で古くからいろいろな調理法を生み、おいしく食べるためのくふうが長い間かけて生み出されている。そして、そこから大きな食文化が形成されていくのである。

“神秘の湖”に浮かぶ島々

次の日は朝早く起きて、港に行く。チチカカ湖のウロス島とタキーレ島へ行くためである。ウロス島へは港から四〇分ほどで着いた。この島は植物の葦《あし》で造られた人工の「浮き島」である（写真2-14）。切った葦を三メートルほど積み重ねて造り、水に浸かっている部分が腐ってきたら、また新しい葦を積み重ねる。島は小さいものから大きいものまで四〇ほどあり、大きな島には三五〇人ほどが住んでいて、学校や教会もある。住んでいる人はウル族で、葦で造った船でチチカカ湖に棲むペヘレイやカラチ、トゥルチャなどの魚や水鳥を捕り、畑でジャガイモなどを作って生活している。島に上陸すると、島が水に浮いているため、足の下が浮き沈みする。子供たちが集まってきたので写真を撮ると、お金をねだられた。鼻水をたらした三、四歳の子供が葦で作った手のひらくらいの舟を売り込みに寄ってきた。それを買う代わりにアメをあげたら、その後ろに七、八人の子供の行列ができてしまった。ひとりひとりにアメを手渡す。どこに行っても子供はかわいい。

一〇時頃にこの島を出て、一二時過ぎにタキーレ島に到着（写真2-15）。タキーレ島

写真 2-14　葦の小舟を売りに来たウロス島の子供たち

写真 2-15　チチカカ湖とタキーレ島

はプーノから約四五キロメートル離れた、湖に浮かぶ山がちの小さな島で、こちらは大地と根っこがつながった〝普通の島〟だ。湖畔の町がどんどん開発されるなか、その開発から取り残され、昔からの伝統的生活が息づいている先住民族の住む島である。岸から急な山の斜面を三〇分ほど登ると頂上に出る。山稜づたいに歩いていくと、すぐに石造りの門があって、そこをくぐると登録所があり、入島料〇・五ソル（約二五円）を払う。

ここは電気も水道もなく、自給自足の世界である。しかし、最大の魅力は島特有の織物。すべてがひとつひとつ手で編まれたもので、とても美しく、その柄と色合い、緻密さには心惹かれるものがあった。島のあちこちで男の人が屋外で手編みをしている姿を見かけた。島には織物を展示して売っているところがあり、その織物をいくつも買い求めた。船に戻る途中、少女が寄ってきて、いい匂いのする草を私に手渡した。それを受け取ると、彼女は「キャラメール」と言う。どうやらアメがほしいらしい。エチオピアに行ったときも、子供に「キャラフメール」と言われた。世界中どこでも、子供は「キャラメール」である。船着き場まで、山の斜面を下っていくと、途中で水汲み途中の美少女に出くわした。カメラを向けると彼女は恥ずかしそうにはにかんだ。その姿がチチカカ湖の青さに映え、とても印象的であった（写真2-16）。

写真2-16　タキーレ島の水汲みの少女

午後三時頃、船がプーノに向けて出発した。途中で日が沈み、チチカカ湖に反射する夕陽がまばゆいばかりの幻想的な光景を映し出す。港に着くと、真っ暗ななか多数の輪タクが待ち受けていた。ラパスからずっといっしょだったアメリカ人夫婦の奥さんが、押し寄せる客引きの波から母のように私をかばい、手を取っていっしょにタクシーに乗せてくれた。

写真2-17　プーノ〜クスコ間を13時間かけて走る列車　先頭は観光客専用列車 TURISMO

アンデスの高原列車

チチカカ湖湖畔の町プーノに朝日が昇る。六時前に起床し、すばやく支度をし、駅に向かう。駅にはすでに列車が停まっていた。先頭車両が観光客専用列車 TURISMO、その次が一等車、さらにその後ろに二等車が何両かつながれている。私は TURISMO に乗り込んだ（写真2-17）。七時二五分、列車はゆっくりプーノの張りつめた朝を後にする。隣の席はオーストラリア人の若者、通路をはさんだ向こう側の席にはノルウェー人の若者が座っていた。列車は乾燥した大地を黙々と走り、車窓からは時折雪に白く輝く山並みや火山の噴煙が見られる。プーノを出て一時間あまり経ったところで、フリアカの駅に着く。ここで列車の編成を換えるため停車した。しかし、どうして編成を換えるのにここまで手間取っているのかと思うほどに、前に進んだり、後ろに戻ったりの繰り返し。そのうえ、車両同士がぶつかるたびにものすごい衝撃である。一時間ぐらい経ってやっと出発した。

列車はところどころで停車するが、駅に着くたびに、売り子たちが外から車両を叩いて乗客を呼び寄せ、いろいろなものを売ろうとする。お菓子からタバコ、果物、パン類、セーター、土産物などさまざまだ。そのようすは見ていておもしろい。しかし、途中でひとつ、あることに気がついた。売り子の顔ぶれが変わらないのである。最初は地元の人が列車が着くのを各駅で待って売りに来ているのかと思っていた。もちろんそういう人もいるのであろうが、多くの売り子はわれわれと同じ車両に乗り込んで、駅に着くたびに列車を降り、TURISMOの車両の外から売り込んでいるのである。何せ、プーノ〜クスコ間は週に三、四便しか走らないのだ。

昼前に車掌が昼食の注文を取りに来た。予約して食べたが意外においしかった。しかし、列車の揺れがすさまじく、コーヒーを飲むのが一苦労である。半分近くがテーブルの上にこぼれてしまった。

日本語は世界の言語の孤児

プーノ〜クスコ間は一三時間もかかる。隣の席のオーストラリア人や近くのノルウェーの若者と少しずつ話すようになった。少し離れて、韓国人と思われる二組の夫婦が座っていたが、何か大声でしゃべっていた。それを聞いた二人の西洋人が、私に「彼らは日本人か?」と聞いてきた。私が「違う」と答えると、それでは何人かと聞いてくる。「おそらく韓国人であろう」と答えると、「彼らは何をあんな大声でしゃべっているのだ?」と尋ねる。「わからない」と返答すると、「少しはわかるだろ?」と聞く。「少しもわからない」と答えると、「ちょっとはわかるだろ?」と言うので、「ぜんぜん、まったくわからない」と言ってやった。彼らはひどく驚き、「どうしてだ。日本と韓国は隣同士だろ? 日本人も韓国人も中国と同じ漢字を使っているじゃないか」と声を荒げる。

われわれはなんの疑問も持っていないが、彼らが不思議がるのももっともである。イギリス人とドイツ人のように同じゲルマン系民族間ではもちろんのこと、イギリス人とフランス人、ドイツ人とロシア人のように、ゲルマン系とラテン系、ゲルマン系とスラブ系民族間でもある程度似た単語を使い、少しは通じ合うのである。日本語と韓国語(朝鮮語)のように、単語が大きく異なるということはない。

橋本萬太郎(一九八四)によれば、世界の言語は二〇のグループに体系化できるという。その二〇のうち、ひとつが日本語で、ひとつが韓国語(朝鮮語)である。すなわち、日本語、韓国語(朝鮮語)、そしてバスク語はどの言語グループにも属さず、「言語の孤児」であるという。フランスとスペインの国境であるピレネー山脈西端麓に住むバスク人たちは、周辺のヨーロッパ系言語とまったく異なるバスク語を使用する(ただし、近年は話す人も減少傾向にある)。また、バスク地方はスペインの経済的先進地域でもあり、以前から独立運動が盛んである。

このような「言語の孤児」である日本語と韓国語をあえてどれかのグループに入れる

としたら、文法的に似ているということで、トルコ語やモンゴル語と同じアルタイ系のグループに入れることができ、文法的にまったく異なる中国語が属するシナ・チベット系グループとは区別される。

二人の西洋人にはこう説明した。「日本人も朝鮮人も中国人もかつて別々の言葉を話していたが、その頃は文字を持たず、その後、大陸から朝鮮や日本に漢字が伝わったので、文字は似ていても話す言葉はまったく違うのだよ」。すると、彼らは少しは納得したような顔を見せた。

以前、ハンガリーのユースホテルで同じ部屋になったスペイン人に「ロシアに行ったことがあるか?」と聞かれ、「ない。日本人でロシアに行ったことがある人はきわめてわずかだ」と答えると、「どうして隣の国なのに行かないのだ?」と聞かれて困ったことがあった。日本人同士では思いつかないような質問を西洋人にはときどきされ、そのつど「どきっ」とする。

ペルーの列車事情

私は、TURISMOの車両に乗ったが、その理由は一等や二等は盗難の危険が大きいからだ。TURISMOの車両は後ろが車掌室、前の乗降口はなかから鍵がかかるので、外からペルー人が入れず、車両のなかは観光客だけである。クスコに近づくにつれ、あたり

写真 2-18　インカ帝国の都、クスコの全景

は暗くなっていくが、列車内に電気がつくのはTURISMOの車両だけである。したがって、一等や二等の車両はクスコに着く頃は、暗闇のなか、荷物がなくなるということが結構あるようだ。

あたりが真っ暗になった七時過ぎに、列車は町の明かりが星のようにちりばめられたクスコに到着（写真2-18）。駅前には乗合タクシーのワゴン車がいくつも停車していた。私は列車内でオーストラリア人に誘われて、いっしょにホテル「スエシア1」に泊まることにした。このホテルはクスコ一安いホテルで一泊七ソル（約三五〇円）だが、ドミトリー形式のため、一人で一室には泊まれないので、彼は私を誘ったのである。おそらく日本人なら相部屋でも安心ということであろう。部屋は二人部屋で、彼は「ホテルの鍵だけでは信用ならないから」と言って、さらに自身で持ってきた南京錠をとりつけ、その鍵のスペアキーを私に手渡した。

南米は人種のるつぼ

クスコでは、初日は市内および近郊の遺跡や教会の見学をした。サクサイワマン（写真2-19）、ケンコー、プカプカラ、タンボマチャイ、さらにサント・ドミンゴ教会、サン・ブラス教会、カテドラルと半日で回る。

写真 2-19　サクサイワマンの遺跡とリャマとインディヘナの子供たち

写真 2-20　ピサックの日曜市

翌日は日曜日なので、日曜市のツアーに参加する。バスには一四人の観光客とガイドと運転手が乗っていた。東洋人は私ひとりだけで、あとはすべて西洋人である。

最初にピサックの日曜市に行く（写真2-20）。すべてがとにかく安い。少年の売り子から置物をいくつか買った。ピサックで一時間ほど買い物をした後、ウバンバで昼食をとる。広い屋外レストランである。ほかのツアーグループもいて、三〇人くらいの観光客は私以外すべて白人であった。細長く続くテーブルの上にいろいろな料理が載っていて、テーブルの向こう側には一〇人ぐらいの従業員がずらりと並び、観光客は順々にお皿の上のそれぞれの料理を盛ってもらうのである。

写真2-21　オリャンタイタンボの遺跡で小物入れを売る少年

従業員はすべてインディヘナかメスチーソ（インディヘナと白人の混血）である。テーブルの向こう側の料理を盛ってくれる人は人種で言えばすべてモンゴロイド。テーブルの手前に並ぶ、料理を盛ってもらう人たちはすべてコーカソイド（白人）。そのなかにモンゴロイドの自分がひとり交ざっているのを意識すると、複雑な心境になる。ペルーにしろボリビアにしろ、首都には白人系も多いが、地方に行くとほとんどがインディヘナかメスチーソである。そして、経済的に恵まれた上・中流階級は白人に占められている。インディヘナはみな貧しい。ここでは、人種的・経済的格差がはっきり見えてくる。

食事を終えたら、オリャンタイタンボに向かう。オリャンタイタンボの長く続く階段を上り、六個の巨岩からなる壁を見学した後、階段を再び下りバスに戻ると、土産物を売る人たちでいっぱいであった。そのなかには小さな子供も少なくない。小さな子供だと買ってあげたくなる。ここでは一ソル（五〇円）の小さな手提げの小物入れを少年から買った（写真2‐21）。少年といっても小学校に入る前の四、五歳の子供である。こんな小さな子供も一生懸命働いているのだ。

チンチェーロの日曜市の少年

オリャンタイタンボを出たバスは、次にチンチェーロ村に向かった。チンチェーロは白い山並みに囲まれた美しく、静かで素朴な高原である。バスを降りると、冷たい風が私のほおをなでた。ここの日曜市はピサックに比べると小さく、売り手は少なく、観光客も少ない。すでに日が傾き、赤い空の下、少年がひとりぽつんと物を売っていた。ほかのおばさんたちに比べると、売り物がとても少ない。少ないなかから、布を織る途中の飾り物を六ソル（三〇〇円）、インディヘナの人たちがマントとして使っていた大きな織物を三〇ソル（一五〇〇円）で買った（写真2‐22）。少年に最初、「織物はいくらか？」と聞いたところ、三六ソルと言うので、値切って三〇ソルにしてもらったのである。後に、織物のことがよくわかる人にそれを見てもらったが、三〇ソルはかなり安いという。たいていの場合は、五〇ソルぐらいの値を言ってくるのが普通だという。まだ純粋な少年だから、〝ぼったくり〟という考えを持たないのであろう。もう少し払っておけばよかったと後悔した。

この少年から織物を買ったとき、細かいお金を持ち合わせていなかったので、五〇ソル紙幣を渡した。しかし、少年はおつりを持っていなかったので、両替するといってほかの売り子のおばさんたちを回ったものの交換してもらえなかった。それで私が他の観光客に交換してもらい、二〇ソル紙幣を二枚渡した。それでも少年はまたいろいろ聞き回って、やっとひとりのおばさんに両替してもらい、おつりをくれた。日曜市で物を売るインディヘナの人たちは、おつりというものを持ってこない。十分なおつりを持つほど彼らは豊かではないのだ。商品だけを持って市に来て、売れたらその売り上げがおつりになるのである。少年がまったくおつりを持っていなかったということは、朝からやっている日曜市で、

写真 2-22　チンチェーロの日曜市でマントを売る少年

夕日にチンチェーロの大地が赤く染まった今、初めて商品が売れたということになる。

クスコでの滞在

クスコ滞在の途中から、クスコでレストランを営んでいる日本人夫婦の住居の一室に間借りすることになった。その理由は、ホテルで同室だったオーストラリア人がクスコを発つため、ひとりで一室を借りられないためである。隣の部屋には、やはり私と同様に間借りしている後藤さんと上沢《かみざわ》さんがいた。彼女たちは、将来日本でブティックを開くため、アルパカのセーターや織物などをここで買い集めていたのだった。先に滞在していた

写真 2-23　クスコ中心のアルマス広場とカテドラル

写真 2-24　クスコの町でバナナ売りのおばさんとポップコーン売りの少年

彼女たちにクスコを案内してもらった（写真2-23）。広場では靴磨きをする少年やポップコーンを売り歩く少年の姿があった（写真2-24）。ここでは子供も重要な稼ぎ手である。靴磨きやポップコーン売りは元手があまりかからず、子供でも始められる仕事だった。

インカの遺跡、「マチュピチ」

次の日は、インカ帝国最大の遺跡、マチュピチに出かけた。列車が早朝に出発なので、旅行社にお金を払い、駅までは送迎バスを頼んだ。朝五時半にホテル「スエシア1」の前に迎えに来ることになっていたが、いっこうに来ない。五時五五分まで待ったが来ないのでタクシーで駅に向かった。駅には旅行社のオーガナイザーがいて、「スエシア2に行ったが、宿泊名簿に載っていなかったので、先に行ってしまった」と言う。それを聞いて怒りで頭が吹き飛びそうになったが、電車がすぐにでも出発しそうだったので、感情を抑えて電車に飛び乗った。

電車は観光専用列車なので、きれいで安全だった。三時間ほど乗ってプエンテ・ルイナス駅に到着。そこからさらにバスで三〇分ほど山を登り、マチュピチに着く（写真2-25）。このような山岳地にこれだけの大きな遺跡があるのは驚きに値する。今日のガイドは話すのが早いので、ほとんど理解できない。そこで、「Speak English more slowly.」と彼女に言ったら、次からはいちいち私の顔をうかがいながら話してくれるようになった。

帰りには、駅のホームは土産物を売る人たちであふれ返っていた。列車には一〇〇人ほどの観光客が乗っていて、そのうち日本人は七、八人であるが、おそらく日本人は土産物をよく買うためであろう。「セニョール」「セニョリータ」の代わりに、「オニーサーン」「オネーサーン」という売り子の連呼が、ホームから列車のなかにいくどとなく響いてきた（写真2-26）。

写真 2-25　インカの“空中都市”、マチュピチ

写真 2-26　マチュピチの玄関口、プエンテ・ルイナス駅でサンポーニャを売る少年

自己主張しない日本人

翌朝七時半頃に起き、シャワーを浴びる。クスコは水不足で、水道の水は夕方五時から夜中一二時までは断水し

ているため、シャワーは朝浴びることになる。ペルーの海岸部は中緯度高圧帯（亜熱帯高圧帯）の影響に加え、寒流のペルー海流（フンボルト海流）の影響で、沿岸部は大気の安定構造（気温の逆転）が起き、上昇気流が生じず、降水量が少ない。

普通は、太陽の日射が地面や海面を暖め、それに接する空気も暖められて上昇気流が生じる。この上昇気流は雨をもたらすのだが、ペルーの海岸やアフリカのナミビアの海岸のように沿岸を寒流が流れていると、冷たい海面に接する空気が上空の大気よりも冷たいため上昇気流が生じず、雨が降らない。そのため、チリ海岸にはアタカマ砂漠、ナミビアの海岸にはナミブ砂漠ができている。ペルー沖合いの海水温が上昇するエルニーニョ現象が激しいときは、砂漠に雨が降ってロマス植生と呼ばれている植物たちが一斉に芽を出す。

アンデス山系のクスコは海岸から遠く離れているので、ペルー海流の影響ではないかもしれないが、とにかく水不足なのである。久しぶりに熱いシャワーで幸福感を味わう。

午前中に旅行会社に行って、前日の朝に迎えが来なかったための返金を申し入れた。旅行社のスタッフは「こちらの手違いなので、行きの分の四ドルは返金するが、帰りの分はあなたがかってにタクシーでホテルに戻ったので返金できない」と言う。私は当日かなり頭にきていたので、全額返金してもらうために、帰りはあえて旅行社の送迎バスに乗らずタクシーで宿に戻ったのである。しかし、私は「行きは早朝なので、タクシーがつかまらないと列車に乗り遅れるため送迎バスを予約したのであり、帰りだけ乗るのであれば、わざわざタクシーより料金の高い送迎バスなど予約しない」と、テーブルを思いきりバンバン叩きながら、わめいた。スタッフも最初は返金する素振りをまったく見せなかったが、私があまりにも大きな声で騒ぎ立てたので、やっと全額の八ドルを返してくれた。

私は何も四ドルがほしかったのではない。外国に出てつくづく思うのであるが、日本人は英語が苦手なせいもあって、外国ではおかしいことがあってもあえて主張しないことが多いような気がする。そのせいで、日本人ならどうにでもなるという風潮が世界中どこに行ってもはびこっている。私は、今後クスコに来る日本人のために、手が痛くなるほどテーブルを叩いていたのである。

このようなことは、何も今回が初めてではない。エアーインディアでアフリカに行ったとき、飛行機の乗り継ぎでムンバイに一泊することになった際のことだ。ホテルは航空会社が用意することになっていた。しかし、ムンバイに着いてもまずは迎えのバスが来ない。日本人約二〇人はかなり待たされ、やっとバスに乗ったのはいいが、ホテルに着いても、フロントの人に「ロビーで待っていろ」と言われ、じっと待たされていた。

時刻は夜の一一時頃。しかし、一時間経ってもまだ待たされていた。後から来る客は、次々と受け付けを済ませていた。おそらく客室の空きが十分ではなかったので、日本人は後回しにされたのであろう。私は我慢の限界にきてしまった。フロントに行って、ホテル中の客に迷惑になるほどフロントデスクをバンバン叩き、出せる限りの大声を張り上げた。すると、スタッフが私に一人分の宿泊カードを差し出した。しかし、私だけ泊まれてもしようがない。フロントデスクのなかに手を突っ込み、宿泊カードの束をつかんで、ロビーで待つ日本人たちに配った。各自それに記入してもらって、フロントの前に並んでもらったら、ホテル側もしぶしぶひとりひとりに鍵を手渡していったのである。それでも、約二〇名の日本人がすべて鍵をもらうにはさらに三〇分以上かかった。

クスコからリマへ

いよいよ、クスコを旅立つ日がやってきた。七時半の飛行機なので、六時前に起きる。六時過ぎに部屋を出ようとすると、後藤さんと上沢さんが空港までタクシーで送ってくれると言う。空港で彼女たちと別れるとき、「これ食べて」と言ってお弁当を手渡された。彼女たちに手を振りながら、「もう、彼女たちと会うことはないのだろうな」と感傷的になった。

リマでは、後藤さんたちに勧められたペンション「イバラ」に泊まった。一泊一〇ドルである。ペンションは一八階建てのビルの一六階にあってなかなか快適であった。この日は、事前に予約を入れてあった天野博物館［現・天野プレコロンビアン織物博物館]に行った。　天野博物館は、故天野芳太郎氏が長年にわたって研究し、集めた土器や織物を展示しているところで、なんといっても日本語の案内を受けられるのがありがたい。なかの展示物はとにかくすばらしかった。とくに織物がなんともいえず美しい。博物館の館員がひとつひとつ引き出しを開けたとき、なかから姿を現す織物の美しさと緻密さ、そこに繰り広げられる歴史と文化に思わず生唾《なまつば》を呑み込むのであった。展示物はチャンカイ文化（一〇〇〇年頃、チャンカイ渓谷付近で発生した文化）のものが多かった。

翌日は南米の最後の日である。夜に、マイアミ行きの飛行機に乗ることになっていた。八時頃にペンションで出された朝食を食べ、しばらく部屋でゆっくりした後、一〇時過ぎに街に出る。アルマス広場に行き、そこに堂々と立ちはだかるカテドラルのなかに入ってみた（写真2-23）。カテドラルにはインカ帝国の征服者、スペインのフランシスコ・ピサロのミイラが安置されている。一五三五年一月一八日に、ピサロ自らの手で基礎を置いた、ペルーで最も古いカテドラルである。

入場料を払ったらガイドがつくといい、英語とスペイン語のどちらかを選択できる。英語のガイドを頼むと、二〇代半ばくらいの女性であった。私ひとりにガイドひとりつくとは恵まれている。彼女はそれほど英語が得意でないらしく、ゆっくり考えながら話してくれるので、英語の苦手な私には助かった。カテドラルの見学を終えて出ようとしたら、彼女がほおをさし出した。「そうか、ここはラテンの国。別れるときは男性が女性のほおにキスするのが習慣なんだ」。そう思い、ぎこちなく、チュッとほおにくちびるをあて、カテドラルを後にした。

甘い罠

この後、ユニオン通りを歩いた。通りではいろいろな大道芸が行われていた。ユニオン通りをしばらく歩いてサン・マルティン広場の近くまで来たとき、ひとりの男が英語で話しかけてきた。最初は「両替をしないか?」と言ってきたが、「必要ない」と言ってもなんだかんだと言いながらついてきた。彼は「自分は旅行社に勤めている」と言って、サン・マルティン広場に面する旅行社を指さした。リマ—東京間往復一四〇〇ドルの看板が出ていた。

彼は、「日本では女性を一時間買うといくらだ?」と聞いてきた。「そんなの知らない」と言ってもしつこく聞いてくるので、「一〇〇〜三〇〇ドルかな」と言うと、ビックリしたような顔を見せ、「リマでは一〇ドルだぞ」「すごくかわいい子がいるから来ないか?」と言う。「今晩日本に帰るから」と断ると、「見るだけでもいいから来ないか?」と言う。「必要ない」と言って別れようとしたが、「ちょっと見るだけならいいかな」という好奇心がそれまでの警戒心を凌駕し、さらにあちこちの建物の説明をしてくれるため、ついつい彼の説明を受けてしまい、広場を横切って、反対側に行ってしまった。そこにはチェス台がいくつか置いてあり、彼はそこに座り、「チェスをやったことがあるか？」と聞いてきた。まさにそのとき、ピストルや警棒を持った制服のポリスと私服のポリスがやってきて、われわれ二人にパスポートを見せるように言ったのである。

ズボンの裏側の足首のところには、ラパスで斉藤さんが作ってくれた貴重品袋が巻いてあり、そのなかにパスポートや航空券やほとんどのお金が入っていたが、そこからは出さず、「パスポートはホテルに置いてある」とウソを言って、背負っていたデーパックのなかからそのコピーを取り出して見せた。二人のポリスは「コピーではダメだ。移民局へ来い」と言って、私と自称旅行社の男は無理やりタクシーに乗せられた。タクシーのなかでは、ポリスが旅行社の男に「お前、何か変なもの持っていないだろうな」と言い、彼のボディチェックをしたら、彼の胸ポケットのなかからコカインが出てきた。「お前たち、麻薬の取引をしていたな！」とポリスがどなりだし、旅行社の男はポリスに警棒で何度も殴られた。さらに、ポリスは私に「こいつの腕を見てみろ」と言って、旅行社の男の腕を捲り上げると、そこには拷問を受けた痕と思われる、火柱をあてられたような無数の傷があった。私は、背筋が寒くなり、「もう、日本には帰れないな」と覚悟した。ポリスは、私に口を開けるように言い、さらには「ズボンを下ろせ」「パンツも脱げ」と言い、全身のチェックをした。体に身につけていたもの、デーパックや財布などは、タクシーの前の席に座っていたポリスが全部取り上げて調べていた。幸い、ズボンやパンツを下ろしても、足首のところの貴重品袋は見つからなかった。

ポリスは私に、「お前は留置所行きだ」と冷たく言い放った。しばらく、タクシーはどこへ行くともわからず、リマの町を不気味に走っていた。すると、突然、ポリスが「お前はもう関係ない。ここで降りろ」と言って、財布などをデーパックのなかに入れ、それを私に手渡した。私は、急いでタクシーを降り、「助かったー」と深く息を吐いた。そして、デーパックのなかを調べ、すべてがあるかどうかを確認した。財布のなかには三〇〇ドルほどのお金が入れてあったはずだが、そこには何も残っていなかった。お金を取られたことは悔しいが、パスポートや航空チケット、大金は取られずに済んだわけで、無事日本に帰れることを思えば、よかったと言わざるを得ない。

ペンションに戻り、女主人にこの話をすると、リマではポリスがお金を巻き上げることがよくあると言う。また、にせのポリスかもしれないとも言う。冷静になって考えれば、旅行社の男とポリスは最初からぐるだったのだろう。女主人は私に非常に同情してくれ、車で三〇分ほどかかる空港までタクシーで送ってくれた。ここでもまた例のごとく、ほおにキスをして別れた。空港に、前日天野博物館でいっしょになった日本人がいたのでこの話をしたところ、彼は「君が今ここにいるのはほんとうに幸運だ」と力み、次のような話をしてくれた。

「リマでは、私は、ペルーに二〇年以上住んでいる日本人のお宅に滞在していたのであるが、その人が強く忠告してくれたことは、リマでは警官が非常にタチが悪く、観光客はとにかく警官と目を合わせてはいけない。目が合おうものなら、コカインを持っているんじゃないか？　と因縁をつけられ、そのときワイロを払わないと、そのまま留置場に入れられてしまう。その後、お金を払わなかったり、持ち金が少ないとそのままにされ、一〇年以上刑務所に入っている日本人観光客も何人かいる。君の場合、全財産がポケットの財布の三〇〇ドルだと思われ、それを取ってしまったので、もう用がなくなり帰されたということだろう。ほんとうによかった」

私はそれを聞いていっそう背筋が寒くなった。ふと外を見ると、暗闇のなか、マイアミ行きの飛行機の機体がにぶく光っていた。

再びアフリカに――一九九四年ケニア・エチオピア調査

どうして、ここにいるのー！

飛行機は静かにナイロビの空港に降りていく。二年ぶりのケニアである。ケニアに着いた翌日、さっそく前回もお世話になった日系の旅行社のオフィスに行く。オフィスの扉を開けると、早川さんや鈴木さんのなつかしい笑顔が飛び込んできた。なかに入って「久しぶりー」と挨拶を交わしたとき、カウンター越しに彼女たちと向き合っていたひとりの女性が私のほうに振り向いた。一瞬、お互いの動きが止まり、その後、二人同時に「どうして、ここにいるのー！」と、驚きの声を発した。

そうなのだ。彼女とは一年前、南米ペルーのクスコで出会った。私を朝早く空港に見送ってくれ、別れ際に手作りの弁当を手渡してくれた女性、後藤さんだったのだ。南米とアフリカ、こんな離れたところで再び会うとは神様が再会させてくれたとしか思えない。彼女はペルーを出た後、スペインに渡り、さらに西アフリカから南アフリカを回って東アフリカに一年かけてやってきていたのである。

彼女から、この一年間の旅の話をいろいろと聞かせてもらった。そのなかでとくにおもしろかったのは、マダガスカルでの話であった。マダガスカルは道路事情が悪く、車が使えないところもあるようで、そんなところは陸沿いに走る帆船を利用するそうである。彼女が帆船に乗るとき、次の町まで何日かかるのかを聞いたところ、船長は一週間ぐらいで着くと答えた。それで彼女は一週間分の食料と水を持って船に乗り込んだのである。しかし、一週間経ってもいっこうに到着しない。よくよく船長に聞いてみれば、風があれば一週間で着くということであった。

すでに食料と水がなくなってしまった彼女は耐えきれず、船長にどこでもいいから人の住んでいる集落で降ろしてくれるように頼んだ。それで船長は、とある集落で彼女を降ろしてくれた。しかし、その集落はまったく未開の地にあり、突然外国人がやってきたので村中大騒ぎ。村中の人々が彼女を歓迎してくれた。彼女はそこで何日かを楽しく過ごしたが、いつまでもそこにいるわけにもいかない。村人に頼んで幾日もかけてブッシュをかき分け、車が走っているところまで連れていってもらい、そこでトラックをつかまえて町まで運んでもらったという。

彼女との話は尽きなかった。旅での出会いはどれもおもしろく、すばらしいものがある。

二年ぶりのケニア山

何日かナイロビで過ごし、いよいよケニア山に向かうことになった。リバーロードに行き、ナニュキ行きの「ニッサン」(ナイロビから郊外に行く車の通称)に乗る。本来、ナロモルの町までの料金は二〇〇シル(約四〇〇円)だが、外国人と見て二〇〇シルのほかにザックが一人分の席を占領するからと言ってプラス二〇〇シル。さらにナロモルの町の郊外にあるナロモル・リバー・ロッジまで送るからと言って、さらに二〇〇シル。計六〇〇シルを、乗車する際、コンダクターに取られた。しかし、ナロモルの町に着くと、運転手が私を降ろそうとした。すると、私の隣の席の女性が、私がロッジまでの特別料金を払っていると文句を言ってくれ、さらに同乗していたほかの人たちも口々に文句を言ってくれた。運転手はコンダクターから聞いていないと言いながらも、不承不承ロッジまで行ってくれた。そして、「ニッサン」の乗客の人たちは、遠回りになったにもかかわらず、笑顔で見送ってくれたのである。

ロッジに着いてすぐに、オフィスでガイドとポーターを頼んだところ、やってきたガイドは、二年前にマッキンダーズキャンプで小屋番をしていた人、サイモンであった。

前回の調査の際にはひどい高山病になったため、今回は途中のメッツステーションでも一泊してゆっくり登ることにした。しかし、今回も高山病で苦しむことになる。ケニア山での調査結果は後で述べることにしよう。

エチオピアへの旅

四年前に初めてケニアに調査に行ったときに日本学術振興会のナイロビ駐在員をしていた重田さん（京都大学）が、この年はＪＩＣＡの専門家として一年間アジスアベバ大学で指導にあたるため、家族でエチオピアに滞在されていた。私は以前からアフリカ第四の高峰、エチオピアのラスダシャン山に登ってみたかったので、重田さんを頼ってエチオピアに行くことにした。

世界中からエチオピアに乗り入れている航空会社は、このときわずか二社しかなかった。エチオピア航空とルフトハンザのみである。ナイロビを飛び立ったエチオピア航空の飛行機の窓から見える八月の風景は、乾季で茶色に乾いたケニアの大地から、雨季で緑のじゅうたんが広がるエチオピアの大地へと移っていく。

エチオピアに入国した頃、重田さん一家は調査旅行でアジスアベバを離れていたため、アジスアベバの留守宅に滞在することになった。重田さんが事前に手配してくれた車で重田邸にたどり着くと、そこには四人の使用人が留守を預かっていた。その四人とは、運転手のギルマ、メイドのブルキ、門番のメレセとゲタチョウである。ギルマとゲタチョウは英語が話せるが、あとの二人はほとんど話せない。二〇歳過ぎのかわいい女性・ブルキには食事の世話などをしてもらったが、英語が通じないので身振り手振りでなんとか意思を伝えるしかなかった。ケニアはイギリスの植民地であったため、地方に行ってもほとんど英語が通じた。それに対し、エチオピアはアフリカ最古の独立国であり、一九三六年から一九四一年までにイタリアに一時併合されたのを除けば、アフリカではめずらしく独立を保ち続けた国である。そのため、イギリスの植民地であった東アフリカの他国と異なり、英語があまり通じない。エチオピア高原は、水平に堆積した地層が静かに隆起した山地の上に溶岩が流れかぶさって平坦な溶岩台地をなしたもので、このテーブル状の地形がナイル川の支流などで切り刻まれて多数の峡谷が形成され、その急崖が外敵からの障壁となって、三〇〇〇年にわたる独立の歴史に大きな役割を果たしてきたのである。

エチオピア料理

ラスダシャン山に行くまでの四日間、アジスアベバに滞在した。重田邸の隣がＪＩＣＡの専門家の田中さんのお宅だったのだが、田中さんは出張中であった。しかし、奥さんのガーナ人のジュリアナさんと、居候の同じくＪＩＣＡの専門家・杉田さんには食事など、あれこれとお世話していただいた。ジュリアナさんにはガーナ料理をごちそうになったがとてもおいしかった。ガーナはご存じのようにアフリカ西部、ギニア湾岸の国である。

　以前、ナイロビの日系旅行社の早川さんと、なぜ、ケニアなど東アフリカの料理は西アフリカの料理に比べておいしくないのかを話し合ったことがあるが、「気候環境の厳しいところほど、食文化が発達する。気候環境の厳しい西アフリカの料理はおいしいが、高原で一年中気候環境の温和な東アフリカには食文化は育ちにくい」という結論に落ち着いた。たしかにケニアやタンザニアには、海岸の魚料理を除けばこれといっておいしさで有名な料理は見あたらない。

写真 3-1　インジェラを焼くエチオピアの婦人

　エチオピアで特徴的な料理はインジェラである。インジェラは、エチオピアだけで作られているテフという穀物を粉にひき、水を混ぜて溶かしたものを鉄板の上で焼いたクレープ状の食べ物で、酸味が効いている（写真3-1）。それを、ビーンズ・ソース（豆をいって、すりこさでひき、それにお湯とオイルを入れて煮たもの）や煮込んだ野菜とか肉などといっしょに食べる。しかし、多くのエチオピア人は、あまり肉を口にすることはできず、ビーンズ・ソースだけか、せいぜい野菜やジャガイモといっしょに食べることが多い。これがエチオピアの主食であり、一年三六五日、毎日インジェラを食べる。

写真3-2　エチオピアのコーヒーセレモニー　まず、コーヒー豆を火で炒り、すりこぎで豆をひく

写真3-3　ジャバナの中に挽いた豆を入れお湯を注ぐ。そして、よいにおいのするハーブを入れる

しかし、エチオピアといえば、なんといっても有名なのはコーヒーである。エチオピアはコーヒーの原産地であり、英語の「カフェ」は、エチオピアの原産地の地名「カッファ」から来ているという説があるが、ワインやコーヒーのアラビア語であるカファ（カウア）が語源という説が有力である。エチオピア人の生活にコーヒーは深く浸透しており、彼らはコーヒーを非常に大切にし、原産地であることを誇りに思っている。

エチオピアの各家庭ではカリオモンと呼ばれる、コーヒーセレモニーを行う習慣がある。重田邸でもブルキ、ギルマ、ゲタチョウが私をコーヒーセレモニーに呼んでくれた。まず、コーヒーの豆を火で炒って、その煙を私に「フー」と吹きかけた。幸せが呼び寄せられるのだそうだ。炒った豆はすりこぎでひき、それを水と一緒にジャバナと呼ばれるポットに入れて火にかけ沸騰させる（写真3-2）。コーヒーは必ず三回いれる。一回目をアボル、二回目をトーナ、三回目をバラカと言い、当然だんだん薄くなる。各回につき何杯飲んでもよいので、二杯ずつ飲めば計六杯飲むことになる。飲むとき、器のなかにはテナアダムというハーブを入れるのだが、これがコーヒーの香りとうまく融合してこのうえない味をかもしだす（写真3-3）。私は今まで世界各地でコーヒーを飲んだが、エチオピアが一番おいしいと感じた。アジスアベバだろうがゴンダールだろうが、奥地の村であろうが、そこで飲んだコーヒーはどれもとてもおいしかった。

エチオピア第四の都市

朝六時に旅行社の迎えの車が来る。早朝にもかかわらずギルマ、ブルキ、ゲタチョウが見送ってくれた。アジスアベバからガイドといっしょである。その理由は、アジスアベバでないと英語のできるガイドを雇うことが不可能であるからだ。ガイドの名はソロモン。エチオピア随一の大学、アジスアベバ大学出のエリートである。私が頼んだ旅行社は、ガイドはすべてアジスアベバ大学出身者である。

空港では、かなり徹底的にボディチェックをされた。杉田さんが、「エチオピアは国内線でハイジャックが頻発しているので、空港のボディチェックで股間まで触られるよ」と冗談っぽく言っていたが、冗談ではなく事実であった。飛行機に乗り込むとき、乗降口でまたしてもボディチェックを受けた。

飛行機は一五人乗りのプロペラ機で、エチオピア第四の都市ゴンダールに向かって飛び立った（図3-1）。ゴンダールに近づいたとき、眼下に青ナイル川の源流、タナ湖が見えた（写真3-4）。雨季のため、タナ湖の水は茶色に濁り、周辺も水浸しの状態であった。飛行機はタナ湖を越すと、突然草原に着陸した。どうしたのかと思えば、そこがゴンダールの空港の滑走路であった。それは舗装されていない、土と石と草の滑走路であり、「これがエチオピア第四の都市の空港なのか」と驚かずにはいられなかった。

ゴンダールでは、ソロモンが事前に予約しておいてくれたゴハホテルに泊まった。ホテルは町が一望できる丘の上にあって、一泊三〇ドル、ゴンダール一高いホテルである。

エチオピアは乾燥化とともにアクスム、ゴンダール、アジスアベバと北から南に都が遷っていった。

エチオピア高原では、雨季の三ヶ月間に一年の約八〇パーセントの雨が降り、そして、これらの雨は北部では黒ナイル川（アトバラ川）、中部では青ナイル川、南部ではソバト川を経て白ナイル川に流れ込む。このように、ナイル川の水源の八四パーセントはエチオピア高原に降る雨なのである。雨季の南西風がギニア湾やコンゴ盆地から水分を運ぶが、最初に到達するエチオピア南西部、すなわちコーヒーの原産地として有名なカファ地方に雨をもたらし、そこから北東部に進むにつれて雨は少なくなる。この南から北への降水量の減少が、乾燥化とともに、アクスム、ゴンダール、アジスアベバと都を南下

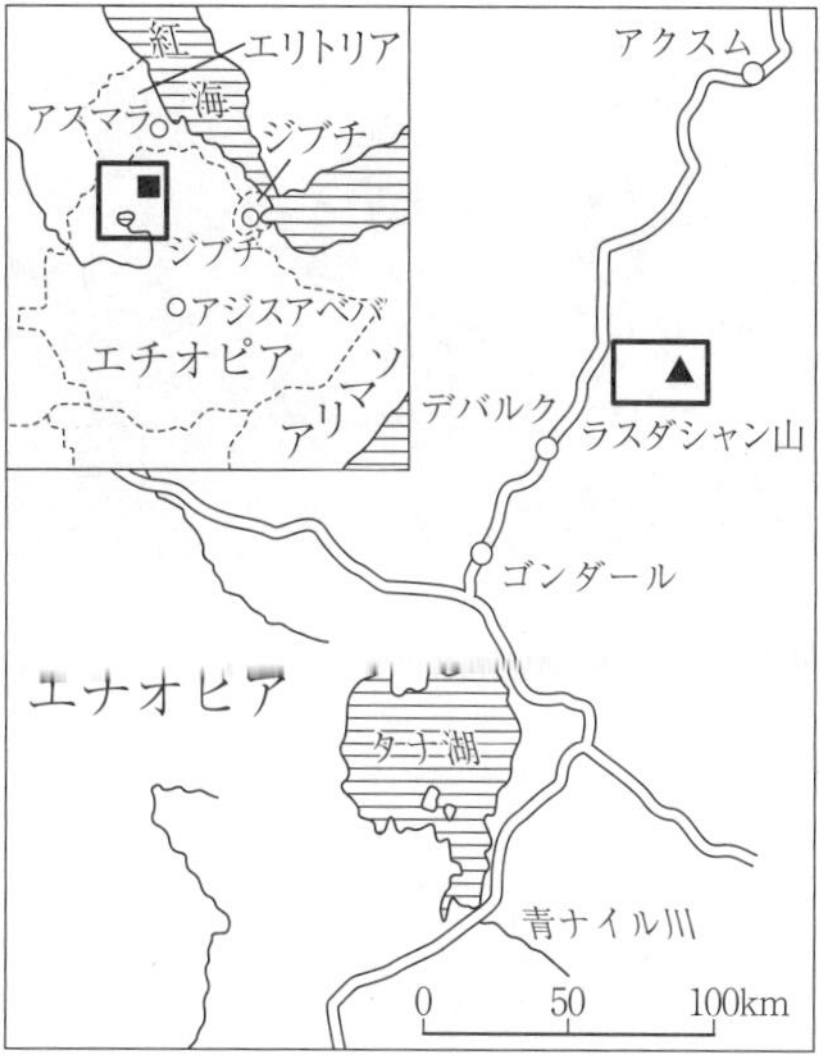

図 3-1　ラスダシャン山の位置

写真 3-4　青ナイル川の源流、タナ湖

写真3-5　17～18世紀にエチオピアの都があったゴンダールのファシリダス王の城

させることになったのである。

一世紀からインド洋と地中海を結ぶ交易を支配して栄えたアクスム王国は、資源の濫獲による交易品の減少および人口増に伴う土地の乱開発、土壌侵食、それに加え、降水量の減少により八世紀から衰退の一途をたどるのであった。八世紀は世界的に寒冷から温暖に気候変化した時代であり、日本でも寒冷な古墳時代から温暖な奈良・平安時代に移った頃である。しかし、アクスムでは温暖化に伴い降水量が減り、それが国に大きく影響した。日本の歴史を見ると、どちらかといえば寒冷な時代よりも温暖な時代のほうが国は栄えたが、エチオピア北部のように比較的雨の少ない土地では、温暖化が乾燥化をもたらすこともあり、衰退につながっていったのである。

ゴンダールに首都があったのは一七～一八世紀である。その遺跡をソロモンのガイドで見学した（写真3-5）。遺跡を見学しながら、ふとアルチュール・ランボーのことを思い出した。ランボーのことを初めて知ったのは、高校を卒業して浪人中、予備校の国語の教師が、中原中也の詩のところでランボーの話をしてくれたときだった。その話は今でも鮮明に覚えているのだが、だいたい次のようなものであった。

アルチュール・ランボーは北フランスのシャルルヴィルの地に一八五四年に生まれた。彼は、中学では成績優秀であったが、早熟な反逆児で、しばしば家出を繰り返した。そして、彼は、まわりを引きつけるような魅力のある美少年であった。一七歳のとき、彼は自作の詩『酔いどれ船』を詩人ヴェルレーヌに送った。しばらくすると、ヴェルレーヌから、「来たれ、偉大なる魂よ。余は君を待ち、君に焦がる」という返事が彼のもとに届いたのである。それで、ランボーはパリのヴェルレーヌのもとを訪れたのであるが、ランボーを一目見たヴェルレーヌはすっかり彼に心を奪われてしまった。ランボーのとりこになったヴェルレーヌは、妻子を捨て、彼とともにベルギー、ロンドンを放浪し、共同生活を営む。しかし、そのうち心のすれ違いから、ヴェルレーヌは銃でランボーを撃ってしまい、重傷を負わせる。

ランボーの文人としての生活は一六歳からわずか三年にすぎなかった。この後、ランボーは貿易商人としてアフリカに渡る。エチオピアに入ったランボーは、ハラルで生活を送り、ジャミという少年と親密な関係になる。さらに、彼は武器商人として、アントト（アジスアベバ）にたどり着く。そこで、メネリク二世に武器を売るのである。その頃、アントトへの遷都が決定され、工事が始まっていた。メネリク二世がアビシニア皇帝に即位した頃、ランボーは悪性の肉腫《にくしゅ》におかされる。死の間際まで、彼はハラルの少年ジャミの名を呼び続け、一八九一年一一月一〇日、午前一〇時半、三七歳の生涯を閉じたのである。

この話は、なぜか私の心をとらえた。同性のヴェルレーヌに対し、妻子を捨てるほどに夢中にさせたランボーの魅力とはいったいどのようなものであったのだろうか？　なぜ、彼は詩を書くことを早くからやめ、アフリカに渡ったのであろうか？

名古屋大学に入学した私は、第二外国語にフランス語を選択した。大学二年の春、フランス語の授業のときに、先生がテキストを何にするか学生たちに尋ねたので、私は、すかさず「アルチュール・ランボーにしてください」と声をあげた。先生は、「ランボーがどんな生涯を送った人か説明できますか？」と尋ねたので、私はスラスラとこの話をしたのである。結局その年は、クラスメイト四六人がランボーを学ぶことになった。そのとき、私はランボーが最後に行ったエチオピアをいつか訪れ、その足跡をたどってみたいと思ったのである。

さて、ゴンダールに着いたわれわれは、ホテルから遺跡まではタクシーで行ったのだが、途中タクシーが止まったとき、まわりを子供たちが取り囲み、何か食べ物をくれというようなジェスチャーをした。ケニアやインドでは「お金をくれ」とか「物を買ってくれ」と言う子供が多かったが、エチオピアでは「食べ物をくれ」であった。私は飛行機のなかで出されたサンドイッチを食べずに持っていたので、それを不用意にもタクシーの窓から少年にあげたのだが、それが子供の間で取り合いになった。自分の軽率な行動を反省せざるを得なかったが、食べ物に飢えたエチオピアの子供たちの姿を見て、あらためてエチオピアの食糧事情の悪さを認識することになった。

遺跡を見た後、ゴンダール一古い教会、デブレ・ベルハン・セラシー教会に行ってみた（写真3-6）。エチオピアは四世紀にキリスト教（コプト派）を国教にしたキリスト教の熱心な国。国民の五〇パーセントがキリスト教徒であり、七世紀以降イスラーム勢力が進出し、四〇パーセントがムスリム（イスラム教徒）である［二〇〇七年統計では、キリスト教六二パーセント（エチオピア正教四三パーセント、プロテスタント一九パーセント）、イスラーム三四パーセント］。ゴンダールの町のあちこちにキリスト教の教会の屋根の十字架が見える。教会のなかに入ると薄暗いなか、男女各二〇人ほどの子供たちが別々に座っていた（写真3-7）。カメラを向けると無邪気な姿をあらわにし、大騒ぎになった。教会の木を張った天井には羽のある天使が描かれており、印象的であった。

昼にホテルに戻り、昼食をとったが、胃の調子が悪かったので薬を口に入れて水を飲もうと蛇口をひねった。しかし、水は一滴も出ない。従業員に言うと夜の六時半まで水が出ないと言う。後でわかったことだが、ゴンダールは毎日朝六時半から七時半までの一時間と、夜の六時半から七時半までの一時間、計二時間しか水が出ないのだ。これが

写真 3-6　ゴンダールで一番古いデブレ・ベルハン・セラシー教会

写真 3-7　デブレ・ベルハン・セラシー教会の中で

エチオピア第四の都市の現状である。雨季にはかなり雨が降るので水不足とは思えない。おそらく人口急増に対して、貯水設備が追いついていないのであろう。

午後に、町を歩いてみた。靴磨きの少年たちが私の靴を見て磨かせろと言う。磨いてもらったら一ブル（約一五円）であった。ひどい雨が急に降り出し、とても止みそうになかったのでタクシーでホテルに戻ったが、七ブル（約一〇〇円）であった。ケニアの二〇〇シル（約四〇〇円）に比べればかなり安い。これも、一人あたりの国民総生産（GNP）が一九九三年の場合、日本三万一四五〇ドル（約三五〇万円）、ケニア二七〇ドル（約三万円）、エチオピア五九ドル（約六五〇〇円）の差から考えればうなずける［二〇一九年の一人あたりの国民総所得（GNI）は、日本四万一五八〇ドル、ケニア一七五〇ドル、エチオピア八五〇ドルである」。

八月は誰も山に登らない!?

翌日、朝六時に起きる。七時にタクシーが迎えに来る。ゴンダールから約一〇〇キロメートル離れたデバルク（デバーク）までタクシーで行くのである。デバルクはラスダシャン山への行程のうち、車で入れる最後の町である。

デバルクからユネスコの世界遺産（自然遺産）であるシミエン国立公園のなかに入るので、町の国立公園管理事務所で手続きをした。事務所内には一九八四、八五、八六年の各年の国立公園入園者の数がグラフで示されていた。平均して月一〇人くらいの入園者であったが、一月は四〇〜五〇人と飛び抜けて多い。これは、クリスマス休暇でかつ乾季だからだそうである。しかし、雨季である八月は平均三人であった。管理官の話によれば、入園者の多くは近くの景色の良い場所まで行く人で、ラスダシャン山まで行く人は少なく、とくに雨季は皆無だそうである。ガイドのソロモンも何度もラスダシャン山に登っているが、雨季は初めてだと言う。それを聞いてだんだん不安になってきた。

ソロモンは、「ゴンダール同様、デバルクでも町で一番の高級ホテルに泊まることにする」と言って、私をセミアホテルに案内してくれた。そのホテルは、コンクリートのバンガローのようなもので、ベッドが一つと椅子が一つある以外何もなかった。シャワーもなく、裸電球が一つ吊り下がっているだけである。これで、デバルク一のホテルというが、宿泊料金は外国人一五ブル（二二五円）、エチオピア人五ブル（七五円）であった。人口一〇〇〇〇人ほどの町、デバルクでは、町の中央にただ一ヶ所だけ水道があり、そこに住民たちは毎日バケツを持って水を汲みに行くのである。したがって、当然ホテルにはシャワーなどない。宿泊客に、洗面用の水が一リットルほどポリ容器に入れて渡されるだけである。

写真 3-8　デバルクのマーケットの広場

ホテルでしばらくくつろいだ後、町を歩いてみた。子供たちは私を見るとみんな「ユー、ユー（あなた）」と言って、握手を求めてくる。外国人がめずらしいのであろう。彼らは、知っている英語のフレーズを私に投げかけてくるのである。私が手を振ると一斉に歓声をあげる。昔の日本の子供たちのようだ。小一時間歩き、おそらく延べ二〇〇人以上の子供たちと握手したであろう（写真3-8）。

デバルクの夜

デバルクの夜は、ソロモンに連れられてバーのようなところに行った。音楽がかかっていて、それに合わせて踊っている人がいた。ソロモンは別に音楽を楽しんでいるようすでもなかった。ところがである。ある曲がかかると、彼は急に立ち上がってうれしそうに踊り出すのである。その光景が不思議だったので、踊り終えた彼に尋ねてみた。すると、彼は力んで答えた。「それまでずっとかかっていたのはどれもアムハラの曲なんだ。でも、今の曲はティグレの曲さ」。

エチオピアはアムハラ（全人口の二八・三パーセント）、ティグレ（ティグライ）（九・七パーセント）、オロモ（二九・一パーセント）などの民族からなっている［二〇〇七年の統計では、アムハラ二六・九パーセント、ティグレ六・一パーセント、オロモ三四・五パーセント］。人口が一番多いのはオロモであるが、ソロモン王とシバの女王の子とされているメネリク一世（紀元前一〇〇〇年頃）以来、ハイレ＝セラシェ皇帝の時代（一九七四年）に至るまで国を牛耳ってきたのはアムハラの人たちであった。その後、クーターによってメンギスツ社会主義政権が樹立されたが、それを倒したのがティグレ人民解放戦線（ＴＰＬＦ）が主体のエチオピア人民革命民主戦線（ＥＰＲＤＦ）であった。そして、今の「エチオピア連邦民主共和国」が誕生したのである。ソロモンは現政権主流のティグレの人であった。

ることはなかった。

大名行列が行く

翌日六時起床。六時半頃、ソロモンが頼んでおいた馬一頭、ミュール二頭がやってくる。ミュールは外見は馬と変わりはないが、父親がロバで母親が馬なので、馬のように体が大きく、足腰はロバのように強いという。山道を登るため、荷物はより多く運べる馬にかつがせ、私とガイドは足腰の強いミュールに乗った。今回の旅の途中、馬は何度か転んで横倒しになったが、ミュールは結局一度も転ぶことなく、われわれに怪我をさせることはなかった。

私にはさらに、私の身の安全を守るレンジャーが二人と、馬やミュールを扱うポーターが一人ついた。レンジャーは二人とも鉄砲をかついでいた。私は最初、彼らが鉄砲を持っているのは、獣から私の身を守るためだと思っていた。そのことを後にガイドに尋ねたら笑われてしまった。「いったい、どんな獣があなたを襲うの？　襲うような獣なんていないよ。彼らが鉄砲を持っているのは、あなたの身を悪い人間から守るためだよ」。それを聞いて、よけい怖くなってしまった。また、七二歳の老人がひとりでラスダシャン山近くの村まで行くので、われわれに同行させてほしいということで、結局、六人とミュール二頭、馬一頭の大名行列になってしまった。たったひとりがラスダシャン山に登るために。

行列は、デバルクのもやった朝の空気にオレンジ色の日の光が差し込むなか、静かに行進する。その光景はまさに幻想的であった。町中の人が、この一行に眼差しを向け、子供たちは歓声をあげた。

雨季のラスダシャン山登山。それは私が考えていたよりもはるかに苛酷で、生死の狭間の旅であることは、このときは知るよしもなかった。おそらく、デバルクの人たちはわれわれ一行を見て、「彼らは無事帰ってくるだろうか?」と憂慮していたに違いない。自分の目の前で人が死んでいく……。ラスダシャン山への旅は、私の人生の試練の旅になっていくのであった。

毎日続く雨のなかの登山

私とガイドのソロモン、二人のレンジャー、ポーター、同行の老人、ミュール二頭、馬一頭のラスダシャン山登山が始まった。ミュールに乗っての旅といっても、急な山道では降りて歩くので、行程の半分近くは歩きである。また、老人を歩かせるのはかわいそうなので、ガイドと私が代わる代わるミュールに乗せてあげた。

午後になるとだんだん雲行きが怪しくなり、霧が立ち込めてくる。霧のなかから薪をいっぱい背負った少年が、痩せ細った足で近づいてくる（写真3-9）。挨拶すると笑顔で応えてくれた。また、五〇匹近くのサルの群れにも出くわした。霧のなかから何が飛び出してくるか、緊張した。霧はしばらくすると雨に変わった。キャンプサイトに着い

写真 3-9　薪を背負う少年　エチオピアの子供たちは栄養不足で足が細いことが少なくない

たときには、雨粒は大きく地面を叩き付けていた。ガイドが用意したテントはかなり大きく、六人は寝られる。しかし、テントの三分の一は地面がむき出しの外室で、三分の二の内室に私とガイドが寝る。快適だ。テントのなかで、ガイドがパスタに肉の缶詰とジャガイモ、ニンニク、トマトソースを加えた料理を作ってくれた。ガイドで接したヨーロッパ人たちに作り方を習ったという。とてもおいしかった。

外ではどんどん雨が激しくなる。あとの四人は外で火を焚いているが、テントからようすをうかがうと、かなりのどしゃぶりで火も思うようにつかないようだ。ガイドに「彼らは大丈夫か？」と聞くと、「大丈夫、大丈夫」と言って寝てしまう。心配になったので見に行き、薪に傘をさして濡れないようにしてあげるが、ついたり消えたりだ。そこでレンジャーに一〇〇円ライターを手渡したら、「火のなかに入れるのか」という素振りを示した。しばらくして、二人は近くの壊れた小屋のほうに行く。そこで火を焚くのであろうか。私も雨に濡れてきて寒いので、テントに戻った。目覚めたガイドに聞くと、私たちのテントの外室に二人、壊れた小屋の屋根があるところに二人が寝るのだそうだ。雨が止むのを祈って、寝袋のなかにもぐり込んだ。

翌朝起きてみると、まだ雨が降っていた。雨のなか、八時に出発。雨は降ったり止んだりであるが、ときどき薄日が差す。ところどころに集落があり、ロバに荷物を運ばせている人たちと行き交う。ほとんどの人は裸足である。ラスダシャン山の近くまで人が住んでいて、彼らがデバルクまで出るときは、途中の家に泊めてもらいながら行くのだそうだ。ときどき、子供たちが遊んでいるところに出くわすが、そんなときは、彼らの写真を撮ったり、アメをあげたりして交流するので楽しい（写真3-10）。まわりの風景も、植物

写真 3-10　雨の中、途中で出会った子供たち

写真 3-11　“Red-hot poker（灼熱の火かき）”と呼ばれている *Kniphofia foliosa*

写真3-12　ジャイアント・ロベリア *Lobelia rhynchopetalum* が広がるチェネック・キャンプ（約3600m）

などは見たことがないものが多く、飽きることはない。とくに、〝Red-hot poker（灼熱の火かき）〟と呼ばれている *Kniphofia comosa* と *Kniphofia foliosa* は、疲れた旅人の心を癒してくれる（写真3-11）。

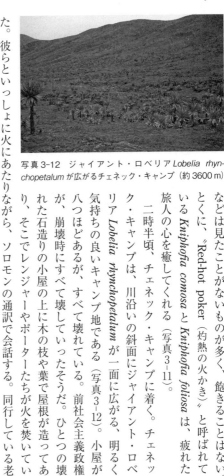

二時半頃、チェネック・キャンプに着く。チェネック・キャンプは、川沿いの斜面にジャイアント・ロベリア *Lobelia rhynchopetalum* が一面に広がる、明るく気持ちの良いキャンプ地である（写真3-12）。小屋が八つほどあるが、すべて壊れている。前社会主義政権が、崩壊時にすべて壊していったそうだ。ひとつの壊れた石造りの小屋の上に木の枝や葉で屋根が造ってあり、そこでレンジャーやポーターたちが火を焚いていた。彼らといっしょに火にあたりながら、ソロモンの通訳で会話する。同行している老人は、二日後に七三歳になるという。寿命が短いエチオピアでは、きわめて高齢だ。知らぬ間にあたりは暗くなっており、金星がひときわ大きく輝いていた。テントに戻り、外のポーターたちの話し声とゴーという川の流れる音を聞きながら寝入った。

朝、雨の音で目覚めた。いくら雨季でも毎日雨だとめげてしまう。相変わらず、体中

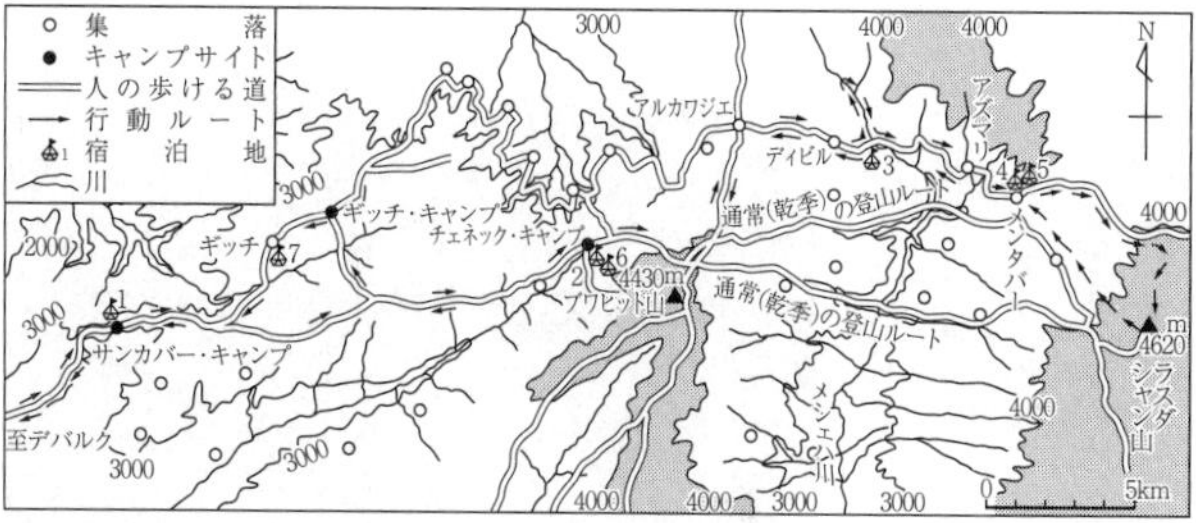

図3-2　ラスダシャン山登山ルート

ダニやノミにくわれ、痒《かゆ》くてしようがない。今日は登り下りが激しいので、我々はミュールから降り、荷物を馬からミュールに載せ代える。ミュールのほうがロバの血が入っている分、馬より登り下りに強いからだ。雨が激しく降り続くなか、急な登りでブワヒット山（四四三〇メートル）の脇を越える。体は冷え、痒く、痛い。ただ、ひたすら歩くだけである。ここからは通常の乾季の登山ルートをはずれ、大回りしていく（図3-2）。その理由は、メシェハ川が増水していて渡れそうもないからである。ここからは、ガイド、レンジャー、ポーターにとって、もちろん私にとっても、未知のルートになる。

山村の暮らし

昼に雨が小降りになったところで、アルカワジエ村に着く。この集落で、インジェラを食べさせてもらった。おかずは豆で作ったビーンズ・ソースだけであるが、できたてでとてもおいしかった。家のなかは穀物の袋や壺、農機具などでいっぱいだった。この付近は一夫二妻制で、男は二軒の家を持ち、その家には母親と五人の子供が住んでいた（写真3-13）。

村人たちはオオムギも栽培していて、各家庭でビールを作っている。飲ませてもらったが、香ばしくておいしかった。エチオピアでのオオムギの栽培面積はテフ（インジェラの原料）、モロコシについで三番目である。エチオピアで栽培されている植物は多岐にわたるが（表3-1）、そのなかで、オオムギはテフやエンセーテ（エチオピア固有の栽培植物で、外見はバナナに似ていて、食用にするほか、繊維を結束や包装に利用する）とともに、エチオピアの重要な栽培植物になっている。

写真3-13　アルカワジエ村の子供たち

デイビルの村にさしかかると、二時の礼拝のため、キリスト教の教会付近に四〇人ほどの村人が集まっていた。彼らの約八〇の鋭い眼差しが私に向けられた。通常、ラスダシャン山に行くのにこのあたりは通らないので、外国人の姿などめったに見ないからであろう。集落を抜けてしばらく行くと、とうとう問題のメシェハ川に出くわした。川は高台から見ると渡れそうである。しかし、ガイドが下に降りて確認した結果、渡るのは

表 3-1　現在エチオピアで利用されている栽培植物とその起源地（重田 1996）

起源地	エチオピア	アフリカ（エチオピア以外）	地中海 西南アジア	東南アジア インド	新大陸
穀類	テフ	モロコシ シコクビエ	マカロニコムギ パンコムギ オオムギ エンバク	イネ	トウモロコシ
マメ類		ササゲ フジマメ	エンドウ ソラマメ ヒヨコマメ レンズマメ ガラスマメ	キマメ リョクトウ	インゲンマメ ベニバナインゲン ラッカセイ
イモ類	エンセーテ	ヤムイモ数種		ヤムイモ タロイモ コンニャクの一種	サツマイモ キャッサバ ジャガイモ
蔬菜類	アビシニアガラシ アフリカナス	オクラ	キャベツ ケール タマネギ	ナス キュウリ	トウガラシ カボチャ トマト
根菜類			ビート ニンジン		
油料作物	ヌグ	ゴマ ヒマ アブラヤシ	セイヨウアブラナ カラシナ ベニバナ アマ	ココヤシ	ワタ ヒマワリ
果物類		スイカ メロン	リンゴ ナシ ブドウ イチジク スモモ ザクロ ナツメヤシ	カンキツ類 レモン ライム バナナ マンゴー	アボカド パイナップル パパイヤ グアヴァ
香辛料植物	アビシニアガラシ コロリマ		イノンド ウイキョウ コエンドロ クミン アニス	コショウ ショウガ チョウジ カルダモン	トウガラシ
繊維植物	エンセーテ	ワタの一種	アサ		サイザル ワタ
薬用植物 飲料植物	チャット コーヒーノキ			チャ	タバコ
その他		ヒョウタン		サトウキビ	

難しいという。この高台にテントを張って、もう一日待とうということになった。

濁流にのまれた村人

川のこちら岸にも、向こう岸にも渡ろうかどうかためらっているエチオピア人たちがいる。そのうちの二人が渡った。しかし、彼らの姿は濁流のなかに消えていったのだ。ひとりはしばらくして遺体となって発見され、もうひとりは消えたまま日が暮れた。その夜は不安なまま寝ることになる。テントから外をのぞくと、冷たい雨が降りしきるなか、ビニール袋をかぶってしゃがんだまま、ひたすらじっと夜が明けるのを待ち続けている人たちが何人もいた。そのうちのひとりの女性と目が合った。そのさびしそうな瞳に、自分ひとりが暖かいテントのなかにいるのが何か申し訳ない気がした。

翌朝になっても、川の水は減っていなかった。テントのまわりには二〇人ほどの人、川沿いに五〇人ほどの人が集まっていた。行方不明の人を捜しているのである。ガイドは村人に相談し、私に判断を迫った。「川を上流にかなりさかのぼり、源流の尾根沿いに行く方法があるそうだが、かなり寒く、動物もいて危険だという。その方法をとるか、もう一日、川の水が引くのを待って引かなければ退却するか、どちらか選択しろ」、さらに「レンジャーたちはすぐにでも退却しろと言っている」と付け加えた。私は、日本で、*Mountain Research and Development* という学術雑誌にラスダシャン山周辺の地図を発見して、コピーを持ってきていたので、それをガイドに見せた。「この川をもう少し上流にさかのぼれば、川が二本に分かれている。そこだったら、川の水量も半分になっているので渡れるのでは？」と彼に言うと、ガイドは再び村人やレンジャーたちと相談し、決断した。「ミュールや馬、テントなどほとんどの荷物をここに残して、身軽で渡れば可能かもしれない。よし、行こう！」。すぐに支度して、テントにポーターを残し出発した。

写真3-14　メシェハ川を渡るわれわれ一行を手助けしてくれる村人たち

六、七人の村人がわれわれに同行してくれて、川を渡るのを助けてくれた（写真3-14）。川のなかに、二、三人の村人が立ってくれ、私の両手を持って支えてくれたが、水がものすごく冷たく耐えられなかった。しかし、水のなかにずっと立ってくれている村人たちはもっと冷たいはずである。無事渡ることができたが、私ひとりがラスダシャン山に登るために、たくさんのエチオピアの人たちに助けられていることに、感謝せずにはいられなかった。

対岸のテントを遠くに見ながら、小雨のなかをデイパックひとつ背負ってまた歩き始めた。途中で母親と子供の二人連れに出会った。その親子は、人が流されたという噂を聞き、その人が自分の家族ではないかと心配して確認に行く途中であった。ガイドやレンジャーがその家族の特徴を聞き、まったく別人であると告げると、母親は大きな声をあげて安堵《あんど》し、われわれに何度も礼を言った。親子は次の村、アズマリ村の人であった。

民家に泊まる

アズマリ村に入った頃から、連日の雨続きのために疲労がたまっていたせいもあって、ばててきた。山の斜面に植えられた、オオムギ畑を横に見ながら、重い足を引きずり、いよいよラスダシャン山への最後の村、メンタバー村に入った。

テントがないので、この村でどうしても泊めてもらわなければならない。一軒、一軒頼むのだが、どこも「客を泊めるには、薪がない」と言って泊めてもらえない。メンタバー村は標高三五〇〇メートルにあり、まわりに木はない。彼らが薪を得るのは大変である。ここに来て、発展途上国の人口急増による薪不足をわが身で実感することになった。しかし、ひとりの若い男の人が、私が雨に濡れて寒さで震えているのを見かねて、「食べ物はないけど、それでもよければ」と言って、家に招き入れてくれた。彼は、奥さんと三歳ぐらいの女の子と男の子の赤ん坊の四人暮らしであった。オオムギを煎ったものを食べさせてもらったが、香ばしくておいしかった（写真3-15）。

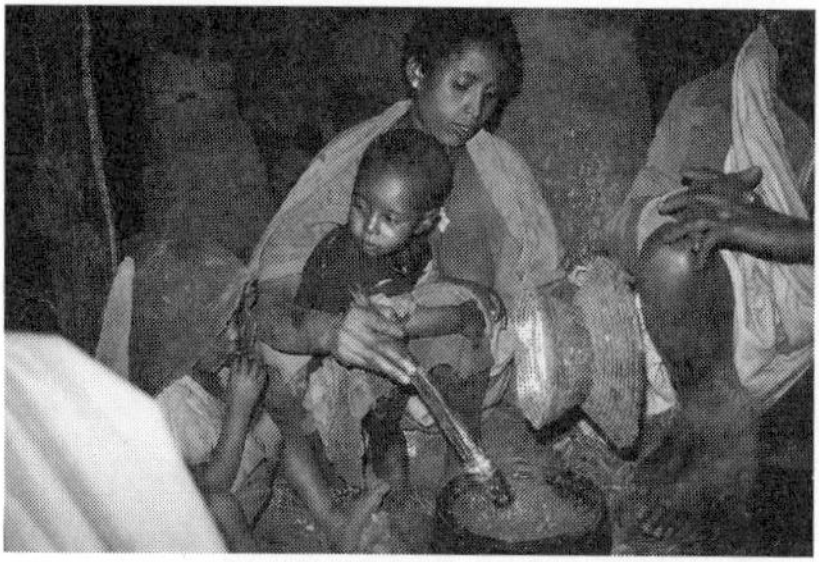

写真 3-15　最後の村メンタバー（約 3500 m）で民家に泊めてもらう。夕食づくりのようす

腹に食べ物を入れると、用便に行きたくなった。トイレは当然あるはずもないので、「どこで用を足せばいいか？」と聞くと、「糞尿は肥料になるから畑に直接してくれ」ということであった。畑は集落のなかにあるので、集落の人から丸見えである。暗くなるまで我慢するしかなかった。地元の人は紙を使わないので、トイレットペーパーを残すと、「ここで私がしました」と披露しているようなもので、暗闇のなか、使用した紙を一生懸命石や土で隠している自分が妙に情けなかった。

夜になって、石油が入れてある小さな缶の芯に火を灯すと、石油特有の煤煙が出る。たまらず、持ってきたろうそくに火を灯した。寝るとき、彼らがどのように寝るのかを、薄目を開けて見ていた。彼らは、まず薪の火に灰をかぶせて消し、そして上半身裸になり、二人の子供を両側から抱き、布をかぶって床についた。私は、体中ダニやノミにくわれた痒さと、言いようもない興奮で眠ることはできなかった。

四時半頃、赤ん坊が泣いたため、全員が起きた。奥さんは昨日の残った炭の上の灰をどかし、息を「フー、フー」と吹きかけると、みるみるうちに火が勢いを取り戻した。これなら、マッチもいらないわけだ。

快晴の山頂

朝六時出発。昨日までの天気がウソのように快晴である。家の主人に道案内を頼んだ。その理由は、ガイドもレンジャーも雨季にラスダシャン山を登ったことが一度もなかったので、今回のような上流側から登るルートがよくわからなかったためである。主人もラスダシャン山の途中までは行ったことがあるが、山頂には登ったことがないと言う。いくらアフリカ第四の高峰で、エチオピアの最高峰であろうと、彼らの生活になんら関係がないからであろう。山を登る途中、高山植物を観察していったが、その多くは日本の高山植物に似たものがあることに驚かされ、そして、親しみを感じるのであった。

稜線に出ると風が猛烈に強くなり、寒い。岩ばかりでところどころに残雪がある。平年はもっと雪があるそうだが、今年は雨が多いため、雪があまり残っていないという。昨日の疲れがまだ残っていてとても辛い。山頂近くに来ると、ガイドは乾季に反対側の斜面から何度も登っているのでわかるらしく、二つある岩山のうち「あれが山頂だ」と右手のピークを指し示した（写真3-16）。山頂にやっとの思いでたどり着いたのは午前一一時過ぎであった。そこは、私が今まで見てきた山頂とはまったく異なり、岩が二つ置いてあるのみで、それが山頂の印だという。みんなでチョコレートを食べ、記念撮影をする。帰りは行きと違うルートをとり、メンタバーの村にもう一泊させてもらった。翌日、泊めてもらったお礼に少しばかりのお金を家の主人に手渡し、家の前で記念撮影をして村を去る（写真3-17）。メンタバーは私にとって忘れられぬ村となった。

家の主人が途中まで送ってくれ、例の川まで来ると、ポーターが笑顔で出迎えてくれた。川の水はすでに引いていて、ミュールで渡ることができた。ポーターは私に、身振りで「ラスダシャンのピークに立てたか？」と聞いてきたので、「立ったよ」と答えると、「それはよかった」と喜んでくれた。ガイドの話によると、川が増水して人が流されたとき、レンジャー二人は退却することを強く主張したが、私を登らせたいというガイドの

写真3-16　ラスダシャン山（4620ｍ）を登る

写真3-17　メンタバー村の泊めてもらった家の前で、その家族と私に同行したレンジャーたち

意見をポーターが援護してくれたから、登頂にチャレンジできたという。

短命なエチオピアの女性

帰りは、行きと同じルートを戻った。途中で、子供たちにピーナッツ入りのチョコレートをあげたが食べようとしない。ガイドが「大丈夫。食べられるから」と勧めると恐る恐る食べ、ゴミと思ったのか、ピーナッツをピッピッと口から吐き捨てていた。

チェネック・キャンプを越えたところでコースを迂回して、レンジャー二人の家族がいる村、ギッチ村に立ち寄った。村のまわりには囲いがあり、その囲いはユーカリの木だった。ユーカリの木を植えている理由は、成長が早く、燃えやすいため薪として適しているためである。村のなかにテントを張る。夕方、二人のレンジャー、ファレジとドレの各々の家に招かれた。今まで入った家に比べ、屋根が高く、広い。家のなかには家畜小屋もあり、キッチンも別にある。デバルクに近づくにつれ家が大きくなっていく。ここでもまた、インジェラを出してもらった。ファレジが「どんどん食べろ」というような仕草をする。ガイドの説明では、エチオピアでは客にどんどん勧めるのが礼儀・慣習で、途中で「バカ（もう、結構です）」と言わないときりがないという。この後、コーヒーセレモニーも例のごとく行われた。

この村はすべての人がムスリム（イスラム教徒）であり、女性は布で頭を覆っている。

ファレジもドレも先妻が病気で亡くなっている。エチオピアの女性は、遠距離の薪拾いなど過重な労働に身をすり減らし（写真3-18）、そのうえ地方には病院も薬もないため、若くして命を落とす人が多いのである。

写真3-18　薪を運ぶ女性と子供

生還してデバルクへ

今日は、いよいよデバルクに戻る日である。朝七時半頃出発し、午後二時過ぎにデバルクの町のなかに入る。これまでは、子供たちが私を見ると「サラーム（こんにちは）」と言っていたのが、デバルクに入ると英語の「ユー（あなた）」に変わった。町に来たという感じがする。子供たちが一斉に集まってくる。マーケットの広場に入ると、ミュールに乗って町を行進するといった感じで、人々の一斉の視線と、子供たちの「ユー、ユー」という声を体中に浴び、あちこちで手を振ってくれる姿が見える（写真3-19）。私にはそれがあたかも「無事帰ってきたか。よかった」と言ってくれているように見えた。

写真3-19　デバルク村に無事戻ってきたところ

写真3-20　ラスダシャン山登山でともに苦労したガイド、ポーター、レンジャーたち

セミアホテルまで戻ってレンジャーやポーターと別れるとき、ずっと苦楽をともにしてきたため別れは辛かったが、少し多めにチップを渡し、持ってきた薬や腕時計もあげたら、「ベターム・トゥルー（ベリー・ナイス）」と言ってとても喜び、私のほおにキスを浴びせて去っていった。

別れ際にホテル前でみんなと撮った写真は、私の机の引き出しのなかに今も大切にしまってある（写真3－20）。

ケニアからウガンダへ——一九九六年ケニア・タンザニア・ウガンダ調査

ふたりぼっちの海外調査

一九九六年の調査は、これまでと異なる点がひとつある。それは、以前予備校で教えた生徒のひとりで、そのとき東京工業大学学生であった石川くんを伴っての調査ということである。海外調査をやってきて、どうしてもひとりでは難しい調査も出てくる。とくに、測量はひとりではやりにくい。彼には、私が予備校で受け持っていたサテライト授業（衛星生中継授業）の現地取材で助けてもらっていたので、その延長で海外調査に誘ったのである。しかし、人様の大切な一人息子を、彼にとっては初めての海外、それも高山病になるような過酷な調査に連れていくことになるので、これまでのように、いきなり旅立つこともできない。とくに、彼は山に登ったことが一度もない点が心配だ。それゆえ、出発前には、二回にわたる八ヶ岳でのトレーニングで体を鍛え、かつ調査に初めて酸素ボンベを携帯した。

七月二五日、エアーインディアで日本を飛び立つ。一二時間かかってボンベイに到着。

石川くんは、かなりカルチャーショックを受けているようす。翌日、五時間半かかってナイロビに着いた。

ナイロビでは、日系旅行社の早川さんや生田さんが、二年前と同様にいろいろと世話を焼いてくれた。生田さんが、事前に連絡をとってくれていたので、ケニア山山麓の町ナロモルに着くと、二年前にガイドをしてくれたサイモンとポーターのチャールズが出迎えてくれた。前回の調査で彼らの人柄がわかっていたので、今回はそれだけでも精神的に楽である。

二年ぶりのケニア山

翌朝、迎えの車が来る。サイモンとチャールズのほかに、ポーターを務める二二歳の若者・フランシスがいっしょに車に乗り込んだ。最初の小屋、メッツステーションまで車で行き、そこで一泊することにする。メッツステーションは標高三〇五〇メートルにあるため、夜は寒い。ガイドたちは別の場所に泊まるので、小屋は二人きり。薪を三〇〇シル（約六〇〇円）で買って、暖炉でどんどん燃やした。小屋の静寂と暗闇のなか、暖炉だけが赤く燃え盛り、その熱風が顔に吹きつける一方、背中には冷気がしのび込む。ケニア山への期待と、石川くんを連れての登山に対する不安とに、私の心は揺れ動くのであった。

朝起きるとチャールズがやってきて、「サイモンの心臓の調子が悪くなった。彼はひとまず下山する」と言う。結局、チャールズが代わりにガイドを務めて登ることになった（写真4-1）。われわれの荷物はかなり重かったが、なんとか夕方前にマッキンダーズキャンプに着くことができた（写真4-2）。小屋では、二年前と同じくフランシス（ポーターのフランシスとは別人）が小屋番をやっていて、私の顔を見ると、「オー」と言

写真 4-1　ケニア山を登る途中の湿地帯（標高約 3500 m）。叢生するイネ科植物の中、大型木本性植物セネキオ・ケニオデンドロン *Senecio keniodendron*（キク科キオン属）やロベリア・テレキイ *Lobelia telekii*（キキョウ科ミゾカクシ〔サワギキョウ〕属）が分布する

写真 4-2　ケニア山を背景にセネキオ・ケニオデンドロンの広がるマッキンダーズキャンプ（標高 4140 m）

って駆け寄ってきてくれた。

翌朝、高山病でがんがんする頭を抱えて新鮮な空気を吸いに小屋の外に出ると、やはり頭痛で苦しんでいる石川くんの姿があった。空気を吸ったり吐いたりを繰り返していると、いくぶん頭が軽くなってきた。九時にマッキンダーズキャンプを出発し、一〇時には、調査のベースキャンプとなるアメリカンキャンプに到着。テントを張り、しばらく休憩し、昼から調査を開始した。

初日から調査できたのは今回が初めてである。前回も、前々回も、丸二日は寝たきりであったからだ。しかし、少し動くだけで息が苦しい。結局、調査期間中、ずっと高山病に悩まされた。とくに具合が悪くなるのは呼吸量の減る夜中なので、夜寝るのが毎日憂鬱《ゆううつ》であった。今回は助っ人がいるお陰で、氷河の真下に方形区を設け、そのなかの植物の分布を個体別に調査した。これは、大変な作業だった。息が苦しいなか、地面に紐を引き、方形区を格子状に区切って、そのなかの植物をひとつずつプロットしていくのである。

ある日、調査を終えてテントまで戻ってくると、石川くんは岩の上に腰掛けたまま、テントのなかに入ろうとしない。近づいてよく見ると、うつむいた彼の目からとどまることなく涙がほおをつたっていた。彼は苦しいなか、なんの文句も言わずに調査を手伝ってくれていた。しかし、その涙を見たとき、苦しい調査に、彼なりに精一杯耐えていることがわかった。それを知ったとき、もうこれ以上調査を続けられないなと悟った。ケニア山の夕暮れはとても美しいのだが、その美しさを超える厳しさがケニア山の調査にはあったのである。

四年ぶりのザンジバル島

ケニア山での調査から戻り、しばらくナイロビで休養した後、四年ぶりにザンジバル島に向かうことにした。前年度、予備校の生徒たちを集めて、私が住んでいた東京の府中で〝夏合宿〟を行ったのだが、そのときに生徒たちにアフリカのスライドを見せた。参加していた石川くんは、スライドに出てきたザンジバル島に魅せられ、ここにはどうしても行きたいというので、四年ぶりに訪れることにしたのである。

飛行機の乗り換えで、モンバサに一泊した。ナイロビが標高約一七九八メートルにあるのに対し、モンバサは海岸にある貿易港である。ここにはフォート・ジーザスと呼ばれる要塞がある。モンバサを支配下に置いたポルトガルが、モザンビーク以上の沿岸部における拠点とすべく、一五九三年にその要塞の建設にとりかかったのだ。そして、それ以降約一〇〇年にわたりポルトガルの支配の拠点であったモンバサは、一六九六年にオマーンの攻撃を受け、二年と九ヶ月の間包囲され、一六九八年、ついに陥落した。これ以降、モンバサにはオマーン系アラブ人の支配権が確立する。モンバサはナイロビと

写真 4-3　白壁の家が立ち並ぶザンジバル・タウン

は雰囲気が大きく異なる。アラブの香りがプンプンするのである。

モンバサの夜は暑く、蚊が多い。ベッドには蚊帳《かや》が吊ってあり、マラリアの薬を飲んで寝ることにした。翌朝、早起きして、空港に向かった。飛行機はモンバサ発ザンジバル経由、ダルエスサラーム行きで、タンザニア航空のシンボルマーク、キリンを垂直尾翼に付けて飛び立った。ザンジバル空港では簡単な手続きで入国することができた。空港からタウンまで四〇〇〇タンザニアシリング（約八〇〇円）で行き、アフリカンハウスホテル（ツイン、二人で三五ドル）に泊まった。

ホテルからのインド洋の眺めはすばらしく良い。青い空と青い海、そして白い波、体が熱くなる（写真4-3）。レストランで昼食をとったが、魚がとてもおいしかった。その後、タウンを歩いて回った。珊瑚を砕いたものと砂で造られた白壁の家が立ち並ぶ。一四九九年に、バスコ・ダ・ガマがザンジバルを訪れたのをきっかけに、一六世紀初めにはポルトガル人が東アフリカ海岸を支配した。しかし、ポルトガル人はアラブ人に追われる。オマーンのスルタンであったセイド・サイードが一八三二年に宮廷をザンジバルに移し、一八四〇年には都も移って、ザンジバルの繁栄を呼ぶ。したがって、ここはアラブの世界である。また、ここはかつて奴隷貿易のさかんな場所でもあった。一八七三年にザンジバルはイギリスと奴隷売買をやめる条約を結び、その日にサンジバルの奴隷市場は閉鎖された。その後、その場所には教会が建てられたが、当時の牢獄などは今でも残っている。

四年前に訪れたこのタウンをなつかしく散策していて、ある異様な変化に気がついた。それは、観光客相手の土産物屋の急増である。少なくとも二〇軒はある。四年前にはただの一軒もなかった。お土産は空港の売店に置いてあったクローブ（前出の丁子という香辛料で、ザンジバルは丁子の産地として有名）と、それから作られたクローブオイルのみであった。そのときは、お土産がそれだけしかなかったので、しようがなく両方買い求めたのであった。ところがそのクローブオイルが筋肉痛にとても効くということで、まわりの人たちに大好評となった。実家の両親は、日本にもクローブオイルが一部デパートにも入ってきているという情報を聞いて、探し回ったのであるが、結局見つからなかった。それで、今回は両親のために大量のクローブオイルを買うことにした。一本一〇〇ミリリットル入りで、二〇〇〇タンザニアシリング（約四〇〇円）である。

今回はビデオカメラを持ってきていたので、ザンジバルのアラブ風建築の建物や店先で売られている香辛料などをビデオにおさめた。ただしその際に、女性にカメラを向けるなとの注意を受けた。イスラームの世界なので、とくに女性は、姿を撮られることを非常にいやがっているからである。

夜に、海岸に出てみた。四年前は、夜になると海岸沿いの緑地帯にたくさんの屋台が出店していたのであるが、政府の追い出しによって、今は海岸沿いに五、六軒が見られるのみであった［翌年の一九九七年から、また多くの屋台が並ぶようになった］。少しさみしい気がしたが、以前同様に安く、おいしかった。お好み焼きのようなものを焼いている屋台に行くと、店の若者に「まいど！」と言われ、さらに、「This is ザンジバルおこのみやき」と言ってきた。それで、「I want two.」と言うと、「にこ（二個）？」と返答されてしまった。ザンジバル島では、挨拶程度の日本語が話せる人が少なくない。なかには日本語を勉強している人もいて、われわれの姿を見つけると駆け寄ってきて、「あなたは、どこにいきたいですか？」「あなたは、なにがほしいですか？」と、覚えた日本語を試してくる。

ザンジバル島は治安が良いので、夜歩き回っても問題はない。屋台で求めた焼き鳥をほおばり、海岸沿いを夜風を受けながらぶらぶら歩くのはなんともいえず楽しい。子供の頃、地元のお祭りで〝わたがし〟をかじりながら歩き回った楽しさを思い出した。発展途上国では、自分の子供の頃をなつかしく思い出させてくれることがある。

ホテルに戻って、海辺に面したテラスでビールを飲んだ。部屋に戻って、石川くんがシャワーを浴びようとしたら、水が出ない。彼は、すでに身体にせっけんを塗りたっくている。それで、私がフロントに行って「水が出ない」と言うと、「二階にシャワー室があるので、そこで浴びてくれ」と言う。彼は、せっけんをつけた体で二階に行き、シャワーを浴びた。その後、私が二階のシャワー室に行き、体にせっけんをつけて洗おうとすると、もう水は出なかった。

珊瑚礁とタコ獲り

翌日は、東海岸に向かった。東海岸のパジェという村では、日本人女性、三浦さんがパラダイス・コースト・バンガローを経営している。四年前には、そこに宿泊したので、今回もここに泊まろうとしたがいっぱいだったので、隣のバンガローに泊まることにした。ひとつのバンガロー（ツイン）が二〇ドルであった。驚いたのは、電気もつくし、水も出る。四年前のパジェは、電気もなかったし、水も井戸からバケツを持って汲んでこなければならなかった。三浦さんのところは今でも電気が来ていないが、水はディーゼルポンプで井戸から汲み上げている。

翌朝は、六時に起きた。地元のおじいさんがタコを獲りに行くというのでついていくためである。ザンジバル島は、珊瑚礁のなかでも堡礁《ほしょう》（バリアリーフ）の島である。海岸からサンゴ礁までの一〜二キロメートルは礁湖《しょうこ》（ラグーン）になっており、そこを舟で渡る。舟といっても丸木舟のような小さなもので、三人乗るのが限界である。朝は干潮なので、サンゴ礁が海面の上に出てその上を歩くことができ、歩きながらタコを獲ったり、サザエやウニを獲ったりできる。また、干潮だと礁湖の水深も人間の腰よりも浅く、海底に棒を突き立てながら舟を進めることができる。水深に応じて使う棒が異なるらしく、舟のなかには何種類もの長さの棒が積んであった。礁湖には、腰まで水に浸かりながらタコを獲っている人が何人もいた。

珊瑚礁まで来ると、そこには砕け散るインド洋の荒波を見ることができた。この海の波はアジアのほうから来ているのかと思うと、なんとも言いようのない気持ちになった。それはおそらくヨーロッパの、大航海時代の船乗りたちの海に対する思いに似通ったものであろう。以前、ドイツ人の女性と伊豆の大島に行ったとき、彼女は太平洋の波に手を触れ、感慨深そうに「この先はアメリカなのね」とつぶやいていた。おそらく彼女は何年か前に留学していたアメリカを思い出していたのであろう。そのときは彼女の思いがあまりわからなかったが、今は、それがわかるような気がする。そういえば、マダガスカルの人々も、起源一世紀（諸説あり）以降インドネシアからアウトリガーカヌー（カヌー本体の片脇あるいは両脇にアウトリガーとも呼ばれる浮子〔ウキ〕が張り出した形状をしたカヌー）で北赤道海流に乗ってやってきたのであり、稲作もそのとき持ち込まれたものである。

二時間くらい歩き回って、私は約一〇個のサザエを獲ることができた。ウニは地元の人が食べないので、いくらでも獲れる。昼に海岸に戻り、三浦さんに教えてもらって、割って食べられるところをスプーンでかき出したが、ひとつのウニから取れる量のあまりの少なさに驚かされ、日本でウニが高いのを納得することになった。タコは生のままワサビと醬油で食べたが、とてもおいしかった。

翌朝、ローカルバスでタウンに戻った。ザンジバル島のローカルバスは、日本の中古の小型トラックの荷台を改造して、そこに一〇～三〇人分の座席を造ったものである。東海岸は道路が舗装されておらず、そこをものすごいスピードで走るので、体中に砂埃《すなぼこり》を浴び、タウンに着いたときには埃だらけになった。それで、まだ朝九時ではあったがホテルにチェックインをし、シャワーで埃を洗い流し、予約してあったスパイスツアーの待ち合わせ場所に出向いた。スパイスツアーは、ザンジバル島で作っている香辛料や果物を車のドライバー兼ガイドの人の案内で見て回るもの（約四時間）で、二人で四〇ドルであった（写真4-4）。とくに期待していたわけではなかったが、意外におもしろ

写真 4-4　ザンジバル島で栽培されているカカオ

写真 4-5　ザンジバル島で採れる果物や香辛料を売る店

表 4-1　ザンジバル島で栽培されている果実や香辛料など

英語名	スワヒリ語名	利用法あるいは日本名
—	ハリタ	つぶして、水といっしょに使う。せっけんの代わり
レモングラス	ムチャイチャイ	レモンの香りのする草。紅茶に入れたり、茶葉の代わりに使ったり、体につけて蚊よけにする
キャッサバ	ムホゴ	食用のイモ
シナモン	ムダラシニ	香辛料（シナモン）
スターフルーツ	ビリンビ	果実（ゴレンシ、カランボラ）。ジュースにする
ジンジャー	タンガウィジ	しょうが
コットン	パンバ	綿
グワバ	ペラ	果実
サイザル	カタニ	ロープをつくる
ヘナ	ヒナ	髪の毛、爪、肌の色を変える
ターメリック	ビザリ	根から黄色い粉をとる。香辛料。ウコン
ポメグラネイト	コママンガ	果実（ザクロ）
バニラ	バニラ	バニラ
カカオ	—	中の紫の種をチョコレートの原料にする
レモン	リマウ	レモン
チリ	ピリピリホホ	とうがらし
ブラックペッパー	ピリピリマンガ	黒こしょう
ランブータン	ショキショキ	果実
クローブ	カラフー	香辛料（丁子）
オレンジ	チュングワ	オレンジ
コーヒー	カハワ	コーヒー
パフィームフラワー	イランイラン	香りがよく、体に塗る
マンダリン	チェンザ	果実
ジャックフルーツ	フェネシ	果実
ナツメグ	クングマンガ	イスラム教でお酒が飲めないので、これをゆでた水を飲むと酔い、お祝い事で使う
カルダモン	イリキ	紅茶やコーヒー、ケーキなどに入れる
カスタードアップル	トペトペ	果実
サワーソップ	スタフェリ	果実（トゲバンレイシ）

く、また、ザンジバル島にこれほどの香辛料や果物（表4-1）が育てられているとは思わず、少しびっくりした（写真4-5）。ガイドがひとつひとつナイフで切り取り、味見をさせてくれた。

イスラームの世界、ラム島

ザンジバル島を出たわれわれは、次にケニアのラム島を目指した。飛行機でモンバサに戻り、翌日、ラム島に向かった。一七、一八人乗りの飛行機に乗っている乗客は、われわれを含めて五人だけ。プロペラをブンブンいわせ、ラムの空港に着陸する。降機するやいなや、二人の客引きが強引にわれわれのザックを担いでいき、ラム島に渡る船に乗り込む。そして、彼らの勧める「ルルハウス」に連れていかれた。

ルルハウスは、四階建ての石造りの宿で、最上階は展望台になっている。展望台から見たラムの町は、私が今まで見たことのないものであった（写真4-6）。どこからとなく、一日五回の礼拝に招く呼びかけのアザーンが拡声器から聞こえてくる。ここも、ザンジバル同様にイスラームの世界だ。昼からは、町の探索に出かけた。町はすべて迷路のようになっていて、道はものすごく狭く、両手を伸ばせば両方の壁に届きそうである。建物の壁と壁の間の袋小路のような道を、どこをどう歩くのかわけもわからず、ただひたすら海岸に向かって歩いた（写真4-7）。その細い路地を、イスラームの帽子コフィアをかぶっている男性や黒いアラブ風の衣装ブイブイに身を包んだ女性、そして両脇に建築用の石材や塩を入れた袋をさげたロバと行き交う。ラム島には、車は地区長官用のジープが一台あるのみである。ほかにあったとしても、ラム島で車が走れるような道は海岸にしかない。あとはすべて、人とロバのものである。

ラム島は、一四～一五世紀頃には町として形成され、一七～一九世紀にはアラブのみ

写真 4-6　ラム島のイスラムの町並み　島から切り出された石灰岩を積み上げ、その上にヤシの葉で屋根がつくられている

写真 4-7　ラム島のメインストリート　これでも、通常の倍の道幅がある

ならず、ヨーロッパ、インド、中国を結ぶ東アフリカ有数の港として栄えた。ラムに来ると、潮風とともに当時の面影も肌で感じることができる。

翌朝、ダウ船に乗ってマンダ島に魚釣りに行くことにした。ダウ船とは、木造のアラブ式帆船のことである。かつて、このダウ船が東アフリカとアラビアを往来し、その交易活動によって、モンバサやザンジバル、ラムやマリンディが栄えたのである。東アフリカの産物は、アラビア、インド、ペルシアへ運ばれ、さらには遠くヨーロッパや中国にも運ばれた。一方、ヨーロッパや中国の産物も逆のルートで東アフリカへもたらされたのである。アフリカで産する品物を求めて、あるいはアフリカで需要がある手工業製品などを船に乗せて、ペルシア湾岸地域、オマーン、イエメンなどから、アラブ人やペルシア人の商人たちがやってきたのである。九世紀にはラム島近くのマンダの町が繁栄している。

帆船に吹く風

このような交易が盛んとなった一番大きな要因は風である。季節風（モンスーン）は冬に大陸から海へ、夏に海から大陸へと逆向きに吹く。したがって、日本では冬は大陸から海へ北西の季節風、夏は海から大陸へ南東の季節風、インド洋では冬はインド大陸から海へ北東の季節風、夏は海からインド大陸へ南西の季節風が吹く。このように、毎年同じように、季節によって逆向きの風が吹くことは、交易を行う帆船にとっては非常に都合がいい。一二〜三月には北東季節風がアラビア地域・インドからアフリカ東海岸に、五〜九月には反対に南西季節風がアフリカ東海岸からアラビア地域・インドに吹く（図4-1）。この季節風を利用して、ダウと呼ばれるアラブの帆船でアラビア・インドとアフリカ東海岸の交易が古くから活発となり、そのためにイスラームやアラビア文化がアフリカ東海岸にもたらされてきた。タンザニアのザンジバルやケニアのモンバサ、ラム、マリンディなどはその結果繁栄した都市である。ダウ船は、タンザニア沿岸から

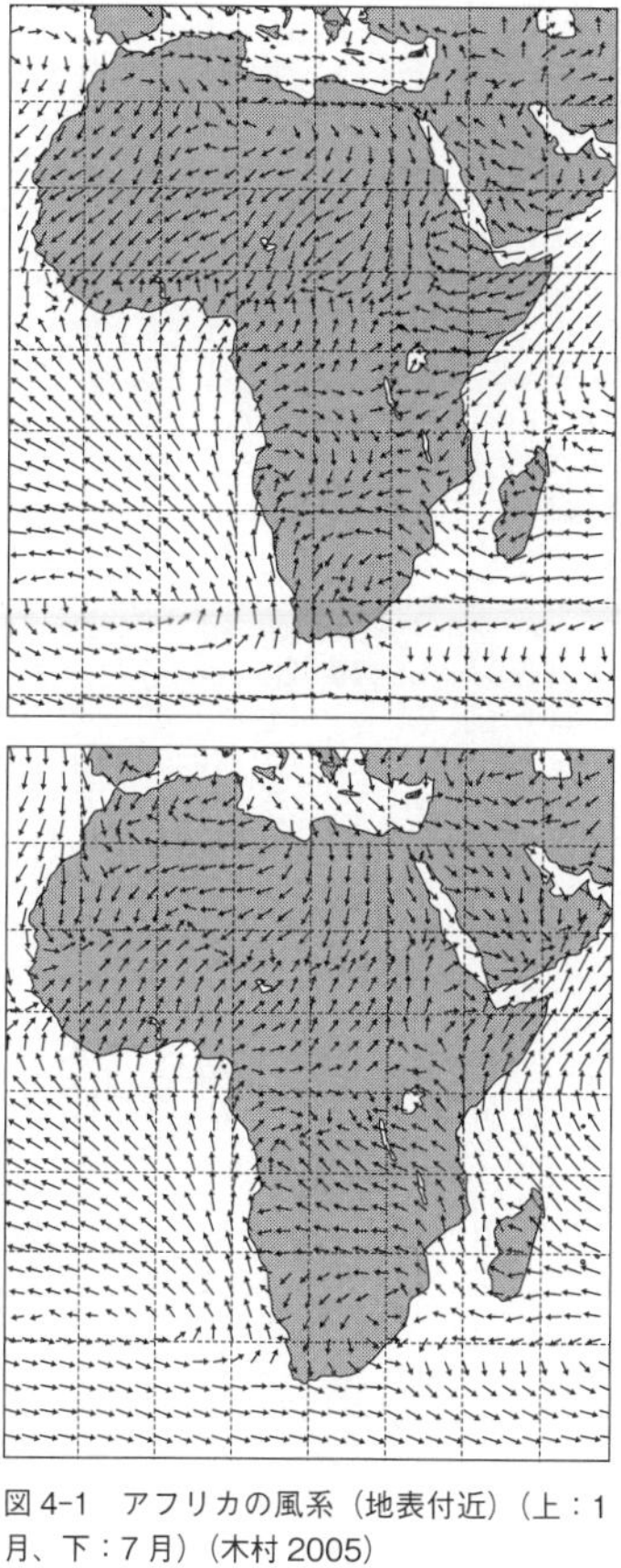

図4-1　アフリカの風系（地表付近）（上：1月、下：7月）（木村 2005）

アラビアのオマーンまでの三〇〇〇~四〇〇〇キロメートルの距離を三~四週間で航海したようだ。ケニアやタンザニアで使用されているスワヒリ語も、バントゥー語とアラビア語の融合による産物であり、その中心は海岸地域にある。

帆船に乗るのはここラム島が初めてであったが、帆船がこれほどスピードが出るとは思ってもみなかった。それに、帆船は風の吹く一方向しか行けないものだとばかり思っていた。しかし、途中で帆を張り替えれば、ある程度は自由自在に進むことができるのだと知る。マンダ島に上陸すると、貝殻がなく砂だけなので、裸足で歩くととても気持ちがいい。さっそく、魚釣りを始める。魚釣りといっても、竿もなく、ただ糸の先におもりと針を付け、それに小エビを付けて入江にたらすだけである。

昼になって、食事の準備をする。マングローブの枯れ枝を集めて、火をおこす。マングローブの枝は鉄のように硬く、虫もくわないという。トマトとキャベツをオリーブ油で炒めたものをご飯にかけて食べる。魚は炭火で焼いて食べた。食事の後、マンダ島の石切り場に行った。島がもともと珊瑚礁でできているため、島の地質は石灰岩で、それを切り出して建築材にするのである。ラムの家はどこも、石灰岩のブロックを積み上げ、屋根はヤシの葉を重ねて造ってある。

夕方にラム島の船着き場に戻った(写真4-8)。海水パンツにTシャツをはおって上陸したところ、「ビーチではその格好でもいいけど、ここではきちんと服を着てくれ」

写真 4-8　ラム島の海岸

と注意された。そのとき、ラムがイスラームの島であることをあらためて認識したのだった。

ラム島では、ザンジバル島と同様に、片言の日本語を話す人が少なくない。行き交う人は、われわれが日本人だとわかると、なぜかみな、「なまむぎ、なまごめ、なまたまご」「すずきあぐり」と言ってくる。また、船乗りたちは、「うみはひろいな。おおきいなー」と口ずさむ。アフリカのラム島で日本の童謡を聞くとはなんともうれしい。そういえば、キリマンジャロの麓の町、モシでは「しょ、しょ、しょじょじ。しょじょじのにわは」であった。私の口からも、思わずこぼれた。「海は広いな。大きいなー」。

ウガンダへの列車の旅

ナイロビ駅は、ガラーンとした感じで、そこに一〇両編成の列車が停まっていた。列車は、ケニアとウガンダの国境の町、マラバ行きで、一等車一両、二等車二両、三等車八両をつないでいた。車両はイギリス製で、ひとつのコンパートメントに一等の場合は二人、二等の場合は四人入る。座席が夜にはベッドになり、係りの人がベッドメイキングをしてくれる。部屋のなかには洗面台も付いていた。トイレは一車両に四つもあり、清潔であった。

駅では、日系旅行会社の早川さんと生田さんが見送ってくれた。午後三時、二人が手を振るなか、汽笛を響かせながら列車は静かにホームを滑り出した（写真4-9）。しばらくすると、列車はナイロビのスラム街に突入した。その規模はとてつもなく大きく、行っても行ってもスラム街は続く（写真4-10）。

ケニアの鉄道は、三方面に走っていて、海岸のモンバサ、ヴィクトリア湖のキスム、そして、ウガンダのカンパラ、マラバ方面である。カンパラ方面には、火曜日に「カンパラ行き」、金、土曜日に「マラバ行き」がナイロビから出ている。週三便なので、沿線の人たちは、日本の昭和初期のように、列車がやってくると線路の近くに集まってくる。窓から手を振るとほとんど全員の人が、それまでむっつりとしていたおじさんまでが、うれしそうに手を振ってくれる。子供の場合は手を振ると大騒ぎである。

夜になると、一等車と二等車だけが電気がつく。七時頃、係りの人が「夕食の準備ができたので、食堂車に来てください」と言うので行ってみると、ひとつのテーブルに白い布がかぶせてあり、すでに二人のイギリス人が座っていた。この列車に乗っている外国人は、私と石川くんとこのイギリス人たちの四人だけである。食事は、スープから始まり、メインディッシュ、デザート、コーヒー&ティーと一応フルコースであった。食事を終えて、コンパートメントに戻ると、すでにベッドメイキングがされていた。

写真 4-9　ナイロビ駅を発つウガンダ行き列車

写真 4-10　ナイロビ郊外の一大スラム街、キベラ

列車は各駅停車であり、駅に着くと、そこだけは明るい。日本の夜汽車のように車窓に常に明かりが見える世界とは違い、駅を出るとそこは暗闇である。ナイロビ～マラバ間の場合、われわれの乗

っているオーディナリー車は、一等の場合、二六三〇ケニア・シリング(約五〇〇〇円)であるが、カンパラ行きの列車はデラックス車であるので同じ区間でも三五六〇シリング(約七〇〇〇円)と二〇〇〇円も高く、ナイロビ~カンパラ間であれば、四四〇〇シリング(約九〇〇〇円、三等の場合は六一〇シリング、約一二〇〇円)もする。列車の旅も一等車や二等車であれば、飛行機同様、贅沢な旅なのである。

国境を越える

翌朝、六時半頃起きる。七時半頃、朝食をまた同じ四人でいっしょにとる。夕食もそうであったが、列車がひどく揺れるので、食事をするのが一苦労である。コーヒーカップを口に持っていくのが難しい。しかし、コーヒーのこぼれ具合からして、ペルーのプーノ~クスコ間よりはましなようだ。九時四〇分、マラバ着(図4-2)。約一九時間の列車の旅であった。駅前には、自転車タクシーが何台も待っていた。自転車タクシーとは、自転車の荷台に赤いクッションが敷いてあり、そこにまたがって運んでもらうというもので、初乗り二〇〇ウガンダ・シリング(約二〇円)である。

ケニアのイミグレーションまで歩いていると、闇両替の人たちが寄ってきた。一ドル＝一〇〇〇ウガンダ・シリングだと言う。今日は日曜日で銀行がやっていないので、交換することにした。しかし、六、七人がわれわれを取り囲み、早く脱出したいとい

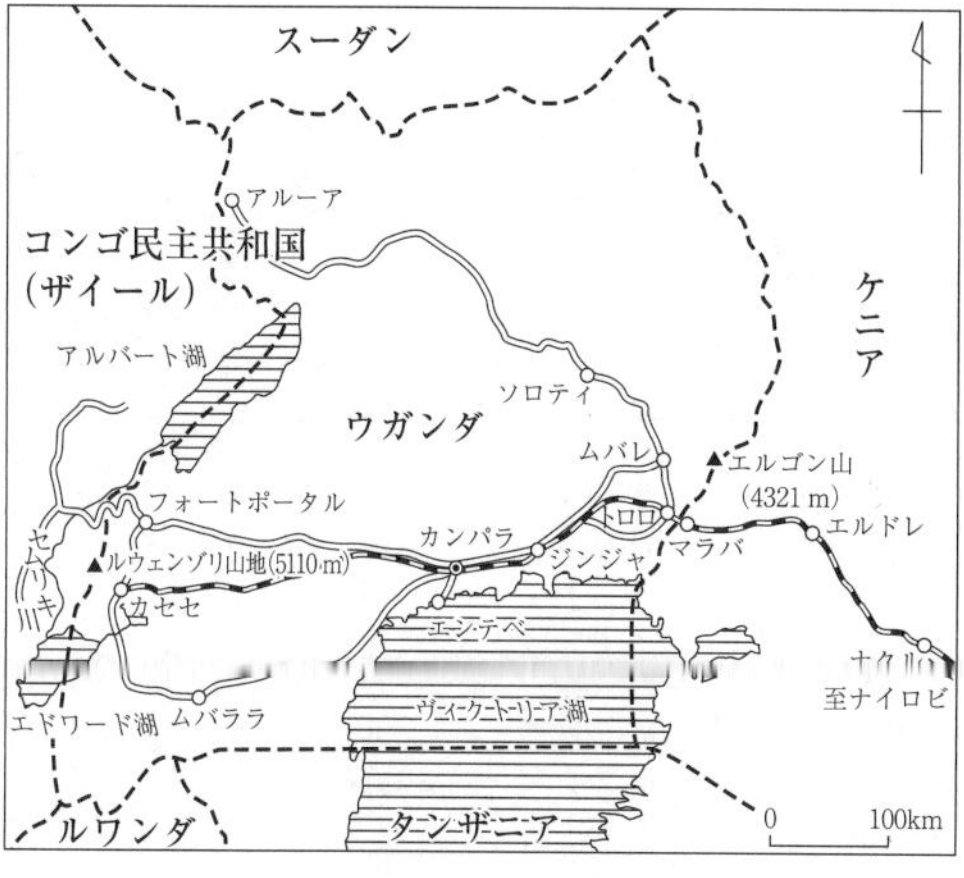

図 4-2　ウガンダ周辺地図

うあせる気持ちで交換したため、彼らが行ってしまった後、二万円分交換したつもりが約一万円分のウガンダ・シリングしか受け取っていないことに気がついた。ウガンダに入国したばかりでウガンダの紙幣に慣れておらず、五〇〇〇ウガンダ・シリングが日本円で約五〇〇円のため、五〇〇〇ウガンダ・シリングと五〇〇ウガンダ・シリングをまんまと勘違いさせられたのである。まわりを見渡したが、闇両替の人たちはすでに地平線のかなたに消えていた。

ショックを受けたまま、ケニアのイミグレーションで入国手続きをし、国境は簡単にゲートのようなところを通り抜け、ウガンダ側のイミグレーションで入国手続きをした。少し歩くと、日曜日でも銀行が営業していた。それも、一ドル＝一〇五〇ウガンダ・シリングであった。ダブルショックである。銀行を出て間もなく、カンパラ行きのタクシー（マタトゥー）に乗ることができた。ウガンダでタクシーというのは、ケニアのマタトゥーに相当し、バンの車にぎゅうぎゅう詰めで乗せる乗合ミニバスのことである。ちなみに、いわゆるタクシーのことは、ウガンダではスペシャルハイヤーと言っている。乗合ミニバス＝タクシーは、カンパラまで、一人六〇〇〇ウガンダ・シリング（約六〇〇円）であった。乗ると、ものすごい勢いで突っ走り（時速約一〇〇キロメートル）、カンパラまで約二二〇キロメートルの道のりをわずか二時間半で行ってしまった。

ウガンダの首都カンパラ

一九世紀に隆盛をきわめたウガンダ王国のかつての都、カンパラは海抜一一五〇メートルに位置する。繰り返されたクーデターにより、長い間治安が悪かったが、今は落ち着きを取り戻している。カンパラはナイロビに比べホテル代が高いと聞いていたが、来てみるとやはりそうだった。ツインで七〇ドルのホテルに泊まったが、フロントの女性の対応があまりよくなく、通された部屋もよくなかった。翌日、帰りの飛行機のリコンファームをするためウガンダエアーラインのオフィスに行ったが、ここの受付嬢の対応はさらに悪かった。あまりよくないウガンダの印象を持ちながら、次に、ツーリスト・インフォメーションのオフィスに行ったのだが、ここの男性はいろいろと親切に教えてくれ、少しほっとした。彼は、最後に、日本語で「わかりましたか？」と聞いてきたので、「わかりました」と答えると、笑っていた。

この後、駅（写真4-11）に行き、駅前に停まっていた何台かのタクシー（スペシャルハイヤー）のうち一台に声をかけると、ものすごい勢いで何人ものドライバーが突進してきた。いかに、ハイヤーに乗る客がいないかを垣間見たような気がした。ハイヤーは、まずガソリンスタンドに行ってガソリンを入れた。アフリカではタクシーや乗合タクシ

写真4-11　ウガンダの首都のカンパラの駅　ウガンダ国鉄の文字URに注目。ちなみにケニア国鉄はKRだ

写真4-12　カンパラからウガンダ各地にむかうタクシーの乗り場タクシーパーク　車はほとんどすべてが日本の中古のバン

ー、マタトゥーなどお客を乗せる車に事前にガソリンが入っていることは少ない。お客ができてからガソリンを入れるというのはきわめて一般的なことなのである。

ハイヤーでタクシーパークまで行ったが、驚くほどたくさんのトヨタのハイエース型のバンが集まっていて、それらはほとんどすべてが日本の中古車である（写真4-12）。そのなかに、「由井町農業協同組合」といったような日本語の文字が入った車が何台も交じっていた。アフリカや南米ではミニバスにハイエースのようなバンを使用している。それでハイエースの中古車の需要は非常に高く、時々、新聞等のニュースでハイエースが盗難にあって、海外に運ばれたという報道を目にすることがあるのだ。

タクシーパークを歩いていると、「チャイニーズ」「チャイニーズ」と声をかけられる。ケニアでは、ほとんど「ジャパニーズ」と声をかけられていたが、やはりウガンダに来る日本人は少ないとみえ、アジア人を見ると中国人が連想されるのであろう。

ウガンダ—ザイール国境の町

われわれは、たくさんの車のなかからフォートポータル行きの車を探し、乗り込んだ。ザイール（現コンゴ民主共和国）との国境まで行って、ピグミーの生活を見るためである。ピグミーとは、ザイールからウガンダにかけての熱帯雨林地域に住み、採集・狩猟生活を営んでいる人たちで、身長が低い（一五〇センチメートル以下）のが特徴である。

一二時に出発し、フォートポータルに着いたのは夕方五時で、五時間かかった。しかし、カンパラ—フォートポータル間は三二〇キロメートルも離れているので（図4-2）、かなりのスピードである。途中、トイレ休憩は一回だけで、それもそこにトイレがあるわけではない。男も女も草むらで用を足すのである。車が止まると、ジュースや食べ物を売る人が一〇人以上寄ってきた。ファンタオレンジが五〇〇ウガンダ・シリング（約五〇円）、焼き鳥が二〇〇ウガンダ・シリング（約二〇円）で、バナナを焼いたもの（約一〇〜二〇円）もあった。

車窓から見るウガンダは美しい。何が美しいのかを窓の外を見ながら考えていたのだが、やはり、それは緑の美しさであった。ウガンダは雨が多く（年降水量、ナイロビ八三〇ミリメートル、カンパラ一一七三ミリメートル）、緑が豊かなのである（図4-3）。それも、カンパラを出発して内陸に行けば行くほど、降水量の増加に伴い緑がどんどん豊かになっていく。

途中車が止まった。どうしたのかと思えば、トラックが動かなくなって立ち往生していたのであった。それで、車から降りて、みんなでトラックを押したら、エンジンがかかり、あちこちから歓声があがり、トラックの人たちに握手を求められた。

フォートポータルはルウェンゾリ山地の北端に位置する静かな高原の町である。ウガンダとザイールの国境をなすルウェンゾリ山地は、ヴィクトリア湖をはさんだ東西二列

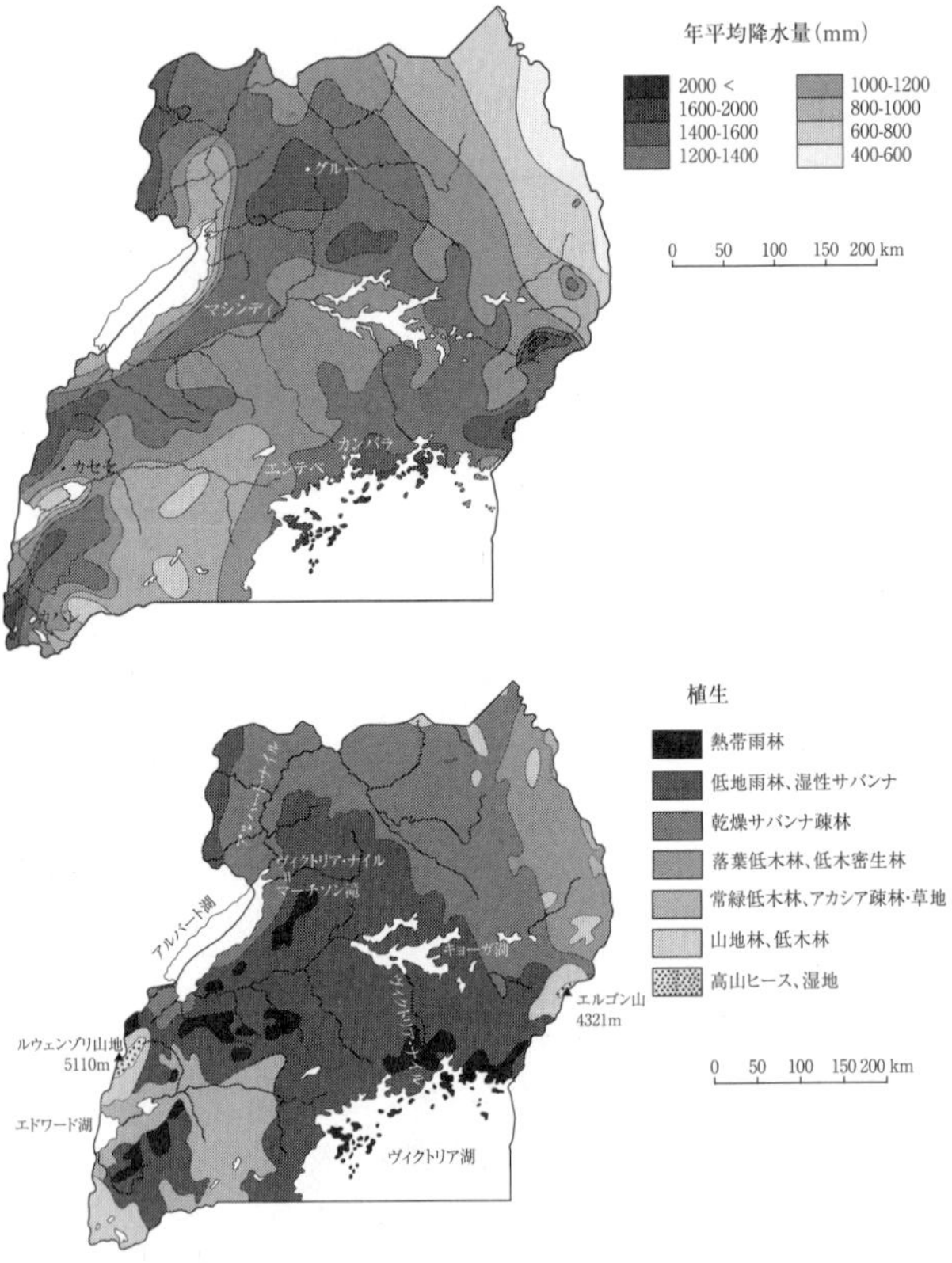

図 4-3 ウガンダの降水量分布（上）と植生分布（下）（Uganda secondary school atlas）

の地溝帯のうち、西部地溝帯の西縁に位置する（図1－6）。その巨大断層に沿って八〇〇万年前ごろから地殻が持ち上がって、アフリカ第三の高峰ルウェンゾリ山地（最高峰はスタンリー山のマルゲリータ峰＝五一一〇メートル）ができた。それまではギニア湾からの湿った風が東アフリカまで到達し、雨を降らせて東アフリカには熱帯雨林が分布していたが、その後あらたに誕生した山地に遮られ、東アフリカは乾燥化して熱帯雨林は消失し、草原のサバンナとなった。熱帯雨林に住んでいた類人猿は樹上から地上に下り、二足歩行をするようになり、人類へと進化する。この人類発祥の物語は、コパンによって一九八二年に、ミュージカルの「ウエストサイドストーリー」をもじって「イーストサイドストーリー」として発表された。それは、これまで人類の先祖の化石がエチオピア、ケニア、タンザニア、ウガンダなど、大地溝帯の東側でしか見つからなかったことが根拠になっていた。

しかし、近年このストーリーの信頼性がゆらいできた。八〇〇万年前の大地溝帯付近の隆起はまだ小さく、実際に山脈が形成されたのはヒトが二足歩行を始めた六〇〇万年前より後の四〇〇万年前と考えられるようになった。また八〇〇万年前の東アフリカは完全に乾燥化していたわけではなく、かなりの森林が残っていたことも炭素同位体から明らかになった。さらには、アフリカ大地溝帯より西のチャドで七〇〇〜六〇〇万年前のトゥーマイ猿人の化石が発見されたのである。二〇〇三年二月、コパン自身がこのストーリーを撤回した。

このルウェンゾリ山地に位置するフォートポータルでは、ウッデンホテルに泊まった。ツインで一万三五〇〇ウガンダ・シリング（約一三五〇円）で安かった。お湯は出なかったが、バケツにお湯を持ってきてくれた。フォートポータルは熱帯雨林気候であるので、午後から夕方には三〇分～一時間程度のスコールがあったが、その降り方はすさまじい。この日も六時過ぎにスコールがあった。

翌日、七時頃に起き、朝食を食べた後、タクシーパークに向かった。そこで、スペシャルハイヤーをチャーターした。ピグミーの人たちの村に行くためである。その村までは片道約三時間かかり、往復で六万ウガンダ・シリング（約六〇〇〇円）支払った。運転手は英語ができないので、その横に英語のできるコンダクターが座り、九時頃出発。悪路に揺られながら行くと、両窓から見られるものは、どこも焼き畑で熱帯雨林が破壊されて裸状態の景観であった（写真4-13）。ところどころ、焼き畑の煙が見える。しかし、奥地まで行って集落がなくなると、熱帯雨林地域の様相を取り戻し、出発して二時間ほど経つと、標高千数百メートルの見晴らしの良いところから、地平線まで続く熱帯雨林の樹海が見え、それはまさに絶景であった。その緑のじゅうたんを横切る川、すなわち、セムリキ川がザイールとウガンダの国境をなしている（写真4-14）。しばらく行くと、セムリキ国立公園の管理事務所があり、そこで入園料一人あたり一万ウガンダ・

シリング（約一〇〇〇円）と、保官によるガイド料七〇〇〇ウガンダ・シリング（約七〇〇円）を支払った。そこからさらに車で三〇分ほど奥地に入ったところで、車を止めるやいなや、ものすごい奇声が飛び交った。道の脇にいたピグミーが、ほかのピグミーにわれわれが来たことを知らせる声であった（写真4-15）。道から少し森のなかに入ると小さな空間があり、そこに彼らの住まいが三つあった。それは粗い骨組みの上に、熱

写真4-13　集落周辺は焼き畑により、熱帯雨林が破壊されている

写真4-14　ウガンダとザイールの国境に広がる熱帯雨林　色の薄い部分に、国境をなしているセムリキ川が流れている

写真 4-15　ウガンダからザイールにかけての熱帯雨林地域で採集・狩猟生活を営むピグミーの人たち　身長は 150 cm 以下

写真 4-16　ピグミーの住居

帯雨林の林床《りんしょう》に生える植物の葉（クズウコン科のマングングなど）を重ねて造ったものである（写真4-16）。なかをのぞくと、焚き火の跡や赤い液体（おそらく動物の血）の入った器があった。彼らにお金を要求され、いくらか手渡すと、突然歌を唄い踊りだした。

ピグミーとは特定の民族集団を指しているわけではない。人類学的な定義では、ピグミー Pygmy という呼び名は、成人男子の平均身長が一五〇センチメートル以下の集団のことを呼ぶ名で、その語源は、ギリシャ語の「ひじからこぶしまでの長さ」をあらわす単位だと言われている。森林地帯に住んでいる動物は、オープンな場所に住む近縁種に比べて体が小さくなるという傾向がある（たとえば、森林性のマルミミゾウは、草原性のアフリカゾウに比べて一回り小さい）。それは樹木に引っかかりやすい森林中でスムーズに活動するための適応であるとされ、その適応がピグミーにもあてはまっていると考えられている（木村、二〇〇三）。

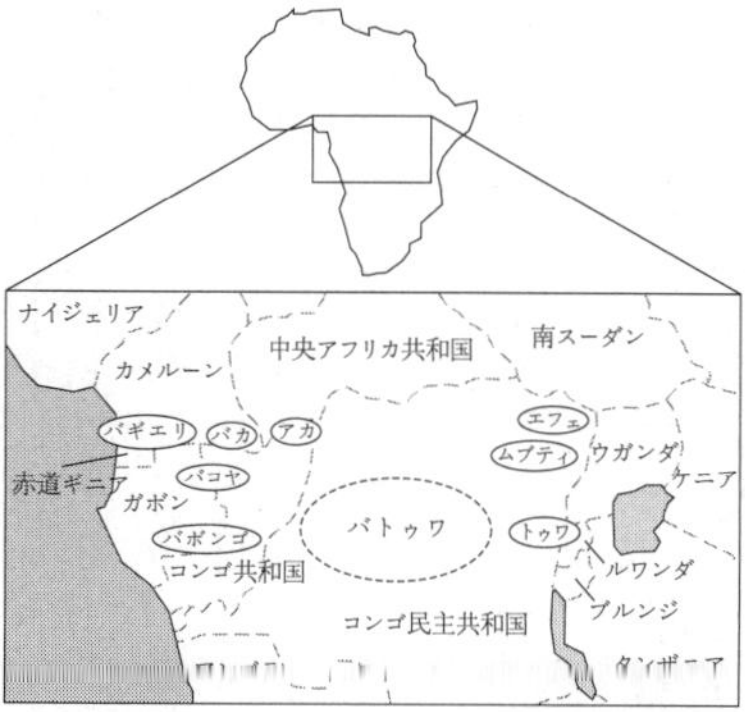

図4-4　中部アフリカのピグミー系狩猟採集民の分布（安岡2010）

今から二万〜一万二千年前の最後の乾燥期に熱帯雨林が縮小した地域の森林はアフリカで最も古い森となり、植物相も豊かであると言われている。このアフリカ最古の熱帯雨林に、古くから狩猟採集民ピグミーが住んでいた。アフリカのピグミーには、コンゴ民主共和国（旧ザイール）のイトゥリの熱帯雨林に住む「ムブティ」、コンゴ民主共和国、ウガンダ、ルワンダ国境付近の熱帯雨林に住む「トゥワ」、主にカメルーンの熱帯雨林に住む「バカ」、中央アフリカ共和国やコンゴ共和国の熱帯雨林に住む「アカ」などの民族集団がある（図4-4）。これらの人々は東西二〇〇〇キロメートルに隔てて住んでいるが、森林で狩猟、採集の生活を営み、森の精霊が主役を果たす儀礼とそれらの儀礼において演じられる踊りと歌のパフォーマンスが彼らの生活にとって重要な役割を果たす点で共通性がある。

ヴィクトリア湖の汚染

ピグミーの村を見た後、カンパラに戻り、タクシーパークで空港のあるエンテベ行きのタクシーに乗り込む。しばらくするとスコールに見舞われ、天井から雨漏りがしてシートはずぶ濡れになる。スコールは三〇分くらい続き、ちょうど雨があがった頃にエンテベに着いた。町に入ってタクシーを降りると、スクーターのタクシー五台、自転車タクシー二台が待ち受けていた。カンパラのツーリスト・インフォメーションで紹介してもらった「ステイ・〝N〟・セイブ・ホテル」の名前を告げると、「Very far.」と言う。それで、安いほうの自転車タクシーに乗った。しばらく行くと上り坂になり、運転する青年は必死にペダルを漕ぐのであるが、それも途中で限界になり、そこからは降りて歩かなければならなかった。何かユーモラスな自転車タクシーであった。一〇分くらいでホテルに到着し、代金四〇〇ウガンダ・シリング（約四〇円）を支払った。ホテルのフロントの女性は美しく、とても親切であった。世界第三位の湖、九州の二倍の面積のヴ

写真 4-17　生活排水の流入により富栄養化が進むヴィクトリア湖

ィクトリア湖（約七万平方キロメートル）は、ホテルから歩いて行ける距離なので行ってみることにした。しかし、ヴィクトリア湖の湖岸まで出てびっくりしてしまった。遠くから見る美しさとは大きく異なり、湖岸には富栄養化により、びっしりと藻が生え、どす黒いどぶ川のような湖水が波打っていたのだ（写真4-17）。

それは、日本で言うところの「印旛《いんば》沼《ぬま》」「手賀《てが》沼《ぬま》」の様相であった。富栄養化の原因として、もちろん周辺からの生活用水の流入があげられるが、それに加え、他の富栄養湖の特徴と同様に水深が浅いことがあげられる。最深部でも八二メートルしかない。とにかく、これほど汚染されているのはここだけかもしれないが、エチオピアに行ったときに青ナイルの源流、タナ湖を見たので、次は白ナイルの源流、ヴィクトリア湖と期待していただけに、大きなショックを受けた。

ナイロビの繁華街での発砲

飛行機でナイロビに戻り、旅行会社のオフィスからナイロビでの宿オークウッドホテルまでナイロビの中心、ケニヤッタ・アベニューを歩いていると、いきなり「パーン、パーン」と大きな音が聞こえた。誰がこんな町中で爆竹を鳴らしているのだろうと思った。まさにそのとき、ピストルを持ったスーツ姿の男が目の前に飛び出てきたのである。心臓が止まる思いとはこのときのようなことを言うのであろう。思わず体を屈ませ、電話ボックスの陰に隠れた。男の駆け寄る先には、逃げまどう小学生くらいの男の子が泣きながら、おそらく「殺さないでくれ」というような内容のことを叫んでいる。男が、子供を捕まえたとたん、ものすごい勢いで野次馬が二人を取り囲んだ。

アフリカの野次馬はとにかくすごい。ザンジバル島でタクシーに乗っていたときも、途中で交通事故を見かけると、運転手は「ちょっと待っててくれ」と言い残して野次馬のなかに入っていってしまった。このときも、ケニヤッタ・アベニュー中の人が押し寄せ、二人は人の波に呑み込まれ、見えなくなってしまった。それにしても、目の前で発砲しているのを見たのはこれが初めてで、あらためてナイロビの怖さを知った。その前年に、ナイロビで日本人学校の校長がピストルで撃たれて亡くなったことはまだ記憶に新しい。

オークウッドホテルに戻ると、フロントのおばさんが聞いてきた。「どこに、行ってきたの？」「ウガンダ」、「明日はどこに行くの？」「ジャパン」。

ひとりぼっちの海外調査

『月刊地理』一九九六年四月号から、「ひとりぼっちの海外調査」を連載した。その期間中にもアフリカに出かけ、海外調査を行った。連載を始めると、いろいろな人から読んだ感想をいただき、多くの人に読まれているのだなあという実感があった。

連載中の、私の身辺での一番大きな変化は京都大学への就職である。私は、植生地理を専攻しているのであるが、なかなか研究職に就職できなかった。どんどん同世代や後輩たちに置いていかれた。その一番の大きな理由は、地理で「植生」を専攻していたからである。大学の公募で、「植生地理」などというものは今まで見たことがない。したがって、「自然地理」という大きな枠の公募に応募するしかなかったが、その際も、オーソドックスな「地形」や「気候」が採用されることがほとんどで、いいところまで残っても、「なぜ、一つしかない自然地理のポストに『植生』など採る必要があるのか？『植生』であったら、すでに生態学の教員がいるので必要ない」という反対意見が教員のなかから必ず出てくる。このような現状であるからして、日本の地理学で植生地理が専門の教員は数えるほどしかいない。植生地理の教員がいないから、植生地理をやってみようという学生も育ちにくい。

名古屋大学の学生時代に、当時の指導教官・井関弘太郎《いせきひろたろう》先生のところに卒論を「地形」で書くか、「水文《すいもん》」で書くか相談に行ったところ、先生曰く、「ヨーロッパでは『植生』は地理学の一大分野であるのに対し、日本では植生地理の研究者が数名しか存在せず、日本の植生地理が立ち後れている。君は山登りをしているし、元気がいいから、開拓者精神でひとつ『植生』をやってみないか？」。

その後、南アルプス、大雪山、北アルプスなど日本の高山植生の成立環境について調査を続け、それらをまとめて理学博士の学位を取った後は、日本と最も気候環境の異なる地域で高山植生の成立環境の研究をしようと考え、アフリカや南米に出かけていったのである。結局、その「アフリカ」で、京都大学大学院人間・環境学研究科アフリカ地域研究専攻［現在、大学院アジア・アフリカ地域研究研究科アフリカ地域研究専攻］の助教授に採用されたわけであり、就職はどこでどうなるかわからないということである（そのあたりのことは、一九九六年一二月六日の京都新聞「私のひと言」、一二月一二日の東京新聞「この人」、一九九七年一月一五日の朝日新聞全国版「ひと」の欄に取り上げられた）。

氷河から新たな発見――一九九七年ケニア・ウガンダ調査

消えた財布

京大に来て最初の海外調査にも、かつての予備校の教え子をひとり連れていった。その頃、駒澤大学地理学科の学生であった大内くんである。

ナイロビに着いた初日に、ホテルから街までバスに乗った。乗る前に、何度もスリに注意するように彼には言い聞かせていた。彼は、混み合ったバスのなか、財布の入ったズボンのポケットを手で押さえていた。バスのなかでも、「財布に気をつけろよ」と言うと、「はい。しっかり押さえています」という返事が混み合ったバスの中で聞こえた。そして、街に着くと、人に押されるようにしてバスを降りた。降りたとたん、「あっ」という大内くんの声に「もしや」と思った。しかし、その心配は現実のものとなった。彼の財布がなくなっていたのである。私は「あれだけ注意したろう!」とどなった。しかし、冷静になって考えてみれば、混み合ったバスにそもそも乗ったのが間違いであった。

人に押されて吐き出されるようにバスを降りたときにすられたのである。後でホテルに戻ったとき、従業員にそのことを話したら、「ズボンのポケットを手でしっかり押さえていたのがよくなかった。そんなことをすれば、ここに財布が入っていますということをまわりに教えているようなものだ」と言われた。なるほど、彼の言うとおりである。バスに乗る前に、彼に約一万円分のお金を手渡していた。それが、財布とともに持っていかれたのだ。損害はそれだけだと思っていたが甘かった。彼の学生証とか運転免許証も財布に入っていたのである。とくに、学生証は痛かった。なぜなら、ケニア山国立公園の入園料が、大人一日一五ドルに対して、学生証があれば五ドルで済むのである。一日一〇ドルの差も、二週間入山すれば、一四〇ドルの差である。アフリカでは学生証はあまり利かなかったのだが、最近になって徐々に使えるところが増えてきていた。

小屋のまわりをうろつく動物たち

ケニア山山麓の町、ナロモルまではいつも同様、乗合ワゴン「ニッサン」ですし詰め状態でやってきた。ナロモルでは事前に連絡しておいた、前年と同じガイドやポーターと再会した。マッキンダーズキャンプの小屋番のフランシスもホテルのわれわれの部屋を訪れてきた。彼には前年、携帯ラジオをねだられ、日本に帰国してからラジオを送ってあげたのだが、彼はそれをも持ってやってきたのである。彼はそれを私に見せて、「なんか調子がよくない。これはソニーじゃない」。私は、前年の調査のときに、ガイドに自分の携帯ラジオをあげてきた。それはソニー製品だったのである。そのことを知っている彼だからしようがない。私は持っていたソニーのラジオを彼にあげた。すると、彼は少年のように瞳をきらきら輝かせ、何度も何度も耳にラジオをあてて聴いていた。そして、彼は私に言った。「やっぱり、ソニーは違うな」。彼はいったん帰ったが、しばらくすると、たくさんの生卵を抱えて戻ってきた。彼からもらった生卵は、今回の調査でとても重宝することになった。私にはラジオと同じぐらいの価値があったのだ。

ナロモルからは、ケニア山に最初に調査に来た一九九二年以来初めてケニア山が遠望できた。これまでは七月下旬に入山していたが、今回は八月下旬である。八月下旬から九月上旬はとくに天気がいいらしい。

ケニア山を遠くに望みながら、車でまず最初の小屋、メッツステーションまで入った。ここで、やはり初めて、大きなバッファローに出くわした。このあたりには大型動物がめったに現れないと思っていた。そのことをガイドのサイモンに話したら、「とんでもない。ゾウやライオンも現れる。ヒョウは夜中出てくる。四年前には、ここでキャンプしていたドイツ人青年が足をライオンにくわれ、みんなで町まで下ろしたが、結局足を切断しなくちゃいけなかったんだよ」と怖いことを言う。

僕らは小屋泊まりだが、イスラエル人のカップルはここでテントを張っていた。この話を彼らに話した方がいいのかどうか、迷った。

その晩は、日本から持ってきたジフィーズ（フリーズドライ）の「すき焼き」を、フランシスにもらった生卵でとじたらとてもおいしかった。

ケニア山の空に輝く満天の星

夜になると、大内くんは小屋から外に出ていった。なかなか戻ってこないので、心配になって外にようすを見に行くと、彼は地面に仰向けになっていた。「二〇分ほどで一五個の流れ星を見ましたよ」と興奮した声が暗闇に響いた。

翌朝六時に起き、七時半にメッツステーションを出発。われわれの負担を少しでも少なくするため、今回はポーターを一人増やし、ガイド一人にポーター三人である。この日のメッツステーションからマッキンダーズキャンプまでの、標高差約一〇〇〇メートルの登りがとにかくきついのである（写真5-1）。なんとか、二時過ぎにマッキンダーズキャンプに着く。その晩、深夜二時過ぎに大内くんが高山病で苦しみだす。彼を小屋の外に連れ出し、いっしょに「ハー、フー、ハー、フー」と深呼吸を繰り返す。頭を上に向ければ、そこには満天の星の世界が広がっているというのに……。

翌朝七時半にマッキンダーズキャンプを出たものの、吐き気と頭痛に悩まされる。アメリカンキャンプまでの一時間ほどの道のりはとても辛く、長かった。アメリカンキャンプに着くと苦しみながらテントを張り、ガイドたちと別れた（写真5-2）。いつも同様、彼らにはマッキンダーズキャンプに待機してもらって、毎日夕方五時にわれわれが元気でいるかどうか確認しに来てもらう。この日は具合が悪いのでとりあえず寝た。昼頃いったん起きて、調査に出かけようとしたが、とても無理でまた寝てしまった。

翌日も吐き気と頭痛に悩まされ、とりあえず缶詰のグレープフルーツを二切れ口に入れたが、すぐに戻してしまった。この日から三日間、昼食はまったくとらなかった。用

写真 5-1　ケニア山登山中の標高 4000 m 付近　ジャイアント・セネシオ（セネキオ・ケニオデンドロン）を背景に

写真 5-2　ティンダル氷河斜面下方のキャンプサイトにて（標高 4360 m）

便もメッツステーションで済まして以来、丸四日間、用を足すことはなかった。この日も寝ること以外、なすすべがなかった。

さらに次の日も、相変わらず高山病に悩まされる。無理して九時にテントを出て、キャンプ地の前面に立ちはだかるモレーンの斜面を登ろうとするが、登れない。二人とも、何度も何度も座り込む。二時間かけてやっとのことで氷河までたどり着いた。氷河のところは山頂の岩壁の陰になって一〇時ぐらいにならないと太陽の光が届かない。しかし一一時ぐらいになると、今度は雲が出てきて、太陽の日射をさえぎる。したがって、氷河にはほんのわずかの時間しか太陽の光があたらない。逆にそのためにこそ氷河が存在しているのである。

苦しみながら調査を始めた。太陽の光がずいぶん低い角度から照らし始めた頃、われわれの四つの眼差しは氷河のある一点に釘付けになった。さらに、われわれの体は金縛りのように動かなくなった。

何かが氷河の融けたところから出ているのである。「なんだろう?」私はその物体に恐る恐る近づいた。大内くんは案外怖がりで、遠くから「やめましょーよ」と大きな声で叫んでいる。私は間近まで近寄り、しっかりとその姿を脳裏に焼き付け、ひとまずその日はテントまで戻ることにした。

ティンダル・ターンと呼ばれる池まで戻ってくると、ポーターのチャールズとフランシスが迎えに来ていた。そうである。もう、すでに五時を回っていたのだ。テントまで来た彼らは、なかにわれわれがいないので心配して登ってきたのだった。

大きな発見

翌朝も相変わらず激しい頭痛で目を覚ました。朝食は、ナイロビで旅行会社の早川さんや本田さんが差し入れてくれたインスタントお茶漬けやうめぼしで済ませた。今までの体験によれば、高山病のときには白米や赤飯に、お茶漬け、うめぼし、酢の物がいいと思う。すき焼きなどのジフィーズは高山病のときには食べる気がしない。

この日はだいぶ体が軽く、モレーンの斜面を難なく登りきることができた。目指すは氷河から出てきた物体である。氷河までたどり着くと、「それ」は「待っていました」と語りかけているように見えた。目を大きく開けて観察した。大内くんの「恐竜じゃないですか?」という声が、まわりの岩壁にこだまする。その物体は、どうやらヒョウのようである（写真5-3）。するどい牙、長いしっぽ。長く細い指。それに、ヒョウ特有の斑紋《はんもん》やヒゲもわずかながら一部残っていた。ほとんどは骨と皮だけである。私はふと思い出した。それは、ヘミングウェイの『キリマンジャロの雪』の一節である。

「キリマンジャロは、高さ一万九七一〇フィートの、雪に覆われた山で、アフリカ第一の高峰だといわれる。その西の頂はマサイ語で、ヌガイエ・ヌガイ（神の家）と呼ばれ、

写真5-3　1997年8月にティンダル氷河末端から出てきたヒョウの遺体　ヒゲや毛皮の斑紋も一部残っていた。放射性炭素同位体による年代測定により、約900年前のものと判明した

その西の山頂のすぐそばには、ひからびて凍り付いた一頭の豹《ヒョウ》の屍《しかばね》が横たわっている。そんな高いところまで、その豹が何を求めて来たのか、今まで誰も説明したものがいない」（龍口直太郎訳）

平安時代から氷に眠る

そのヒョウは、帰国後に一片の骨と一㎝四方の皮の断片を名古屋大学の年代測定資料研究センターに持ち込んで、放射性炭素年代測定をしてもらった。その結果、それは今から約九〇〇年前（±約一〇〇年）の平安時代末期のものと判明した。その時期を含む奈良時代から鎌倉時代まで（八～一三世紀）は、世界的に暖かったことが知られている。

平安時代の頃（九～一一世紀頃）は温暖のため、北欧からグリーンランドにかけて、バイキングが活躍したのである。しかし、室町時代の頃になると寒くなり、それは一九世紀まで続いた。一三世紀以降の急激な気温低下の時代にはチンギス・ハーン率いるモンゴル民族軍が西方に遠征している。このような寒冷化による歴史的イベントとしては、四世紀頃の寒冷化によるゲルマン民族の大移動や四七六年の西ローマ帝国滅亡もある。

一四世紀から一九世紀は小氷期《しょうひょうき》といわれ、とくに寒かった。小氷期は、一九世紀初めにナポレオンがロシア遠征時にその寒さのため敗退したことから、ナポレオン氷期ともいわれている。日本では、一八世紀から一九世紀に気候の寒冷化により、宝暦《ほうれき》、天明《てんめい》、天保《てんぽう》、慶応・明治の飢饉《ききん》が起きた。ヨーロッパでは一七世紀に、寒さのためペストと飢餓が多発し、その原因を魔女のせいにしたために、魔女狩りが各地で行われた。とくに、小作農の貧しい農民の娘や妻が魔女に仕立て上げられ処刑されていった。社会的不安が増大して心理的パニックに陥ると、心の安全弁を求めて「弱い者いじめ」をするというのが人間の愚かな性である。関東大震災の朝鮮人虐殺事件や過去の戦争時の殺戮《さつりく》も同様の悲しい歴史だ。

発見されたヒョウにはほとんど皮が残っていて、ヒョウの斑紋やヒゲの一部も残っていた。すなわち、ヒョウは九〇〇年ぐらい前に氷のなかに閉じ込められてから、一九九七年まで一度も氷から露出しなかったことを意味している。おそらく、暖かかった時代の最後の頃に、氷河のクレバスにはまり氷のなかに閉ざされてから、一九九七年八月まで、一〇〇〇年近くもずーっとそこで眠っていたのだろう。時代の変貌を知らずして氷のなかに眠っていた。そして、ヒョウは眠りから目覚めたのである。眠りから目覚めさせたのは他ならぬ地球温暖化である。眠りから覚めたヒョウは今の時代をいかように感じたものか……。

過酷な調査

大内くんは、去年連れてきた石川くんから、「ケニア山は地獄だ」と聞かされていたらしく、出発まで毎日かかさずトレーニングを積んできたようだ。彼は非常に元気が良く、素直で、彼の名前を呼ぶと大きな声で返事をし、どんな用も文句ひとつ言わずやってくれる。

ある日、彼に「明日は、測量をするから、いいな?」と言うと、全く返事をしない。大きな声で「聞こえていないのか!」とどなると、彼は、ぽつんとこう言った。「僕、苦しいです」。「もう、山を下りたいです」。彼が不満を漏らしたのは、彼と知り合ってこれが初めてだった。私は、自分の調査なので、苦しくても我慢するが、彼にとっては相当辛いのだろう。夕日を照り返すティンダル氷河のピンク色がいっそう目にしみた。

「インドおやじ」の占い

ケニア山の調査を終えてナイロビに戻ると、現地の旅行会社の早川さんや古賀さんたちが占いの結果を持って待っていた。私が今年も独身であったのを心配して、彼女たちが「ものすごくよくあたるインド人の占い師がいるので、今度、その占い師のところで、水野さんの結婚についても見てもらってきてあげる」と言って、ケニア山の調査中に占い師のところに行ってきてくれたのだ。

その占い師は、彼女たちの間では親愛の情を込めて「インドおやじ」と呼ばれている。早川さんの話によれば、そのインドおやじによって、「お母さんの健康運が非常に悪い。来年の六月までは要注意」と言われた人は、思わず涙してしまったという。それもそのはず、その人のお母さんはその年脳溢血《のういっけつ》で倒れて以来、長い間意識不明であった。また、誰にも話したことのない内緒話をピタリとあてられた人もいた。あまりによくあたるので泣き出した人もいるとか。しかし、インドおやじにはただひとつ難点があった。予言が遅れ遅れで実現することである。四月までに彼氏ができるよ、と言われたら七月にできた、という具合である。早川さん曰く、「ポレポレ（ゆっくり）の国ケニアで、三ヶ月の遅れで済むのなら、たいしたものよ」

その占いとは、生年月日と生まれた時間、場所をもとに、その星の動きを見てさまざまなことを占っていくというものだ。私は、生まれた時間までわからないと言うと、彼女たちは、生年月日だけでもおおよその星の動きがわかるらしいので、それでだいたい予想ができるということであった。それで、とりあえず彼女たちに頼んでから、私はケニア山の調査に出かけたのであった。

彼女たちに会うと、おかしくてしょうがないといった素振りで、「わかったよ！」と言う。その内容は、早川さんの言葉を借りれば次のようなものだった。

私の生年月日を聞いたインドおやじは、「生まれた時間がわからないが、朝六時で大きく星の動きが変わるので、彼はたぶん六時以降に生まれたと思うので、六時以降で見てみる」と言って、さっそく星の動きを調べ、チャートを書きだした。すると、インドおやじの顔がみるみるうちに険しくなり、「おー、ベリーシリアス」「ベリベリーシリアス」。インドおやじの顔は青ざめ、眉間《みけん》にはしわが……。彼は一呼吸おき、一言、「彼は一生結婚できない」とつぶやいた。インドおやじはちっちっと舌打ちし、数分間、チャートとにらめっこし、緊張した時間が流れた。しばらくして、顔を上げて叫んだ。「ひとつだけ方法がある。それは、カルサルパ・ヨガだ！」

カルサルパ・ヨガ。謎めいた響きである。インドおやじの説明によると、これは非常に強烈なパワーを持つおはらいだという。銀の蛇に冷たいミルクをかけながら一五日間の祈りを捧げる。最後は銀の蛇を海か湖に沈めて、悪いカルマを断ち切るというものだ。「これをすれば彼にも結婚のチャンスが生まれる。しかし、そのチャンスも二年間までだ。二年以内に結婚できなかったら、その後チャンスは訪れないであろう」

おはらいは、最初と最後に参加すれば、後は当人がいる必要がないそうなのだが、銀の蛇の置物やミルク、ココナッツ、花など、いろいろと準備が必要で、費用も一万一〇〇〇シリング（約二万二〇〇〇円）かかるという。私は、今回の調査の予算が大赤字で、ボーナスも吹っ飛ぶ状態であったので、二万二〇〇〇円という金額は考えものだった。

　私の気が進まないようすを見ていた彼女たち曰く、「二万二〇〇〇円で結婚できれば安いものよ」。結局、おはらいをしてもらうことにした。しかしその前に、私はたしか朝の二時頃生まれた記憶であったので、朝六時以降で占った結果に納得がいかず、確かめるために実家に国際電話をかけた。実は、私はこれまで、海外から国際電話を実家にかけたことが一度もなかったため、電話に出た父親はびっくりして、「何があったんだ！」と、電話口でどなっていた。私は、ナイロビから日本まで一分八〇〇円もするので、一分で済ませようと、急いで「俺って、一月二二日の何時何分生まれ？」。父親「何？」。私「とにかく、何時何分生まれ？」

　父親は、私が生まれた時間がよほど重要なことで、緊急に必要だと思ったのだろう。近くにいる母親にどなりながら聞いている声が聞こえ、母親の「夜の七時頃」と言う声が聞こえた。そして、「一〇分後にもう一度かけろ。母子手帳を見ておくから」ということで、私の生まれたのが夜の七時一二分であることがわかった。

ナイバシャ湖に眠る銀の蛇

ウガンダに行く前の日、最初のおはらいが行われた。そのとき、もう一度、午後七時一二分という正確な時間で占ってもらった。その結果、おはらいを受ければ、二年間以内に結婚できる可能性が高く、それも、まず一年以内であろうという。そして、最初の六ヶ月は日本人、それ以降は外国人と結婚するであろう。二年以内に結婚しなければ、それ以降に結婚できる可能性はほとんどないという結論であった。

占いを受けた後は、いよいよおはらいである。緊張した面持ちで、インドおやじのお祈りの小部屋へと入り、お祈りが始まった。クリシュナ、シバ、ガネーシュ、ハヌマーン、パールバーティなどのヒンズー教の神様たちが祀られている祭壇に、銀の蛇が置かれている。おやじはサンスクリット語で次々と神を讃える歌を唄い、たくさんの神の名を呼び、祈りの言葉を唱えた。銀の蛇には冷たいミルクをかけて。

ウガンダから帰ってきた日、最後のおはらいが行われた。そこで、インドおやじは私の右手手首に赤い紐を巻きつけて、こう言った。「この紐は、切れない限り、ずっとはめておくこと。毎週金曜日は、肉、魚、卵、アルコールは飲食しないこと」。さらに、私に、お守りと花びらを手渡し、「これを常に身につけること。ただし、いかがわしい場所には持っていかないこと」「そして、銀の蛇の置物をここから持っていき、海か湖にそっと投げ入れて、お祈りをする必要がある。日本に帰ってからではダメだ。帰る前に、ここから直接持っていかなければならない」

ところが、私は帰国のためナイロビを出るまで、あと三日しか残ってはいず、結局ナイロビを離れる当日にナイバシャ湖に銀の蛇を投げ入れることになった。それも、「朝八時半に取りに来なければならない」「その銀の蛇の置物は、一二時一五分から三時の間に水に入れなければならない」ということで、朝早起きし、旅行会社の車をチャーターし、同行してくれる早川さんといっしょにインドおやじのところに八時半に行った。

インドおやじは、「銀の蛇の置物をこれから手渡すが、この部屋を出るとき、けっして別れの挨拶をしてはいけない」と静かに言った。それで、我々は、銀の蛇の置物を受け取ると、何も言わず部屋を出た。ちょっと振り返ると、インドおやじが、私の方に向かって合掌している姿が見えた。

サファリカーは、冷たい風を受けながら、急いでナイバシャ湖に向かった。ナイバシャ湖では、一二時から三時までの間に出る船はなく、結局一艘《いっそう》チャーターして、湖の真ん中まで行った。そこで、手渡された銀の蛇の置物を、いっしょに手渡された花びらとともに、ナイバシャ湖にそっと投げ入れた。銀の蛇は音もなくナイバシャ湖の深い水にのまれていった。花びらはいつまでも水面を漂っていた。われわれの眼差しは、静かな湖面にゆらゆらと流れる花びらを追った。

その場を立ち去るとき、早川さんは叫んだ。「これで、水野さん、結婚できるね！」。

そして付け加えた。「水野さん。二年経って結婚できなくても心配しないでね。インドおやじの予言は、遅れてあたるんだから」「インドおやじの予言は一応あたった」

キリマンジャロの輝くアンボセリ国立公園

ウガンダに行く前に、気分転換にアンボセリ国立公園に行くことにした。天気はいたって良く、国立公園からはキリマンジャロの全景を見ることができた。キリマンジャロはその姿を全部現すことはめったにない。それだけに、アフリカの大きな視野に限りなく裾野を広げるキリマンジャロは、人々にダイナミックな感動を与える。ケニア山が勇ましく男らしい山なのに対し、キリマンジャロには女性らしいやさしさや気品を感じる。そう感じさせるのは、キリマンジャロに母親のような懐の広さがあるからだろう。そして、その頂は、人間たちの営みを何百年、何千年と静かに見下ろしている。ケニアとタンザニアの国境付近に位置するキリマンジャロのケニア側に、このアンボセリ国立公園がある。ここに住むマサイの人たちは、キリマンジャロの西の頂を「ヌガイエ・ヌガイ(神の家)」と長い間崇めてきた。マサイの神話はこう教えている。「初め神はマサイを創造し、次に彼らが生きる手段として牛をつくった。この世の牛は、すべてマサイのものである」

われわれはマサイの集落に入ってみた。その日は風が強く、乾燥しているため、砂埃《すなぼこり》を巻き上げていた。それは、西部劇の荒野の決闘シーンを思わせるような光景であった。マサイの村には学校があった。マサイの人たちはなかなか十分な教育を受けられない。この小さな学校ができるまで、はるか遠くまで行かなければ学校はなかった。それで、高校まで進学したマサイの人が自分の集落に戻ってきて、村の子供たちに教育を受けさせるため学校をつくったのである。しかし、国は二人の先生を派遣したにすぎなかった。

そのため、あと三人の先生の給料は、集落を訪問する外国人観光客の入場料や彼らに小物を売ったお金でまかなっているという。教室は三つほどあり、なかに入ると授業の時間割が貼ってあった。数学や英語、スワヒリ語、科学、なかにはホーム・サイエンス、すなわち、家庭での料理等の際に必要な科学的知識を身につける授業もあった。貧しいマサイの人たちが、子供たちに教育を受けさせ、貧しさから脱皮しようとしている。だからこそ、高校まで出たマサイの人が、自分のためではなく、マサイの村人のために故郷に戻ってきたのである。

マサイの村のなかには井戸もあった。この井戸を掘るのにも、やはり観光客から得たお金でまかなっていた。この井戸ができるまでは、キリマンジャロの麓まで汲みに行っていたのだ。しかし、歩いて汲みに行くため、朝早く村を出ると、戻ってくるのは夜中になったという。この井戸は彼らの生活をずいぶん楽にした。

ウガンダの旅

ウガンダのエンテベでは、京大の市川先生と待ち合わせることになっていた。エンテベに先に着いていた私と大内くんは空港で市川さんを待ち受けることにしていた。出口から次々と出てくる人の波にもまれて、市川さんの笑顔を見つけることができた。その晩は同じ宿に泊まり、翌日、レンタカーを借りて、いよいよウガンダの旅の始まりである。レンタカーはドライバーと保険がついて一日一五〇ドル。ただしガソリン代はこちら持ちである。車はかなりのオンボロで、当然エアコンは付いていない。スタートして、いきなりガソリンが漏れた。ギアチェンジの調子も悪い。しかし、ドライバーのイズマエルはいたって気のいい人であった。

カンパラを朝九時に出発し、ムバララにお昼頃到着した（図4-2）。食堂に入り、バナナから作るマトケとチキンで食事をした。ムバララから車窓に見られる風景は、山の上まで段々畑がつくられ、開発しつくされているという感があった。午後三時頃カバレに着く。ここまでは舗装道路であった。市川さんのガイドブックによれば、カバレは「アフリカのスイス」と呼ばれているそうである。それを知った市川さんは、「どこがアフリカのスイスだ」とぼやいていた。カバレがそう呼ばれているゆえんは、そこが標高二〇〇〇メートルの高地にあるからであろう。町を少し散策したが、一応銀行とか郵便局とか、ひととおりそろっている。今晩の宿泊のため、われわれは最初、丘の上に位置する高級ホテルに行ってみたが、一泊六万五〇〇〇シル（ウガンダ・シリング。以下同じ）（約六五〇〇円）もするので、タウンの二万五〇〇〇シル（約二五〇〇円）（ツイン）のハイランドホテルに泊まることにした。シャワーはなく、バスタブのみであるが、大内くんが湯を使った後、私が使おうとしたらもう水しか出なかった。

翌朝八時半にカバレを出発する。ここからは道が舗装されていないので、砂埃がすさまじい。私は目にハードコンタクトレンズを入れていたので、目が痛くてしようがなかった。車は途中で山林が白い煙を出して燃えている現場に出くわす。地元の人が消そうと努力したが消せなかったようだ。道路に面するところにも燃えた跡があり、そこを通ると、きな臭さと火照るような熱気を感じた。

赤い砂埃と南十字星

昼近くになってカヌンガに到着する。ここで砂埃を防ぐためのサングラス（三〇〇〇シル、約三〇〇円）を買い求める。このあたりは、山の斜面にお茶畑が続く。日本でもアフリカでも、お茶畑の広がる景観は人の目を引きつける。昼過ぎにブホマに到着（写真5-4）。ここにはマウンテンゴリラの見られるブウィンディ国立公園のオフィスがある。ゴリラはここには二グループが棲んでいる。片方のグループのゴリラを見られる人は毎日六人に限定されており、そのためのオフィシャル・パーミットはすでに三ヶ月前

写真 5-4　ブホマの子供たちと手作り自転車

から旅行会社に予約して得なければならない。もう一グループは、ブホマのパーク・オフィスで「ウェイティング・リスト」に名前を書き、毎日先着四人がオフィシャル・パーミットを得ることができる。つまり、毎日一〇人しかゴリラを見ることができず、ヨーロッパやアメリカ、日本で三ヶ月前に旅行会社を通じてパーミットを得て、六人に入るか、現地で四人に入るかである。現地待ちはシーズン中では、一週間以上待つこともあるようだ。

さて、われわれは、ブホマに着くとすぐに、ウェイティング・リストに名前を書いた。そして、ブホマのロッジに入り、すぐにシャワーを浴びた。とにかく砂埃で鼻の穴まで赤茶色になっているのだ。ここは熱帯なので土壌はラトソルである。ラトソルは、熱帯の高温のために風化が極端に進み、カルシウム、カリウム、マグネシウムのような養分イオンはほとんど流亡して痩せた土壌である。一方、風化に強い酸化鉄と酸化アルミニウムが残留しているため、いわゆる鉄が錆《さ》びた、赤っぽい錆び色を呈している。熱帯は、微生物（カビやバクテリア）の活動が活発であり、有機物である腐植《ふしょく》が分解されてほとんど見られないため、日本の土壌のように表層に腐植が堆積して色が黒いということはない。地表から赤い色をしているのである。

　ロッジのシャワーとは、小屋の天井から釣り下げた袋に沸かしたお湯を入れ、袋の下に付いたじょうろのような部分をひねるとそこから湯が出るというものであった。シャワーの湯は頭や顔の赤い砂埃を洗い流してくれ、シャワー小屋の床には赤い水流が足をかすめていった。

　夜、寝ようとすると、外に星を見に行った大内くんがせき込むようにして戻ってきた。「蛍が見えますよ」。私は、都会育ちなので、ほとんど蛍を見た記憶がない。急いで外に出てみると、そこには光の饗宴《きょうえん》が展開されていた。アフリカの満天の星の下、真っ暗でひんやりとした静けさのなか、点々と灯火を発していたのである。われわれの騒ぐようすを見に来たロッジの従業員に、大内くんは「南十字星は見えるか」と尋ねた。「夜中三時頃見えるよ」という返答に、彼は「三時にぜったい起きよう」とひとり暗闇に向かって声を発した。

ゴリラの森まで山越え、谷越え

翌朝七時に朝食をとり、朝食後市川さんがオフィスに行ってようすを確かめてくれた。その結果は、ウェイティングがわれわれの前に三人いるということだった。ということは、われわれのうち、ゴリラの森に行けるのは一人だけということである。市川さんは「私はまた来るチャンスがあるから、いいよ」とゆずってくれた。そうなれば、私も大内くんにゆずるしかない。

八時に一応みんなでオフィスに行き、出発時の八時半になったとき、一人キャンセルが出た。市川さんがゆずってくれたので、私も行くことができた。もうひとグループはオフィスから歩いて森に入っていったので、われわれもそのつもりでいた。しかし、車に乗せられ、一時間くらいでこぼこ道に揺られた。車を降りると、いきなり急な登りにものすごい暑いなか、「ハー、ハー」と息が切れる。三〇分以上かかってやっと尾根に出た。そこからはお茶畑を通って谷に下りた。谷のなかに入ると、ブッシュに動きが阻まれ、下は泥水でぐちょぐちょで、足を取られる。前を行く二人の国立公園のレンジャーが枝や草、つるなどを斧で切り倒しながら進んでいく。かなり、精神的に辛い。

もう、ゴリラはどうでもよくなってきた。そんなとき、レンジャーが静かに指さすほうを見ると、三頭のゴリラがいた。オスが一頭、メスが二頭である（写真5-5）。彼らは、人間を見ても当たり前のことのように無関心であった。オスはわれわれから数メートルのところまで近づいてきて、何食わぬ顔で草をむしゃむしゃ食べていた。とにかく、食べづめである。草食動物があれだけ大きな体を維持させるためには、常に食べていなければならないようである。観察は三〇分ほどで終わった。人数が制限されたり、観察時間が短いのは、ゴリラが非常にストレスのたまりやすい動物であることと、人間からインフルエンザなどの病気をもらわないためである。彼らにとって、そういった病気は致命的であることが多いからだ。したがって、オフィスの注意書きに、一五歳以下の子供や風邪を引いている人は参加できないことが明記されている。

写真 5-5　ブホマの熱帯雨林にすむマウンテンゴリラ
われわれの観察中、ずっと植物をむさぼっていた

世界にはゴリラは三種類いる。西ローランドゴリラ、東ローランドゴリラ、そしてここで見られるマウンテンゴリラである。世界の動物園にいるゴリラは、ほとんどが西ローランドゴリラで、マウンテンゴリラはいない。これらの野生のゴリラたちは、アフリカ大陸の赤道直下の熱帯雨林にしか棲んでいない。氷河時代にアフリカでは、熱帯雨林が小さな

島状に縮小した（図5-1）。ゴリラも、この熱帯雨林が避難した場所に逃げ込んで生きのびたのである。気候が温暖化していくにつれ森林は拡大したが、ゴリラはそこから出ることがなかったため、現在のゴリラの分布（図5-2）は、氷河時代（約一万八〇〇〇年前）の熱帯雨林の避難場所（図5-1）と一致しているのである。結果的に、氷河時代の熱帯林縮小が激しかったアフリカでは、ゴリラが樹上生活から地上に降り、その影響の小さかった東南アジアでは、オランウータンが樹上生活を続けることになる。

ゴリラには、いろいろと興味深い特徴がある。ゴリラのオスにも声変わりがあり、サルのように尾があるわけではないし（大型類人猿、すなわちオランウータン、ゴリラ、チンパンジー、ボノボはすべて尾がない）、血液型は大半がB型というのも興味深い。また、交尾はメスの誘いで起こり、オスがメスに交尾を強要することもないし、まわりにメスがいないとオス同士のホモセクシャルな行為をするなど人間に通じるものをもつという。

［以下文庫版追記：ゴリラ研究者の山極寿一《やまぎわじゅいち》さんは『ゴリラ雑学ノート』のなかで、体つきがメスのように丸っこく、オスと交尾そっくりの行為をしていたのでメスと思い込んでいたゴリラに、あるときペニスがあるのを見て仰天したと述べられている。また、二頭のシルバーバックのゴリラが、それぞれオスのパートナーとのあいだのホモセクシャル交渉で射精までしたのを確認し、このような行動に対し、「やはりゴリラはそういう能力をもっていると考えたほうがよさそうだ」と説明されている。

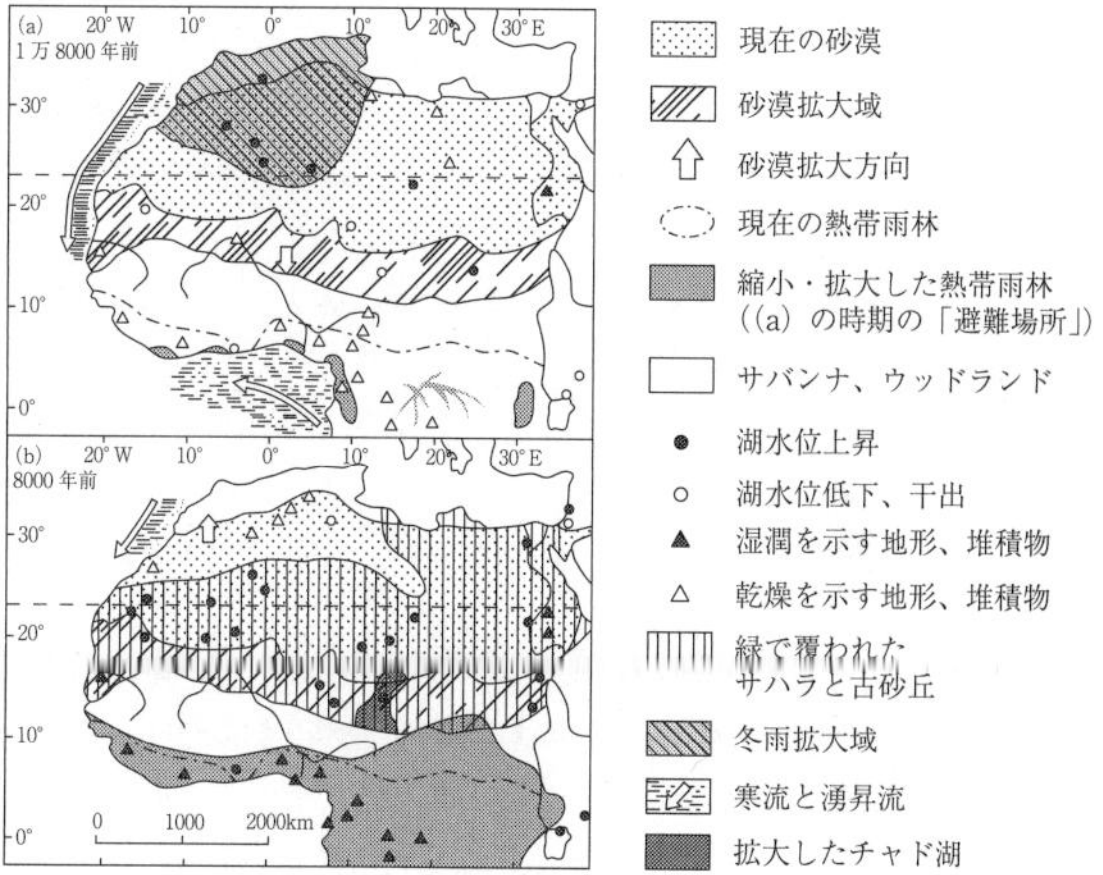

図 5-1　熱帯アフリカの古環境。1万8000年前（最終氷期の寒冷乾燥期）と8000年前（後氷期の温暖期）（門村 1993）

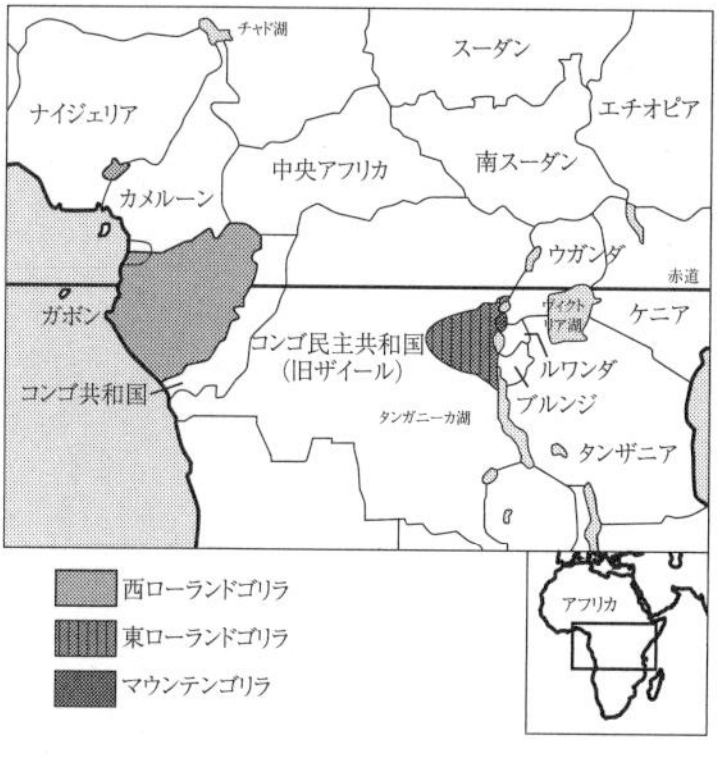

図 5-2　ゴリラの分布図（山極 1998）

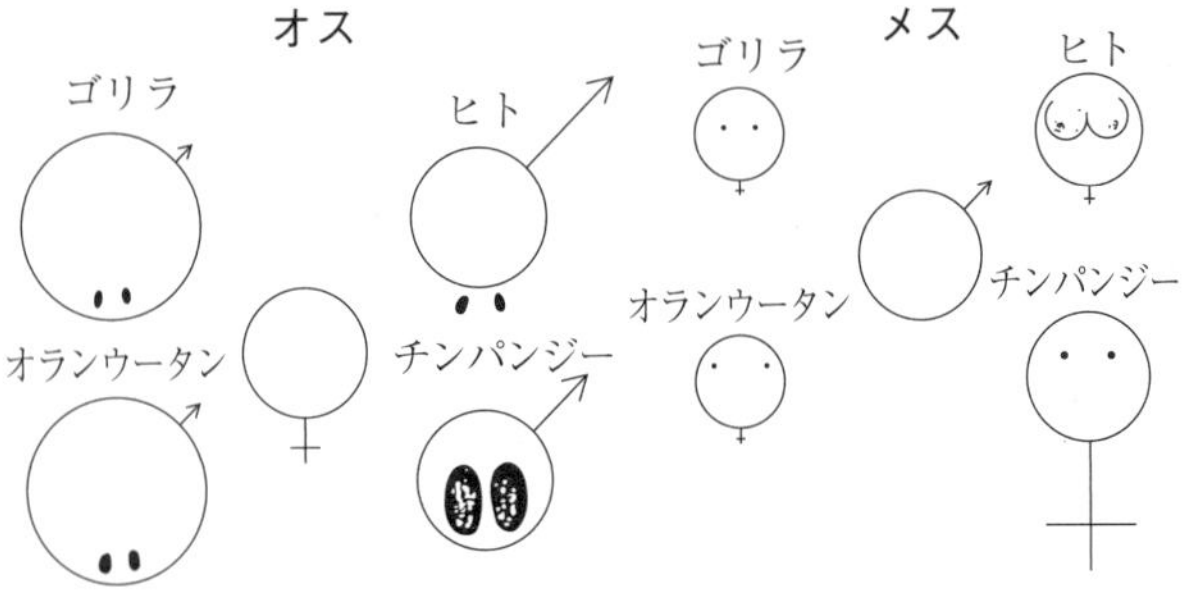

図5-3　ヒトと大型類人猿3種の性的二型を比較する概念図（R. V. Shortによる、尾本2016）　左がオス。右がメス。大型類人猿はゴリラ、オランウータン、チンパンジー。オスの矢印はペニス、黒丸は睾丸、メスの黒点は乳房

熱帯雨林に現存する四つの大型類人猿のうち身体の大きさで大きく性差があるのがゴリラとオランウータンで、オスはメスよりはるかに大きい。一方、ヒトとチンパンジーはこの差が小さい。ゴリラとオランウータンは一頭のオスが複数のメスと交尾をするのに対し、チンパンジーやボノボは完全に乱婚的であり、早期人類もチンパンジーに似て乱婚的だったものが、ある時期から一夫一妻の形を取るようになったと考えられている（尾本、二〇一六）。

山極さんがオスのゴリラをメスだと思い込んでいた原因の一つにペニスの大きさがある。ゴリラのオスは体重が二〇〇キログラムもあるものの、ペニスは勃起時でも四センチ程度しかないという。チンパンジーは身体がゴリラより小さいがペニスの長さではゴリラをはるかにしのぎ、また睾丸が非常に大きい（図5-3）。チンパンジーのメスの

非常に目立つ外部生殖器は、オスへの性的信号と考えられる。これらの特徴は、乱婚制社会をもつチンパンジーで性交回数が非常に多いことと関係があるという（尾本、二〇一六）。

ちなみにヒトの男性ペニスは霊長類中で最大であり、女性の丸く膨らんだ乳房もヒトの著しい特徴となっている。男性のペニスと女性の乳房は、いずれも生理的機能から見れば不必要に大きく、これらはヒトの進化の際に、性淘汰《せいとうた》および「つがい」形成等の集団構造の特殊性によってもたらされた「性的魅力器官」と考えられる。ヒトは、繁殖シーズンがなく、チンパンジーのように身体の視覚的な特徴を目当てに性交が行われることもないので、寿命の長さも考慮すると、ヒトはサル類の中で最も高い性交頻度をもつ、きわめて性的な霊長類といえる（尾本、二〇一六）。」

このようなユニークなゴリラたちも、森林破壊や密猟などにより、その数を年々減らしている。ゴリラは果実を食べるので、その種子がフンといっしょに散布される。したがって、ゴリラがいなくなれば、森自体も変わってしまうのである。

観察を終えたわれわれは、谷から山の急斜面を登り、尾根に出た。そこからはゴリラのいる谷とは反対側斜面についている道を歩く。道沿いには畑や人家があり、尾根をはさんで、ゴリラのいる森と、畑のある風景があまりにも対照的で、人家のすぐそばにゴリラが棲んでいることにあらためて驚かされる。

ゲートに戻ると、ゴリラを見た興奮も冷めぬ間に、ここブウィンディを出発することにした。赤い砂埃が舞うなか、カヌンガにいったん戻り、そこからルクンギリに向かった。ずっと雨が降っていないので、砂埃がますますひどくなる。ルクンギリに着くと、スカイブルーホテル〔ツイン一万五〇〇〇シル（約一五〇〇円）〕に泊まった。しかし、蛇口をひねっても水は一滴も出ない。乾季のアフリカではよくあることである。そこで、ホテルの人に頼んで、井戸から水を汲んできてもらった。お湯ももらい、赤いドーランを塗ったような顔や体を洗い流し、さっぱりしたところで、ビールを飲んだ。乾燥したところでのビールは、ほんとうに喉を潤す。

再びピグミーの森へ

一年ぶりにフォートポータルに着いた。ここは、ピグミー村に入るための玄関口である。前年と同じウッデンホテル〔ツイン一万三五〇〇シル（約一三五〇円）、シングル八五〇〇シル（約八五〇円）〕に泊まった。お湯は出ないが、バケツにお湯をもらって体を洗いさっぱりした。

翌朝、ピグミー村を目指して、ガタガタ道を車に揺られながら進む。ピグミー村の先にあるブンディブギョーは二ヶ月前に、以前のオケロ、オボテ、アミン政権時代の残党のゲリラが多数の住民を殺戮したところである。つまり、ゲリラたちはザイール側に逃げ込んで生活していたが、ウガンダ大統領のムセベニの盟友のカビラ議長率いる「コンゴ＝ザイール解放民主勢力連合」が一九九七年五月にザイールのモブツ政権を打倒し、それによりカビラ大統領が誕生し、国名もザイールからコンゴ民主共和国に変わった。そうなると、ゲリラたちは国から一掃されることになる。新生コンゴを追われたゲリラたちは、ルウェンゾリ山地に逃げ込んだが、間もなく食糧難に陥り、ルウェンゾリ山麓一帯でゲリラ活動を起こすことになる。ブンディブギョーも早朝五時に襲われた。

われわれがピグミー村に行く途中、何台もの赤十字の車と行き違った。難民救済のためにやってきているのである。道路沿いには、軍の兵士たちの姿が絶え間なく続く。ところどころにほったて小屋が建てられ、そこに兵士たちが駐留している。途中でわれわれの車も兵士たちを乗せざるを得なくなった。機関銃や武器を持った兵士が背後にいると思うとぞっとするとともに、緊張感で車中は張り詰めた状態となる。さらに奥に行くと、前年にはまったく見られなかった光景に驚かされた。眼前に難民キャンプが広がっているのである。前年はとてものどかな道中であった。それが、こうも変化するとは、誰が予想できただろう。

難民キャンプでは、たくさんの小屋に、人々が疲れ果てた表情を浮かべていた。ヨーロッパ人と思われる赤十字の人たちの姿も見られた。このあたり一帯に住んでいた現地の人たちが、ゲリラに襲われるのを防ぐために、難民キャンプに集められ、それを軍の

写真 5-6　ピグミーの森にて

兵士たちが守っているのだ。まさに、ここは戦場の最前線である。私も初めて経験するような、一種独特の緊張感を味わうことになった。

セムリキ国立公園の管理事務所は、軍が駐留している難民キャンプに移動していた。そこで、ガイド二人を計一万四〇〇〇シル（約一四〇〇円）で雇った。ピグミーの集落は前年と同じところにあった。この付近には六〇人ほどのピグミーの人たちがいて、われわれが訪れた集落には二〇人ほどが住んでいた（写真5-6）。

市川さんはここでピグミー（スア）の人たちに動物の図鑑を見せ、それぞれの動物がどのように呼ばれているのか、さらに、頬、目、口、指などの体の部分名がどのように呼ばれているのかなどを聞き取り、メモをとっていた。市川さんはかつて、旧ザイールのイトゥリの森でムブティ・ピグミーの調査をされていたので、図鑑の動物を指すとき、「＊＊＊ですか？」と、ザイールのピグミーたちが呼んでいた名称を言うのだが、彼らは大騒ぎになる。見知らぬ東洋人が、自分たちの言葉を知っているからである。後で市川さんに聞いたところ、旧ザイールのイトゥリの森とここでは、その簡単な聞き取りの範囲では、六〇パーセント近くが同じ言葉ではないかということであった。ザイールからウガンダに続く熱帯雨林には境界はない。当然、その森に住むピグミーにも国境などないのである。

ウガンダと旧ザイール国境は緊張状態

フォートポータルを出発したわれわれの車は、相変わらず赤茶けた粘土質の土壌の上をひたすら走っていた。車から、途中出くわす人たちに手を振ると、必ずといっていいほど笑顔で手を振り返してくれる。アフリカの人は人なつっこい。その日の新聞には、カセセに水が湧いている場所があり、そこに約二〇〇人のゲリラが潜んでいたが、軍がそこを襲撃して戦闘になり、ゲリラ五二人、軍の兵士二人が殺されたことが掲載されていた。カセセとは、われわれの車が一昨日通過したばかりの町である（図4-2）。さらなる緊張感が走る。とにかく、ルウェンゾリ山地周辺はあぶない。ゲリラがいたるところに潜んでいる。当分、ルウェンゾリ山地は登れないだろう。

写真5-7　ソーセージツリー　ソーセージに似た実が風になびく

　お昼にホイマに着いた。小さな町には似つかわしくないりっぱなホテルで昼食をとった。タオルで顔を拭くと、赤茶色い染料がタオルにべっとり付いたようになった。昼食をとりながら、私は、カンパラに戻るときには、カルマを通るように市川さんに提案した。昼食を終えたわれわれは、マーチソン・フォール国立公園に向かった。国立公園のゲートにたどり着くと、そこの係官に、昨日カルマでオケロ政権時の残党のゲリラによって車が焼き討ちされ、六人が殺されたことを知った。何か、われわれの車がゲリラの追手をかいくぐっているような気がしてきた。

　身の危険を感じながら、車はアルバート湖を眼下に一望できる高台にさしかかった。まるで海のようである。スワヒリ語では、湖はジワ（ziwa）、海はバハリ（bahari）という。アルバート湖の湖岸まで来ると、ものすごく暑い。湖岸沿いの熱風の舞う草原を、オーバーヒートぎみに疾走する車の窓から、風に揺れるソーセージツリーが次々と目に入る（写真5-7）。その名のごとく、木からまるでソーセージがぶら下がっているようである。ソーセージのような実が湖岸の草原にぶらぶらと風に揺られているのである。しかし、何かその姿はもの悲しくも感じられた。

あまりの静寂がその草原に漂っていたからである。「静寂」、その響きは何からきているのであろうか。車が草原を走るにつれて、そのわけがわかってきた。「そうだ。動物がほとんど見られないからだ」。これまで、このようなサバンナの草原には必ず動物の姿があった。しかし、ここにはその姿がない。運転手にそのわけを尋ねると、こう答えが返ってきた。「アミン、オボテ、オケロ、ムセベニと政権が変わるたびに、新たに前政権の人間がゲリラと化し、その食料として、このマーチソン・フォール国立公園の動物たちが捕獲されてきた。それで、今では動物があまりいなくなってしまった」。人間の権力争いが、ここの動物を死滅させてしまったのだ。なんとも悲しい国立公園である。

世界最長の川、ナイル川の源流

夕方四時頃、パラア付近のサンビエ・リバー・ロッジに着いた。ここは、われわれが車を借りているアフリ・サファリ・ツアーの経営なので、ツイン一四〇ドルのところ、一〇〇ドルにしてもらった。泊まっているのはわれわれ三人とアメリカ人三人だけであ

写真5-8　マーチソン滝　ここからナイル川は延々と流れ、砂漠を横断して地中海に達する

った。シャワーを浴び、五時にマーチソン滝（マーチソンフォール）に出かけた。車で三〇分くらいのところである。白ナイル川の源流はヴィクトリア湖であるが、そこから出るヴィクトリア・ナイル川がアルバート湖にそそぎ込むところに、このマーチソン滝がある（図4-3下）（写真5-8）。この滝は私がそのときまでに見た滝のなかで、最も壮大で、すばらしいものであった。

　川の水はこの先、アルバート湖を経て、白ナイル川になる（図1-6）。白ナイルはスーダンのハルツームで、エチオピアのタナ湖を源流とする青ナイルと合流して、六六五〇キロメートル、世界最長のナイル川となる。源流部が熱帯雨林地域のナイル川も、その途中、広大な砂漠地帯を横断する。しかしながら、その乾燥地域を横断するにもかかわらず、ナイル川は途中枯れることなく外来河川として地中海まで到達しているのだ。それには、源流部での降水量の多さが大きくかかわっている。だからこそ、世界最長の川となり得たのであろう。ナイル川の水源の八四パーセントはアビシニア高原（エチオピア高原）に降る雨といわれている。その雨は、高原の北部では黒ナイル（アトバラ川）、中部では青ナイル、南部ではソバト川を経て白ナイルに合流する。

ナイル川源流域まで来ると、バートンとスピークによるナイル川源流の探検物語を思い起こす。当時、ヨーロッパでは東アフリカ内陸に巨大なひとつの湖があり、それがナイル川の源であると考えられていた。王立地理学協会の支援のもと、一八五七年にザンジバルを出発した二人は、陸路カゼ（現在のタボラ）に到着した。そのとき、彼らは、その大きな湖が実は三つの大きな湖（タンガニーカ湖、ヴィクトリア湖、マラウィ湖）からなっていることを、在住のアラブ人から学ぶ。彼らは翌年にタンガニーカ湖畔のウジジに着いたものの、二人とも病に冒され、カゼまで戻る。

バートンが病に伏せている間　スピークはその北にある湖、すなわちヴィクトリア湖の南端まで旅行し、これがナイル川の源であろうという自信を持つ。イギリスに戻った後スピークは、グラントと組んで再びヴィクトリア湖にたどり着き、現在のジンジャでナイル川がヴィクトリア湖より流出しているのを確かめた。時に一八六二年七月二八日のことである。再びイギリスに戻ったスピークはナイル川の水源はヴィクトリア湖であると報告するが、この説には、前の同伴者バートンをはじめ強い異議が唱えられた。そして、これについてバートンとスピークの討論会が予定されたが、その前日スピークは自殺かと思われるような銃の暴発事故で亡くなってしまうのである。

滝のしぶき

マーチソン滝はゴウゴウと地中奥深くに吸い込まれるようだった。その響きにはあたかもアフリカの大地が共鳴するかのようであった。滝から立つ大きな水しぶきに、傾きかけた太陽の光が差し、七色の虹がかかった。「海外調査の旅。どこまで続くのだろう」。光にさらされた細かい水しぶきを浴びながら、私はふと思った。海外調査の旅。それは、私の人生の旅路なんだと。

第二部　ドイツに滞在する

イラスト：都留泰作

ドイツでの在外研究——一九九九年一〇月〜二〇〇〇年七月

ドイツ上陸

一五キログラムのザックを背負いながら、荷物受け取り場所までひたすら空港内を急ぐ。「ほんとうにこんなに遠いのかな」と不安に思いながら、初めてのフランクフルト空港のなかで自然と足が速くなる。やっとの思いでターンテーブルにたどり着き、スーツケースを受け取った。とにかく重い。自宅で計ったら三九キログラムもあった。一〇ヶ月という長い海外生活がスーツケースを重くした。文部省［現文部科学省］の在外研究でドイツに行かせてもらうことができたのだ。その岩のように重いスーツケースを引っ張り、駅に向かう。歩くたびに靴下が脱げていく。「あーあ。頭に来る」。家を出るとき、靴下のゴムがゆるんでいるのに気がついてはいたが、時間がなかったので、そのまま履いてきたのだ。何度もスーツケースから手を離し、靴下を引っ張り上げる。なんとも情けないドイツ上陸だ。

駅に着くと、プラットホームから電話するため、公衆電話に並ぶ。午後四時八分の列車に乗らなければならないのにもう時計は四時を指している。なんとか自分の番がきて、レーゲンスブルクの駅まで迎えに来てくれるDr.シュトランクにあわてて到着時刻を知らせた。テレホンカードは、事前にハイネ教授から日本まで郵送されてきていた。重い荷物を持ってテレホンカードを探すのは大変だけに、この小さな心遣いはありがたかった。

　金曜日のせいか、列車は超満員で立つ場所もないくらいだ。列車が込むのは発展途上国と日本だけかと思っていたが、そうでもないらしい。三時間半かけて、列車は夜のレーゲンスブルクに静かに滑り込む。私は、Dr.シュトランクの顔を知らない。受け入れ教授のハイネ先生はアフリカに調査旅行中で、二週間後にしか戻らない。それで、代わりに彼が迎えに来てくれることになっていたのだ。

ドナウ川河畔のレーゲンスブルクの焼きソーセージ屋。ヒストリッシュ・ヴルストキュッツ（かつて石橋の建設のための飯場だった）

　ホームに降り立つと、ヒゲ面の恰幅《かっぷく》のいい四〇過ぎと思われる男性が私のほうをじーっと見ている。近づくと、「プロフェッサー　ドクター　ミズノ？」と聞いてきた。どうやらこの人が地理学講師のDr.シュトランクらしい。彼に、「早く寝たいか、それともお腹が減っているか」と聞かれた。「アイ

ム ハングリー」と答えると、ビヤホールに連れていってくれた。古い木造のビヤホールは、飛び交う人の声とタバコの煙が入り混じり、いかにも金曜日の夜を感じさせる。初対面の教官なので緊張するかと思ったが、彼のおおらかな人柄のせいで、リラックスして話すことができた。ビールとソーセージで乾杯し、夜が深まった頃、車で町の郊外にあるゲストハウスに連れていってくれた。

部屋は三階にあった。このゲストハウスは、個人経営である。大学のゲストハウスがいっぱいであったため、一ヶ月だけここに住むことになったのだ。部屋に入ってみると、ビジネスホテルのツインの部屋くらいの部屋の広さで、ベッドが二つくっつけて並べてあり、それに机と小さなテーブル、隣にトイレとシャワーがあった。これで一ヶ月で五五〇マルク（約三万三〇〇〇円）である。この部屋から私のドイツ生活が始まったのだった。

レーゲンスブルクとは

レーゲンスブルクは、ドイツの南部、ミュンヘンの北一〇〇キロメートルに位置するドナウ川河畔の美しい古都だ（図6-1）。レーゲンスブルクは、かつてケルト族が支配し、一七六年のローマ軍の侵攻によって駐屯地カストラ・レギナとなり、七世紀には聖エメラムによってキリスト教化され、現在に至っている。神聖ローマ帝国時代には一六六三年から一八〇三年までの約一五〇年間、帝国議会が開かれる栄誉を担った都市である。そのため、あちこちにローマ時代の遺跡が見られ、その古い歴史をそのまま町並みに残し、町のなかを歩いていると思わず中世の世界に入り込んだ気がする。市街地を流れるドナウ川にはドイツ最古の石橋がかかり、ゲーテもかつてここを訪れて、橋の上からドナウを眺め感嘆したという（写真6-1）。

図6-1　レーゲンスブルクの位置図

写真6-1　レーゲンスブルクの旧市街地にそびえ立つ大聖堂とドナウ川（川にかかっている石橋は、ドイツ最古のもの）

レーゲンスブルク大聖堂

ドナウ川に架かるドイツ最古の石橋

町の中央には、一三世紀から建造が始まり一六世紀に完成したバイエルン地方の代表的なゴシック建築である大聖堂があり、その規模や歴史はケルンの大聖堂にも引けを取らない。ここのレーゲンスブルク少年合唱団はウイーン少年合唱団と並んで世界的に有名で、ドームシュパッツェン（大聖堂のすずめたち）と呼ばれ、創立は一〇世紀、日本縦断コンサートも行ったことがある実力派である。

Dr.シュトランクにミュンヘンを案内してもらったとき、彼は、何度も「中世の時代は、レーゲンスブルクがバイエルン州の都で、その頃はミュンヘンなんて小さな村だった。それが、今じゃあ……」と言っていた。翌日、助手のピーターにミュンヘンに行ったことを話したら、「ミュンヘンは中世の時代は小さな村だった。その頃はレーゲンスブルクがバイエルンの都だった」と同じことを言っていた。さしずめ、京都人が外国人に話すようなものだろう。「中世の時代は京都が都だった。その頃東京なんて荒れ地だった。それが今じゃあ……」

Dr.シュトランクの説明によれば、レーゲンスブルクはかつてヨーロッパの交通の十字路であって栄えたが、南北の交通路が西、つまりフランクフルトあたりに移ったため、寂れてきたそうだ。そういえば　ドイツ最古の石橋から眺めたドナウ川はどこかさびしげであった。

ドイツの大学

レーゲンスブルク大学を初めて訪れたときの印象は、「北大みたいだな」であった。何のことはない。大学の前に北大のようなポプラ並木があったからだ。おそらく、ここは北海道のような気候環境なんだろう。それに、北海道のように、どこまでも平原が続き、景色をさえぎる高い山がない。延々と続くジャガイモ畑も北海道を連想させる。この大学は一九六七年にできたばかりのまだ新しい大学である。先日やってきた金沢大学の学生は、「金沢大学みたいですね」と言っていた。コンクリートの打ちっ放しの外観が、郊外に移転してまだ新しい金沢大学を連想させるという。学生数が約一万五〇〇〇人という大きな大学である。ドイツの大学は数が少ないが、どこも規模はでかい。例えば、バイエルン州最大のミュンヘン大学などは五万人いるし、ケルン大学やベルリンのフンボルト大学などもそれに劣らぬ大きな大学のようだ。しかし、レーゲンスブルク大学の蔵書数はドイツ有数だという。

レーゲンスブルク大学が新しいのにはわけがある。旧西ドイツには一九六〇年代までに全国に一九の大学しかなかったからである。しかし、その後大学の大衆化がはかられ、既存の学校を統合したりして、七〇年代には二〇〇校近くまで急増した。しかし、日本の大学の数の多さからすれば、ドイツの大学はまだ少ない。ドイツの大学は日本の大学のように、とりあえず入っておこうというものでもないようだ。ドイツでは大学に入るために必要不可欠な、高校卒業というのが大変難しい。また、ドイツは職業学校が充実していて、大学に行くより技術を身につけたほうがいいと考える若者も多い。そして、ドイツの大学は日本と違ってレベルを平均化したため、有名大学というのはあまりない。学生はそれぞれの大学の学問的特色に惹かれて入学する。そのため、ドイツにはエリートというものが生まれにくい。これには、いい点と悪い点があるようだ。エリートがいない民主的な社会である反面、学問の進歩を鈍らせているという。

ドイツでは、地理学科の多くは哲学部（日本でいう文学部）に属し、自然科学部に属する大学もある。このあたりも、日本の地理学科の多くが文学部に属し、理学部に属する大学もあるのと同じである。大学に入学して地理学を専攻した学生は、Student im

Grundstudium（基礎課程）になって自然地理か人文地理かを選択することになる。

ドイツの大学生

ドイツの大学生はとても恵まれている。まず、授業料がタダなのである。さらに、大学の学生食堂の料金は学生には補助が出ているため、職持ちの人に比べ三割くらい安くなっているという。ドイツの学生食堂は、カード方式である。食堂前の機械でそのカードを感知させ、その機械にお金を入れれば、入れた金額分そのカードが使える。そのカードは、大学関係者でなければ手に入れられないので、部外者は学生食堂で食事ができない。そのため「地球の歩き方」の類のガイドブックには、「ドイツでは安い大学の学生食堂で食事をするのが最近はできなくなって残念」というような記述が目につく。学生はSカードを持っていて、職持ちの人はBカードを使い、レジでそのカードを機械に感知させると、同じ料理でも、カードから差し引かれる金額は、Sカードのほうが三割くらい安くなる。なんともよくできたカードである。

カフェテリア方式で、肉や魚などのメインディッシュを一皿取り、それにポテトやパスタ、ご飯などの小鉢に、サラダの小鉢、スープとジュースを取って、私の場合は約五〇〇円となる。学生だと三五〇円になるから、学生は二〇〇〜三〇〇円もあれば十分食事ができるということになる。ジュースのコーナーにはビールも置いてあり、昼間から

レーゲンスブルク大学のキャンパス

ビールを飲んでいる学生の姿をよく見る。もっとも学生食堂にビールが置いてあるのは、バイエルン州だけのようだが。

　また、レーゲンスブルクに来てバスを利用する学生の多さに驚かされたが、それにはわけがあった。なんでも、学生の環境保護団体が自動車通学を減らすためバス会社と交渉した結果、学生はレーゲンスブルクのすべてのバス路線とレーゲンスブルク近郊の鉄道に半年間乗り放題で、なんと六〇マルクになったそうだ。六〇マルクといえば、わずか三五〇〇円である。一般の人は、限られたバス路線だけでも一ヶ月六〇マルクするというのに。それで、バス通学者が急増し、バス会社も採算が合うというわけである。

　朝八時台のバスは大学生でいっぱいである。日本の大学では考えられない。ドイツ人が早起きだということもあるが、朝早くからの授業もいっぱいあるし、大学で勉強するための机の確保ということも影響しているらしい。私の勤務する京大では、朝の一限（八時四五分から）の授業は非常に少ない。日本の学生も教員も朝には弱いので、一限の授業は少ないのだ。授業料はタダで、食事も補助を受け、バスは安く乗れるドイツの大学生。そんな大学生を快く思っていない市民がいることも事実ではあるが……。

地理学科エクスカーション

ある日、ハイネ先生が私の部屋にやってきて、「学生のエクスカーションが今週の金・土曜日にあるけど、参加してみてはどうですか?」と知らせてくれた。なんでも、助手のバーツが Student im Grundstudium（基礎課程）の学生を率いて、大型バスで移動しながらレーゲンスブルク郊外の自然環境（地形・地質・土壌・植生など）を見て回るものだそうだ。ドイツ語のできない私は、このエクスカーションにさほど期待をするわけでもなく、金曜日だけ参加して、土曜日に自宅で寝ているつもりだった。

写真6-2　バスで移動しながらレーゲンスブルク郊外の自然観察をする地理学実習（エクスカーション）

大学に朝八時集合。「なんと早い集合時間だ」と思いながら大学まで急ぐと、学生たちはすでに集まっていた。総勢約三〇人。Student im Grundstudium なので、通常、大学に入学してから二〜三年以下の人たちである。彼らのうち、顔見知りの子もいるが、ほとんどは、初めて見る顔ぶれである。彼らも、私を「いったい、こいつは何者なんだ」と思っていただろう（写真6-2）。

バスは、天から落ちてきそうな重たい雲の下、ブーブー言わせながら田園地帯を快走した。しばらく行くと、早くも最初の見学地帯である。二年生（こういった区分はドイツにはないが、わかりやすく言うとこうなる）が自分たちで作ったパネルを用意して、それで一年生に地形と地質の説明をする。当然説明はドイツ語なので、私にとってはちんぷんかんぷんであるが、パネルの図でなんとなくなんのことを説明しているのかがわかる。近くにいた二年生の女子学生になんのことを言っているのかを英語で尋ねると、彼女は一生懸命説明してくれた。彼女は、かなり英語ができるので、しゃべるのが早く、私の貧弱なヒヤリングでは半分くらいしか理解できないが、それでもたいそう助かった。彼女以外にも、そのつどまわりにいた学生に英語で尋ねていたが、私がしゃべりかけるとドキッとして体を硬直させるのは、たいてい男子学生である。どこの国も語学は女子のほうが得意なようだ。結局、いつも同じ女子学生に説明してもらうことになった。彼女の名前はリヒャルドリキ。リキという愛称のかわいい女性である。

バスの外はものすごく寒い。説明する二年生の話を、みんなは足踏みをしながら聞いていた。バスで次々と観察地点に行き、バスが止まると、「あー、また、寒い外に降りなきゃいけないのか」と思うのだが、パネルを使った屋外での説明を聞くうち、つい夢中になって寒さを忘れる。とにかく、おもしろいのである。今まで日本のエクスカーションでこんなに夢中にさせるものがあっただろうか。七〇万年前以降の一七層に及ぶレス（氷河性堆積物や融氷河流堆積物が風で飛ばされて再堆積した細粒な土壌）の堆積を観察したり、石灰岩地域に形成された窪地、すなわちカルスト地形のドリーネ（石灰岩の溶食によってできた凹地）を見たり（写真6-3）、透水層と不透水層の分布から地下水の流れを検討したり、沖積平野の河川の蛇行や旧河道、後背湿地を遠望したり……。

写真6-3　カルスト地形のドリーネを観察する

過去、ドナウ川の水準が上がったときに形成された洞窟もあった。斜面下方に形成された洞窟は一九世紀にビールの保管場所して利用され、斜面上方の洞窟はそのときビヤホールとして利用された。上の洞窟と下の洞窟は垂直に掘られた小さな穴でつながっており、下の洞窟から井戸のようにビールを紐で上に引っ張り上げるような構造になっている。暗く静寂の漂う洞窟のなかで、しばし一九世紀のビヤホールを夢見た。どんなようすでグラスを傾けていたのだろうか？

リキが私に説明しているとき、隣の学生に「ドリー

レーゲンスブルク郊外の高台にある８～９世紀の古城跡と眼下のドナウ川

ネって、英語でなんて言えばいいのだろう?」と小声で尋ねているのが私の耳に入ったので、「あー。それなら、日本語でもドリーネだよ」と言うと、みんなが驚いていた。ついでに、「カールもヤッケもリュックサックもヒュッテも日本語として使っているよ」と言ってやると学生たちは驚きの声をあげていた。余談ながら、ハイネ先生のお宅に招かれたとき、同じような話をしていて、「日本のたいていの大学にはワンダーフォーゲル・クラブがあり、私もそれに入っていました」と話したところ、ひどく驚いていた。「ワンダーフォーゲル！ そんなの私の親父の世代のものだよ。それが、日本にあるの?」

この後、院生たちともワンダーフォーゲルの話をしたが、ドイツの若者にとって、それは「古語」のようなものらしい（昔の言葉として知っている）。さしずめ、ドイツの大学に、歯を黒く塗るサークル「オハグロ・クラブ」があるようなものだ。彼らのびっくりするのもわかる気がする。

レーゲンスブルクは自然環境のエクスカーションにはもってこいの場所である。朝八時に始まったエクスカーションは、あたりが薄暗くなってもまだ続いた。大学に戻ったときには六時近くになっていた。しかし、長いという感覚はまったくなかった。それほどにおもしろかったのである。各地点で担当の二年生が自作のパネルで説明するのを一年生は必死でメモを取っている。なぜなら彼らは翌年また新入生に説明しなければならないからだ。七月には、今回のエクスカーションに備えて、二年生の予行演習まで行われたようだ。彼らの説明は完璧だ。助手の教員がところどころ補足するが、それもごくわずかである。こういう姿を見ていると、日本の大学生との差を感じずにはいられない。

バスは真っ暗になった大学に戻った。バスを降りるとき、リキが私に、「明日も参加されますか?」と聞いた。私が、「ええ、もちろん」と答えると、彼女は「今日は単語が思い出せないところがいっぱいあったので、明日は辞書を持ってきます」と笑顔でバスを降りた。二年生は、自分の担当の日だけ参加し、リキは金曜日が担当であったのだが、彼女は翌日もまた来てくれたのは言うまでもない。なんと楽しいエクスカーション!

単純なドイツ料理と多彩な日本料理

ドイツにいると、つくづく日本の食事は多彩だと思う。レストランに行って食事しても、そんなにおいしいと思うものに出合わないし、似たような料理が多いからだ。最初おいしいと思っていたソーセージも食べ飽きて、結局毎日、自分で日本食を作ることになった。レーゲンスブルクには日本や韓国・中国などのアジアの食料を売る店があるので、材料であまり困るということはない。

最初一ヶ月住んだゲストハウスはキッチンが共同で、ある日、魚のカレイの煮付けと豆腐の冷や奴とインスタントラーメンを作っていたら、住民のひとりから、「それは、全部きみひとりで食べるのかい?」と聞かれた。「日本人は、朝と昼はそれほど食べないけど、夕食はいっぱい食べるんだ」と答えたら、「そのわりには、日本人は太っていないね」と訝《いぶか》しげな顔をした。「日本人は、油脂類をあまりとらないから」と納得させたが、ドイツ人やロシア人の巨体を見ると、ほんとに油脂類だけが原因なんだろうかと思いたくなる。その頃レーゲンスブルクを訪れた、かつての教え子の渋谷くんにその話をしたところ、「ベルグマンの法則なんじゃない?」と笑っていたが、人間にもあてはまるのだろうか?

ちなみに、ベルグマンの法則というのは、寒い地方に住む動物のほうが、温帯に住む動物よりも体が大きくなるという法則である。体が大きくなると、体積に対し体の表面積の割合が小さくなるので、それだけ体からの熱が奪われる率が少なくなるというものだ。本州のツキノワグマより、北海道のヒグマや北極の白熊のほうが大きい、というのが典型的な例である。

私が料理を作っていると、他の人が換気扇をつけたり、「きみが料理するときは、外のドアを開けて換気してくれ」と言われたりした。そんなに日本食は臭うのだろうか？まあ、それだけ、日本食はいろいろ味付けに個性があるということだろう。さすがに、焼魚はここではできない。

食事を作った後は、ダイニングルームで食べるのだが、困ったのは麵類を作ったときである。ざるそばやラーメンを作ったとき、ほんとうは、ずるずると音をさせて食べたい。音をさせないざるそばがこんなにまずいものだということを、ここであらためて知った。さらに困ったのは、キッチンにラーメンを入れる器がないということだ。ここでは、食器はすべて備え付けの共同のものを使う。しかし、あるのは、平べったい皿とコップだけである。しようがないから、最初は人目を気にしながら鍋のまま食べた。結局、デパートの食器売場でも探してみたが、底の深い適当な皿が見つからなかった。アジアの食料を売る店で、ラーメンどんぶりを一個一五〇〇円くらいで買い求めた。その時、みそ汁のお椀も買った。

ここでは使い終わった食器はすべて食器洗い機のなかに入れるだけでいい。しかし、入れるところは、皿を縦に差し込むところとコップを立てるところしかない。なんとも単純である。食器を入れているうちに、日本で食器洗い機がヨーロッパほど普及しない原因がわかったような気がした。日本のような多彩な料理は、盛り付ける器も当然多種多様で、そんな複雑な食器を洗えるような「おりこうさんの」食器洗い機がなかなかできないし、あっても、洗い方が不十分なのだろう。

このような器の違いがどこから来ているのか考えた。日本にはうどんやラーメンなどスープがたっぷり入った麺類がある。ところがヨーロッパでスープと言えば、浅い皿やカップに入ったもので、量は少ない。麺類もパスタでスープがあっても少量だ。つまり水を使用する量が異なる。また水の使用量は料理だけでなく、他の面でも異なる。たとえば一戸建ての家やマンション、アパート、ホテルなど、日本でお風呂と言えばほとんど湯船があるが、ヨーロッパではシャワーだけのところも少なくない。お風呂でも水を使用する量が異なる。それに水をたくさん使用するウオッシュレット（シャワートイレ）はヨーロッパでは日本ほど普及していない。

この違いには降水量の影響が大きい。東京の年間降水量（一九八一〜二〇一〇年の平均値）は一五二九ミリに対して、ロンドンは六四〇ミリ、パリは六五三ミリ、ベルリンは五七八ミリで、東京の半分以下である。この日本の降水量の豊かさがうどんやラーメンが日本の重要な食文化となっていることに大きく影響しているだろう。

ちなみにヨーロッパ人に日本食で好きな食べ物はと聞くと、お寿司かうどんかラーメンという答えが多く返ってくる。私が在外研究でお世話になったハイネ教授夫妻を日本に半年間招き、帰国後夫人に好きな日本食を聞いたところ、「うどん」だった。

リサイクルの国ドイツ

ドイツは、ご存じのとおり、ゴミのリサイクルに対して大変熱心な国である。基本的に、紙、プラスチック、金属、ガラス、その他（生ゴミなど）の五種類に分別される。その他以外はリサイクルされる。そのため、ときどき感動することがある。例えば、先日、日本にもあるクリネックスの箱入りティッシュを買ったときである。日本のクリネックスティッシュの箱の、ティッシュの取り出し口はビニールのガードが付いている。ところが、ドイツのクリネックス人は見かけは日本で売られているものとそっくりだが、その取り出し口のガードが薄い紙でできているのだ。私は、それを見たとき感動してしまった。たしかに、リサイクルを考えれば、箱ごと全部紙でできていたほうがいいわけだ。

そもそもドイツのスーパーには、あまり箱入りティッシュを置いていない。まったく置いていないか、置いてあっても量が少ない。それも一個一個のばら売りである。明らかに、買う人の数が少ないと感じられる。そういえば、ケニア山にかつての教え子の大内くんを調査助手として連れていったとき、風邪を引いていた彼が頻繁にティッシュで鼻をかんでいたら、近くにいた西欧人に「鼻をかむならタオルでやれ。紙の無駄遣いだ」と注意された。日本人なら他人にそんな注意はしないだろう。

写真6-4　大学内のカフェテリアの近くに設置してある学生たちのカップ置き場（1999年撮影）　カフェテリアでは、プラスチックのカップで1.4マルクのコーヒーが自分のカップを持参すれば、1.1マルクになる。ドイツでは、プラスチック容器は極力避けられる

最初に住んだゲストハウスはキッチンが共同であったが、それがかえって私には勉強になってよかった。ゲストハウスの各階の廊下に紙用のゴミ箱が置いてあり、ゲストハウスの玄関には黄色と緑のビニール袋が置いてあって、緑がビール缶などの金属、黄色がプラスチック用ゴミ袋であった。私が、ジュースの紙パックをプラスチック用のゴミ袋に捨てようとしたら、それを見ていた管理人のおばさんが、「そこは違うわよ」と注意してくれた。紙パックだから紙用のゴミ箱かなと思ったら、意外にも、それは金属用のゴミ袋に入れるのであった。おばさんは、紙カップを解体し、私の前に差し出して、諭すように言った。「ほらね、なかに薄いアルミ箔が張ってあるでしょう。だから、金属なの」。これには驚いた。誰かに教えてもらわなかったら、絶対金属用のゴミ袋には捨てていなかっただろう。

もっと驚いたのは、コーヒーの自動販売機である。購買部のコーヒーは、コップを持参すれば、一・一マルク（約六〇円）、備え付けのプラスチックのコップを使用すれば一・四マルクと二割以上も違う。購買部の前には棚があって、そこに学生たちの各自のコップが置いてある。おもしろいのは、他人に持っていかれないように、みんな自転車用のチェーンロックでカップの取っ手と棚をくくりつけているのだ（写真6-4）。

私が驚いたのは、購買部のコーヒーではなくて自動販売機のほうである。自動販売機は日本のもののように、お金を入れて、好みのボタンを押せば、下に紙コップが出てきて、そこにコーヒーが注がれる。私も最初は当然そうしていた。ところが、ある日、コーヒーが注がれるところに自分のカップを置いている人がいた。ドイツ語がわからないと、こういうときに困る。辞書片手に、自動販売機に一〇個くらいあるボタンのひとつひとつを読んでいったら、そのひとつのボタンが、「紙コップなし」（マイナス〇・三マルク）と書かれてあったのだ。自動販売機ですらこの調子である。

スーパーに行っても驚く。私はかなりの酒好きなので、ドイツのビールとワインの安さは、私の飲酒量を飛躍的に増やした。何せ、ビールの小瓶が一・一マルク（約六〇円）、ワインとなればボトル一本三〜四マルク（約二〇〇円）で十分いいものが買えるのだ。もっとも、一〇マルク以上するものもたくさんあるが。

ここで、不思議な現象にぶつかった。ビールの王国ドイツ、そのまたビールで有名なバイエルン州。なぜか、棚に並ぶビールが少ない。「なぜだろう」と疑問に思っていた

写真6-5　町のあちこちで見られるワインなどの大きな瓶の回収箱（1999年撮影）　瓶の色が白か緑か茶色かで分別回収される。これも、リサイクルしやすくするため

が、二ヶ月近くわからなかった。しかし、あるとき、その不思議さは解明された。私は日本ではたいていコンビニで缶ビールを買って飲んでいたので、目が自然と缶ビールの棚にしかいっていなかったのだ。瓶ビールが置いてある別の棚にはおびただしい種類のビールが並んでいた。ドイツ人は瓶ビールを飲むのが当たり前で、缶ビールは旅行などに持っていく際に買うものらしい。ちなみに、その店で売られている缶ビールの種類を数えたら全部で九種類。一方、瓶ビールは五二種類あった。いかにドイツの人が缶ビールを飲まないかがわかるであろう。

それでは、これらの瓶はどうなるかということだが、私がいつも買う食料品店には、瓶回収機があり、そこに瓶を投入すると、一本あたり、〇・一五マルク（約一〇円）が還元される。先日は三四本投入して最後に機械のボタンを押して、五・一マルクの還元レシートを受け取った。それを買い物の際にレジで出すと、その分だけ料金を引いてくれるわけだ。なんとも簡単なシステム。これからは、日本でも各店に瓶回収機を設置することを義務づければ（飲料水の自動販売機のようにリースで行えば問題ないのでは）、日本でも瓶ビールが主体になっていくのではないだろうか［二〇一二年に再度レーゲンスブルクに住んだ際は、ビール瓶は一本約一〇円、ペットボトルは大きなサイズで約三〇〜四〇円が還元された］。

ちなみに、この回収機はけっこうおもしろいから、子供は喜んで瓶を持っていくだろう。ビール瓶のほかにも、清涼飲料水の瓶やプラスチック容器も回収される（ただし、ワインのような大きな瓶はダメ）。ワインのボトルは、町のあちこちに設置された回収箱に入れる（写真6-5）。それも、ボトルの色、すなわち緑・白・茶色で投入口が分かれていて、三つの色に区別されて回収される。

日本では、肉や魚などは発泡スチロールのような白い容器（トレー）の上に載せて売られている。ドイツでは、あの容器を見ることはほとんどない。おそらくレーゲンスブルクでは、テイクアウトの中華料理屋が弁当の容器として使っているだけだ。ドイツでは、肉の受け皿や卵の容器はすべて紙製でリサイクルされる。

私にとって、ビールも瓶が当たり前になってきた今日この頃である。先日ミュンヘン駅で三ヶ月ぶりに缶ビールを買って飲んだら、缶の臭いが鼻についた。こんなものを今まで飲んでいたのかと思ったら、自分があらためて恥ずかしくなった。

夏のまだ日が落ちる前、ミュンヘンの路上で演奏している大道芸人たち

サマータイム

今年（一九九九年）は、サマータイムの始まりが三月二六日だった。毎年、サマータイムと通常時間の変わる日は、三月と一〇月の最後の週末である。三月の最終日曜日の午前二時に針を一時間進めて三時にする。電化製品などに組み込まれている時計は自動的にサマータイムが切り替わるようにあらかじめセットされているので、実際に針を動かすのは腕時計や目覚まし時計である。三月の下旬ともなるとずいぶん日が長くなり、それに加えサマータイムが始まると、帰宅する六時頃にはまだかなり明るく、なぜか気分がいい。

このサマータイム、世界で最初に採用されたのは、第一次世界大戦中のドイツだった。一九一六年に採用され、四月三〇日午後一一時に時計の針を一時間進め、一〇月一日午前一時に元に戻した。オーストリア、オランダ、デンマークもこれに続き、今では世界約七〇ヶ国でサマータイムが採用されているという。このサマータイムのそもそもの主旨は、一九〇八年にイギリスのウィリアム・ウィレットが考えついたことであるが、時刻を早めればそれだけ早く仕事にとりかかり、そのため早く起き、早く寝ることになり、灯火の節約になるという経済的理由と、新鮮な空気を吸って日光を長時間浴びるので健康増進にもなるということだった。それで彼は、この日光利用法案を議会に提出したが、結果的に議会で三回も否決され、そのうち、第一次世界大戦中のドイツが突然経済上の理由から始めたというわけである。

私はこのサマータイムを経験し、これはぜったいにいいと感じた。経済上の理由はどうであれ、精神衛生上好ましいのではないかと思う。日本でも一九四八年から四年間実施されたようだが、日本の風土には適さないという理由で廃止された。しかし、時代も違って環境や文化も大きく異なった今、もう一度やってみる価値はある。

住所と地図

ドイツと日本を比べると、二ヵ国間の「住所と地図」には大きな差を感じる。良さはそれぞれにあるが（日本の場合、町名の歴史や由来など）、便利なのはだんぜんドイツである。例えば日本では、まだ一度も行ったことのない友人宅を訪ねるとき、友人の住所と地図だけを頼りに簡単に訪ねることができるだろうか？　まず、苦労するのは目に見えている。そもそも日本では、行ったことのない友人宅を訪ねるとき、友人の住所と地図だけを頼りに訪ねることは少ない［最近ではスマホのアプリで容易にたどり着けるようになってきた」。たいてい、事前に友人などから交通手段を聞いたり、FAXで道順を示した手書きの地図を送ってもらう。これが、ドイツなら簡単に住所と地図だけでたどり着けるのだ。行かれない人は、ヨーロッパの住所のしくみを知らないか、地図の見方がわかっていない人だろう。

ヨーロッパの多くは、住所が「通り名」になっている。すなわち、たいてい「＊＊＊通り、＊＊番地」のようにだ。例えば、私のレーゲンスブルクの住まいは、Hinter der Grieb 8, Regensburg なので、Hinter der Grieb という通り名を Regensburg の地図で見つけたら、その通り沿いに番地を見ていけばいいわけだ。つまり、どこかに行きたい場合、まず最初に住所を調べ、その後、市内地図に付いている通り名の索引から、必要な通り名を探す。通り名はアルファベット順に載っているから、すぐに見つけることができる。そして地図の索引で、その通り名に「E5」という記号が付いていたら、市内地図の横にA、B、C、……、縦に1、2、3、……と見ていって、交差したブロック「E5」から、必要な通り名を探せばいい。通りに沿って番地の数字が増えていくので、必要な番地まで通り沿いに歩いていくだけだ。ミュンヘンの市内地図だと、地図上の各通りにおよその番地まで記されているので、さらに見つけるのが容易である。

そのうえ、地図には地下鉄や路面電車、バスなどの路線、およびそれらの路線番号が記入されている。自分の行きたいところの近くを通っているバス路線を地図で見つけ、さらに、バス停の位置も載っているので、どこでバスを降りればいいかもわかる。ただし、地図にはバス停の名前までは載っていないが、ここがドイツのよくできたところで、たいていのバス停名は、そのバス路線がその付近で交差した通り名を付けている。そこが広場だったりすると、まずその広場名（たとえば、ハイド・プラッツ）が付けられているわけだ。したがって、地図を見て、どこから何番線のバスに乗り、どこで降りればいいかもわかるわけだ。ドイツの多くのバスは、車内の電光掲示板に次のバス停名が表示されるので、ドイツ語がよく聞き取れなくても安心だ。それに、逆方向でない限り、バスを乗り換えても、日本のようにそのつど新たなキップを買う必要がないのはありがたい。バスを降りたら、通り沿いに通り名が表示されているし、各建物にも番地の数字の掲示があるので、いたって簡単にたどり着ける。

レーゲンスブルク郊外の町並み

私が京都でいつも使っている市内地図にもバス路線が記されているが、バスの路線番号までは載っていない。したがって、何番のバスに乗ればいいかがわからず、役に立たない。バスに乗れても、どこのバス停で降りればいいかがわからないし、必要なバス停で降りたとしてもどっちに行っていいかがわからない。番地も各家庭の表札をのぞき込まないと知ることができないし、番地がわかっても、どちらの方向に行けば番地の数字が増えていくのかもわからない。日本ではとにかく大変である。

以前、カメラの修理のため、ミュンヘンまでそのカメラサービスステーションを訪ねたことがあるが、住所だけを頼りにしても、ほんとうに簡単に行けた。そのとき、つくづく日本の住所のわかりにくさと地図の不便さを感じたのである。京都に来たばかりの頃、「ぽんと町」というのは前から聞き知っていたが、それがどこにあるのか京都の市内地図を見てもわからなかった。まさか、「先斗町」と書くなんて思いもよらなかったからだ。

ドイツのおもしろい習慣

私はドイツで何人もの日本人留学生と知り合い、ドイツの習慣について話し合う機会があったが、ドイツの学生寮や Wohn Gemeinschaft に住む彼らは、いろいろとドイツ人の生活のおもしろさ、奇妙さにいろいろ気づくことになる。例えば、冷たい料理（カルテスエッセン kaltes Essen）がある。ドイツでは伝統的に温かい料理（ヴァルメスエッセン warmes Essen）は昼食だけだ。つまり、朝、夕は冷たい料理なのだ。日本人が期待しそうな夕食は、パンにハムとチーズをはさんだものだけ、それも二つくらいで済ます学生が多いという。これは、学生に限ったものではない。伝統的にドイツは料理に火を使うのは昼だけなので、昼食時には家に帰る人が多かった。近年は勤めている人が昼になかなか家に帰れないこともあって、彼らは夕食に温かい料理を食べるようになってきた。勤めていない、例えば退職者などは冷たい夕食をとる場合が少なくない。Wohn Gemeinschaft に住む日本人女子学生は、夕食に火を使って料理していると、同居しているドイツ人男子学生が「火を使うなー」とうるさく注意してくるとこぼしていた。

それから、日本人女子学生たちが共通して声を大にして言うことは、「ドイツでは、女性があまり知らない男性に笑顔を振りまくと、自分に好意を持っていると勘違いされる」ということだった。彼女たちは、日本でするように笑顔を振りまいたばかりに、いろんな人から誘われたという。これについてドイツ人男性に聞いてみたところ、「ドイツでは、女性があまり知らない男性に笑顔を振りまけば、まず、ほとんどの男性は〝彼女が自分に好意を持っている〟と思う」という返答だった。どうやら、ドイツでは女性が笑顔を振りまくのは、友人同士の間や儀礼上笑顔を振りまく場合に限られるようだ。ただし、その逆はあまり問題がないようだが。これは、私のような男性にはとうてい経験できないことだから、彼女たちに聞いて初めて知ったことである。

女性しかわからないことはまだいっぱいあった。例えば、日本の女性はトイレで水を流しながら用を足す人が多いが、ドイツはもとより多くのヨーロッパ人は、そんなことはほとんどしないようだ。また、ドイツ人は若い女性であろうと洟《はな》をかむときに思いっきり音を立ててかむ。これには、日本人は誰でも初めはびっくりする。私は、大学院にいたときに同じ研究室にフランス人女性の留学生がいたが、ゼミの最中ものすごい音を立てて洟をかむのには、少々驚かされた。ドイツでは、あの音で先生の声が聞こえないことが少なくないという。ドイツ人に言わせると、鼻をぐすぐす言わせていることこそ恥ずかしいことらしく、それならいっそのこと思いっきりかんだほうがいいということらしい。

お母さん学生

大学の学生食堂で、よく小さな子供や赤ん坊を連れた女子学生を見かける。「お母さん学生」だ。ドイツの学生食堂には、日本では絶対見られない、小さな子供用の椅子が置いてあり、そこに子供を座らせて食事を与えている風景を、毎日のように見かける。「彼女たちが授業を受けている間、子供はどうするんだろう?」という疑問を抱いたので、親しいドイツ人学生のユルゲンに聞いてみると、なんでも、大学のキャンパス内に授業中に子供を預ける託児所があるようだ。ユルゲンに、「ドイツでは、お母さんになっても大学に通えるね」と言うと、彼はため息をつきながらこう語った。「でも、大変だと思いますよ。大学にいる間はいいですけど、家に帰ってからも予習・復習をしなくてはいけないので、子供が泣いたりしたら十分勉強できないでしょう。ストレスがずいぶんたまると思います」

たしかに、日本の多くの大学生は試験前しか勉強しないが、ドイツの大学生は毎日家で勉強する。ドイツの大学は、Referat（レフェラート）と呼ばれるレポート発表が多いので、家での勉強量は多い。そう考えると、学生食堂で見かけるお母さんを心から応援したい気持ちになった。彼女たちは、家族の援護なしではとてもやっていけないだろう。夫の役割も重要だ。しかしドイツでは、一九七〇年代にピルが導入されてから、ずいぶんとお母さん学生が減ったという。

大学生になる年齢が男女で違う

ユルゲンとの会話から、今までまったく知らなかったことに驚くことになった。話の発端は、「ドイツってビールがおいしいけど、あれって、高校生でも飲めるの？」と彼に聞いたことだった。「ドイツでは、ビールとワイン、タバコが一六歳以上で、ウイスキー、ウォッカ、コニャックなどの強いお酒が一八歳以上です。でも、日本の高校生にあたるのがドイツでは複雑なので」と彼は答えた。そこで、私は「大学には一九、二〇歳くらいで入るの？」と尋ねたところ、思わぬ答えがユルゲンの口から出たのだった。「男と女では違います」「えっ⁉」「ドイツでは、男は全員一年間軍隊なんかに行かなくてはいけないから」「軍隊⁉」

ユルゲンの説明によれば、男は一八歳から二五歳までの間に、一年間くらい Militär Dienst（一〇ヶ月）か Zivil Dienst（一二ヶ月）のどちらかで働く義務があるようだ（働く期間は年々縮小傾向にある）。つまり、軍隊か民間勤務だ。彼は語る。「たぶん、六〇パーセントくらいが軍隊、四〇パーセントくらいが民間勤務でしょうか。はっきりは知りません。どちらかを選んだら、あとは国から仕事が与えられます。もし与えられた仕事が気に入らなかったら一回だけ別の仕事に変えることができますが。民間勤務はいろいろあって、病院で働くとか、障害者や老人の介護をするとかさまざまです」。大学に進学する人は卒業が二六〜二七歳になるので、途中で学業を中断させないためにも、ほとんどが大学入学前にそれらの義務を果たすという。

私は、今までそのことについてまったく知らなかった。フランスにもドイツとほぼ同じ制度があったようだが、最近廃止されたという（廃止された代りに「国防準備召集日」と称される一日だけの「徴兵制」が設けられた）。ロシアは二年間軍隊に入らなくてはならない。スイスは年に何回か、週末に全国のすべての男が軍事訓練をするという。

当然、ドイツでも、若者の多くはこの制度をいやがっている。日本とドイツは、同じ戦争で同じようにずいぶんと痛手を被ったが、日本はひとつの国で存続でき、その後の近隣国の朝鮮やベトナム戦争の軍需景気で、かえって経済成長した。一方、ドイツはアメリカとソ連の狭間にあって二つに分割され、その後長い不幸な時代が続いた。Militär

Dienstは、その表れなんだろうか？　日本は平和なので、海外に出て初めてそういったことを考えさせられた［二〇一一年にドイツでも徴兵制が廃止された］。

歴史を重んじる気質

バンベルクはユネスコの世界遺産の指定を受けた中世のとても美しい水辺の古都だが、私が訪れたとき、ひとりの日本人にも会わなかった（写真6-6）。レーゲンスブルクもドナウ川河畔のとてもすばらしい古都で市街地が世界遺産になっているが、日本人観光客に会うことはまれだ。シュヴェービッシュ・ハルは木組みの家々が立ち並ぶ静かで美しい中世都市だが、日本人はほとんど来ない（写真6-7）。その理由は簡単だ。日本人観光客は「ロマンティック街道」と日本人に名付けられ、雑誌にそればかり紹介される区域のみに、「みんなが行くから行く」「雑誌に大々的に載っているから行く」という程度の判断で、猫も杓子《しゃくし》も訪れるのである。同じロマンティック街道にあるノイシュヴァンシュタイン城は、中世のお城をまねたたかだか百数十年前の、日本で言えば明治時代の新しいお城であって、歴史的価値が低いにもかかわらず、そんなことはまったく関せず、ロマンティック街道にあるりっぱなお城ということで、アメリカ人と日本人が殺到するようだ。なかでも、大型観光バスに乗って嵐のような勢いでロマンティック街道を駆けめぐる日本人観光客は、ドイツ人の目には奇異に映っている。

写真6-6　知られざるドイツの小ヴェネチアと呼ばれるバンベルク（1999年撮影）　1000年間の歴史と美術が息づく、ドイツ屈指の美しい古都だ。写真は、マイン川の支流レグニッツの川中に建てられた旧市庁舎

写真6-7　木組みの家々が中世の面影を伝えるシュヴェービッシュ・ハル（2000年撮影）　ドイツの先住民族ケルト人の時代から塩の産地として発達し、中世の貨幣ヘラー Haller は、ここハル Hall で製造された

ところで、ドイツには、コンビニエンスストアがまったくといっていいほどない。二四時間営業している店は唯一ガソリンスタンドの売店だけだ。したがって、夜中にお腹が減っても、近くに夜間営業しているガソリンスタンドがない限り、何かを買うことはできない。日本人からすれば、コンビニはとても便利で、どうしてドイツやフランスにはないのだろうと不思議に思うだろう。

日本やアメリカを走る乗用車のほとんどがオートマチック車であるが、ドイツをはじめヨーロッパでは多くがマニュアル車だ。以前、レンタカーを借りる際に、レーゲンスブルクで最も大きいレンタカー会社に行ったが、オートマチック車を借りることができず、ミュンヘンの大手レンタカー会社では「オートマチック車を借りたい」と言うと、「オートマチック車！」と驚き、「手持ちの車にはないので、手配して探してみる」と言って待たされた。ドイツは、便利さだけを追求するアメリカや日本とは根本的に異なるのだ。便利さ以上に、長い間培ってきた歴史的重みや伝統を大切にする。

日本では、最近とくに教会で結婚式をあげたがる若い女性が多いが、ドイツでは基本的に洗礼を受けたクリスチャンでない限り教会では結婚式があげられない。私が、「日本では三日間の講習会を受ければ教会で結婚式をあげられる」とドイツ人たちに話すと、「たった三日間でクリスチャンになっちゃうの?!」とそろって驚きの声をあげる。ドイツ人が驚くのも無理はない。

歴史的建造物の並ぶレーゲンスブルクの旧市街地（ユネスコの世界遺産）

クリスマスには一億二〇〇〇万の日本人がそろってキリスト教徒になって、イエス・キリストの誕生を祝い、わずか一週間後の正月

日が沈むレーゲンスブルクのドナウ川と石橋

にはみな神道にならって神社にお参りに行き、二月になれば、遠征する兵士の結婚を禁じたローマ皇帝クラウディウスに反対したバレンタイン（ヴァレンティヌス）司祭が処刑された二月一四日（二七〇年）に、日本全国の若い女性たちが恋をささやき、夏になれば、釈《しゃ》迦《か》の弟子の目連《もくれん》が、死んだ母が餓鬼道《がきどう》に落ち逆さに吊るされて苦しんでいるのを救うために、釈迦に教えを請うて供養した旧暦七月一五日に、みなこぞって盆踊りに興ずる。もっとも、そんな変わり身の早い、便利さを追求する日本人だから、高い工業技術を取得するに至ったのであろうが。

日本の川はどれも短いうえに勾配がきついため、勢いよく流れる。木曽川や天竜川に浮かぶ船は、急流のなか、あっという間に行ってしまう。ドイツを流れるライン川やドナウ川はゆったりと時間をかけて流れる。船が進むのもゆっくりだ。そういう流れの速い川とゆっくりな川を見続けてきた人々のなかを流れる時間も、長い歴史の間に大きく異なってきたんだろうか。夕日が沈むドナウ川を見ながら、ふと、そんなことを考えた。

ドイツと私

私はドイツで町を歩いていて、よく知らないドイツ人から話しかけられる。これにはちょっとびっくりする。なぜなら、私が日本にいて、知らない外国人に話しかけることはほとんどないし、別に私に限らず、日本にいて知らない外国人に話しかけることは、酔っぱらいでもない限りあまりないのではなかろうか。最初のうちは、知らないドイツ人に話しかけられると、「えっ、僕に話しかけているの？」とまわりを見渡すことが多かったが、最近はすぐに対応できるようになった。

話しかけてくるのは、圧倒的に中高年女性が多い。とくに、スーパーなどで買い物をしているときなどに、私に対してまったく外国人という意識がないかのように自然に話しかけてくるのだ。私がたびたび話しかけられる要因として、住んでいるところが、ドイツでも人なつっこい人が多いと言われるバイエルンだからということがあるかもしれない。

ドイツに来た当初から、知らないドイツ人に話しかけられることがたびたびあったが、ドイツ語がまったくわからなかったため、何を話しかけられているかがわからなかった。そのうち、最低限のドイツ語はわかるようになったので、だいたい彼女たちが何を言っているかがわかり、それに対しなんとか答えられるようになった。しかし、私が外国人だからといって、英語で話しかけてくる人は過去一度もいなかった。当然、私がドイツ語がわかると思って、ドイツ語で話しかけてくる。ここが日本との大きな違いであろう。日本だと、外国人に対して英語で話しかけることが多い。そして、外国人が日本語で答えると、「えっ、日本語が話せるの？」と逆に驚いたりする。ドイツでは外国人であろうとドイツ語が話せて当たり前なのだ。

流暢にドイツ語が話せたほうがいいに決まっているが、片言でもドイツ語が話せるとずいぶん世界が広がるというのが、最近の私の印象である。買い物とかで、私が必死にドイツ語を話そうとしていると、店のおばさんたちは微笑みながら一生懸命対応してくれる。それが功を奏して、彼女らが私の好みを覚えてくれたりし、言わなくても私の好みどおりにやってくれたりする。

私がこちらの日本人の人たちに、「よく、知らないドイツ人に話しかけられる」という話をすると、「たしかに、そうだ」という意見が多いが、私ほど話しかけられることはないようで、「水野さんはおばさん受けするんじゃないの？」と言う人もいる。たしかに若い頃は、同世代の若い女性より、圧倒的に年上に好かれることが多く、「おばさんキラー」とよく言われたが。そんな私も、知らないうちに、おじさんになってしまった。先日、日本人の若い女性にレーゲンスブルクを案内したが、このときばかりは、やたらとドイツ人のおっさんに話しかけられた。若い女性を見ると気安く話しかけるおっさんが多いのは、どうもインターナショナルのようである。

つい最近、大学から自転車に乗って帰宅途中に、隣に自転車に乗った小学生くらいのドイツ人少年がやってきて、「その自転車速い？」と聞いてくる。「ああ、速いよ」と答えると、「それじゃあ、競走しよう！」と言う。私は、そのときいっぱい詰まったデーパックを背負い、ノートパソコンを入れたショルダーバッグも首からぶら下げ、とても競走するような状態でなかったので、「今度ね！」と返事した。でも内心、荷物がなかったら、競走したかった。私は一応おばさん以外からも話しかけられるのである。ただし、キンダー（ガキンチョ）だけど。

ドイツ語をドイツ語で学ぶ

私は当初は英語で研究室の人たちとコミュニケーションをとっていた。たしかに、大学のなかでは英語で事が済む場合が多い。教官や学生は個人差はあるもののほとんどみな英語が話せる。しかし、大学内でも本屋や購買部では英語が通じない。驚いたことに図書館でも英語が通じない。通じるのは唯一学内の銀行だけだった。ドイツでこれほどまでに英語が通じないとは思ってもみなかった。町中で買い物をする場合、店の人で英語が話せる人は少ない。ドイツでは、日本でいうところの小学校を出た後、進む学校が大学に進学をするための学校 Gymnasium と、就職する人のための Realschule および Hauptschule の大きく三つに分かれるため、就職コースをとった人はあまり英語ができ

滞在中に訪れたウルムの大聖堂と眼下の街並み

ないのだ。私は大学の第二外国語でもフランス語を選択したため、ドイツ語がほとんどわからない不便さで、やむにやまれず二ヶ月半の間、月曜から金曜日まで毎日語学学校に通ってドイツ語を学ぶことにした。

語学学校では当然、英語でドイツ語を教えてくれるのだろうと思っていたら、なんとドイツ語をドイツ語で習うのだった。先生は一切英語を使わない。「これはペンです」というドイツ語を教えてくれる、解説のドイツ語のほうが難しいのだ。これには最初戸惑った。しかし、当然英語で教えてくれるはずと思い込むのは、日本人がアメリカ文化にどっぷり浸かっているからこそではないだろうか。なぜなら、私の入った入門クラスでは、最初の三週間は生徒がハンガリー人の女性と二人きりだった。彼女はドイツ語が少し理解できるが英語はまったくわからなかった。この語学学校にはけっこうハンガリー人の生徒がいるが、彼らはみな英語よりもドイツ語のほうが理解できるのだ。東ヨーロッパでは、長年、英語よりもロシア語やドイツ語のほうがより多く教育されてきたためだ。彼女はブダペストのディスコでドイツ人男性と知り合い、その後恋人同士になってレーゲンスブルクで一緒に住むことになったという。

それで、彼らがコミュニケーションのとれる唯一の言語がドイツ語であるため、彼女のドイツ語力は飛躍的に伸びた。

その後、フランス人の女性が同じクラスに入ってきたが、彼女はイタリア旅行でドイツ人男性と知り合い、レーゲンスブルクに来て同棲することになったという。したがって、彼女の上達もとても早かった。私のドイツ語力は、彼女たちとの間に差が開く一方で、ついに二ヶ月半でギブアップしてしまった。やはり恋の力は、何よりも強い。私もドイツ人女性と恋に落ちていればさぞかしドイツ語が上達したであろうが……。

しかし語学学校に通ったお陰で、少しドイツ語が話せるようになると、研究室の人たちはドイツ語でしか話しかけてこなくなった。また、私に対する伝言やメールもすべてドイツ語に変わった。そして、何より私に対する印象がずいぶん良くなったような気がする。

外国に出ることの重要さ

レーゲンスブルク大でポスドクをしている石田さんと知り合った。彼に海外で研究することの感想を聞くと、「世界のどこであろうと、自分の研究を進めるうえで最も適した場所で研究をすることはとても重要なことだ」という答えがすぐさま返ってきた。たしかに日本国内だけに限ってしまうと、自分のやりたい研究ができないことが少なくない。日本では学部から博士課程まで、まったく同じ大学で研究を進めている人が多い。私は結果的に学部（名大）、修士課程（北大）、博士課程（都立大）と異なった三つの大学で学ぶことになったが、今ではそのことがとてもよかったと思っている。国内でも、大学が変われば研究のスタイルがまったく異なる。新鮮な気持ちで学ぶことができるし、より多くの刺激を得ることができる。アメリカでは、大学を変わることが当たり前になっているが、日本ではその逆で、変わらないことが当たり前になっている。国内でもそうなのだから海外に出れば、より刺激は大きいだろう。

私は、海外で勉強したり、研究を行ったり、調査したりすることはとても意義のあることだと思っている。私が初めて海外に出たのは遅く、都立大学の博士課程の二年のときだった。その年は都立大学で、「博士課程の大学院生が海外の国際会議で学会発表をする際に必要な経費を大学が出す」という助成金制度のスタートした年だった。正式には翌年からのスタートだったが、その年に準備段階、つまり実験的に行ったのである。大学から何人かが選抜されるのだが、私は運良く選ばれることができた。指導教官からその制度が始まることを知らされ、英会話力の貧弱な私は、「国際学会で発表なんてとんでもない」という気持ちもあったが、恥をかくかもしれないという不安よりも、タダで海外に行けるという期待感のほうが私の心中で打ち勝ったのだ。翌年からはより多くの院生を行かせるために金額の上限が定められたが、私が応募したときの実験段階では、派遣者を少数に限る代わりに金額の上限がなく、旅費や生活費が十分すぎるほど支給された。この制度の恩恵は私の人生においては計り知れない大きなものを持っていて、ほんとうに感謝している。

その計り知れない恩恵とは、まず、海外に出ることがいかにすばらしいかということを実感させてくれたことである。今でも、飛行機を降り立って、初めての海外の土地に上陸したときの感動は忘れることができない。薄暗く静けさの漂う早朝のなかを、その眠りを覚ますかのごとく、「キーン」というエンジン音とともに飛行機はシドニー空港に止まった。初めての海外という不安な気持ちを押し殺すかのように、空港から急いでバスに乗ったものの、泊まる宿も決めていなかったうえに、どこで降りたらいいかもわからなかった。ともかく街中の適当なところでバスを飛び降りた。

朝露で濡れた公園のベンチに腰を下ろし、持ってきたガイドブックをぺらぺらめくっていたとき、びっくりするような大きな音で街の時計台の鐘が時刻を鳴らした。そのとき、私の心臓もその音に大きく反響したのだ。ぞくぞくっとした興奮は今でも鮮明に覚えている。

そしてシドニー大学での学会発表は、私にとってまさに初めての国際舞台であった。自分の発表が世界中から来ている研究者に聞いてもらえるんだという感慨は忘れることができない。日本の学会では質問があまり出ないが、そのときはチェアマンの「質問をどうぞ」という声が終わるやいなや一斉に手が挙がり、最初の人の質問ではっきりわかったのは「I have two questions.」だけであった。しかし、そのとき想像で適当に答えてなんとかなった経験は、その後の自分に大きな自信をつけさせることになったのである。

この海外での感動が、港の防波堤を打ち破った高潮のように、それまで海外に出なかった悔やみを押し流すがごとく、毎年私を海外に押し出したのであった。そして、それがきっかけで一九九二年以降ほぼ毎年海外調査をするようになり、アフリカに行ったことが現在の職場に就職することへと導いてくれたのである。やはり、若者はどんどん海外に出るべきだと思う。

文化交流と経済援助

私は、レーゲンスブルクで、月一回開かれる「日本映画鑑賞会」を楽しみにしていた。それは、日本映画一本と、日本の文化を紹介するフィルムを大学構内などで上映する会なのだが、毎回、日本人が一〇人くらいと、ドイツ人が二〇人くらい参加していた。この映画鑑賞会は、レーゲンスブルク大学で日本語を教えていらっしゃる野田教授が、日本語を学ぶ学生のため、あるいはドイツ人に日本の文化を伝えるためにご努力されて開かれているものである。

このとき使用する一六ミリフィルムは、野田教授が、ケルンにある日本文化会館から送ってもらっている。私が見たときは、『蒲田行進曲』や『二十四の瞳』、『お母ちゃんの通信簿』などが上映された。日本の映画をドイツ語の字幕スーパーで見ると、けっこうドイツ語の勉強になる。また、良作がドイツ語訳されているので、日本映画もけっこう良い映画が多いなと感心したりする。会場は、毎回、笑いと涙に包まれる。自分が悲しくて目が潤んでくると、隣のドイツ人も涙を拭いている。また、日本の伝統芸能や歴史的建築物、地場産業などを紹介するフィルムを見て、私自身、日本のすばらしい文化を再認識したりするのだった。

冬のある日、私の大学時代のクラブの後輩の秋山くんから一冊の本がレーゲンスブルクに送られてきた。「以前から気になっていた『星基金《ほしききん》』の話が書かれてあった書物を見つけたので、送らさせていただきました」と手紙が添えてあった。さらに、それには「日本でも（ドイツでも？）あまり知られていない事実ではないかと思うのですが、息の長い国際交流というものを考えさせられました」「人間のまことについても考えさせられました」とあった。私は、それを読み始め、ドイツの冬の日が早く沈むのも忘れ、活字を追いづらくなっても明かりもつけずに読み終えた。

この『ドイツと日本』という本の著者小塩節《おしおたかし》氏は、若い頃ドイツに留学し、ミュンヘンで二ヶ月下宿させてもらった家に家族の一員としてとても親切にもてなされた。彼が大学に入るためボンに移る前日、その家のおばあさんが彼を呼んである話をしてくれたのである。おばあさんの父親は大学の林学《りんがく》の教授で、東京帝国大学に招かれて数年を日本で過ごしたことから話は始まった。帰国後、父親は亡くなり、母親は第一次大戦の敗戦で天文学的インフレーションの時期に数人の子供を抱えて大変苦労した。そのとき、かつての東京帝大の教え子たちが日本でお金を集めドイツに送ってくれたのである。そのお金で母親は苛烈な時代を乗り越えることができたという。

おばあさんは、著者に、「あなたは、半世紀経った今、私が行ったことのない遠い東の国から、心よりの挨拶を持ってきてくれたのよ。どうして、この人をもてなさずにおれようか、と思ったのよ」。そう言うと、六〇いくつとは思えない力で著者を強く強く抱きしめたのだった。こんないきさつからこの本は始まっている。小塩節氏はドイツ文学者で大学教授であるが、一九八五年から三年間、西ドイツ日本国大使館公使として、そして、ケルン日本文化会館館長も務めた。彼の実体験などの語りから、国際交流というものがいったいなんなのかを考えさせられた。

彼は嘆く。日本の文化交流のために使っているお金が、純民間ベースは除いて、外務省、文化庁、その他の省庁、NHKの海外放送の予算を含めて、全部で年間たった一八〇億円（一九九〇年）にすぎないというのだ。経済状態が極度に悪かったときのイタリアでもその二、三倍は使っていたという。ところが、ODA（政府開発援助）は、約一兆三〇〇〇億円（一九八八年）だ。それとあまりにも差がありすぎる。ＪＩＣＡの予算は一九八七年度が一〇三五億円で、年末に余ってしまった余剰金が約七〇億円であった。お金がなくて四苦八苦している国際交流基金の年間総予算と同額である。日本は文化への投資があまりにも惨めだ。

日本の国際交流基金は、海外事務所が一一だが［二〇二二年、二五］、実際に自前の会館を持っているのはローマとケルンだけ。それに対して、ドイツの海外事務所は一四八、イギリスが一二〇、フランスはなんと一三〇〇。その世界でたった二つしかない日本文化会館から、野田教授はテープを借り、われわれは日本映画を見ることができたのである。

経済援助も大切だが、文化交流もそれ以上に大事ではないのだろうか？

ちなみに、「星基金」というのは、第一次大戦後の飢餓にさらされた学者を救うために、星一《ほしはじめ》が現在の貨幣価値で総額一〇億円にものぼるお金をドイツに送金し、第一線級の若い化学者と原子物理学者に奨学金を出したというものである。これによって何人ものノーベル賞受賞者が育った。広島に落ちた原爆の製造プロジェクトに参加した物理学者、レオ・シラードもこの奨学生であり、日本への投下には反対したのだった。

キベラの早川さん

私はこの本を読んでケニアのナイロビに住む私の親しい友人、早川さんのことを思い出した。彼女は、前出の通り旅行会社に勤めていたが、その後ナイロビ最大のスラム、キベラで学校づくりなどを行っている女性である。キベラスラムの発祥は一〇〇年以上前にさかのぼる。イギリス政府がケニアを植民地化する際、スーダンからヌビア人を傭兵として強制連行し、そしてその後、彼らは無人のブッシュに放置されたのである。彼らが土塀に藁葺《わらぶ》きの小屋を建てて住み始めたのがキベラの歴史である（写真6-8）。その後、彼らはルオ人など急増するナイロビへの出稼ぎ者たちに長屋を賃貸しし、人口は急増した。今では、幅二キロメートル、長さ五キロメートルほどの細長い地域に一〇〇万人以上の人がひしめきあっている。このキベラのど真ん中を列車が通り抜ける。

しかしそんなキベラには、学校に行けない子供たちや仕事を持たない大人たちが数多く住んでいる。そのキベラで学校づくりをしようと考えたケニア人の若者の手助けを、彼女は始めたのだ。一九九八年八月に学校マゴソスクール（写真6-9）の前身の学校が設立され、当初は、おもにストリートチルドレンや貧困家庭の子供たちで、学校にほとんど通ったことがない三～一五歳までが集まって、寺子屋式に始まった。最初、年齢別に低学年、中学年、高学年と簡単な三つのクラス分けをしていたが、その後、学力に応じて幼稚園、一・二・三年生レベルに分け、なるべくケニアのナショナル・カリキュラムに合わせた授業をするようにした。

ただ、学校づくりには資金がいる。そこで、彼女はその資金づくりのためにいろいろ考えた。まず、彼女はアフリカのことをもっと日本の人たちに知ってもらおうと日本に

写真 6-8　ナイロビ最大のスラム、キベラの町並み（1998 年撮影）　たくさんの家々の屋根が地平線まで広がっている

写真 6-9　キベラに作られた学校、マゴソスクール（2002 年撮影）

講演に出かけることにした。二〇〇〇年の夏の場合、彼女は、北は宮城県から南は九州まで全二八ヶ所の小学校やお母さんたちの集まりに出かけていって、講演を行っている。その講演料が学校運営の資金となるのだ。そして、うれしいことに講演を聞いた小学生たちが、自発的に協力してくれるようになってきた。

愛媛県の小学校の生徒たちは、アルミ缶を集めたり、フリーマーケットを始め、それで得たお金を送った。子供たちは講演を聞いて始めたが、彼ら自身もおもしろくなり、その活動はどんどん大きくなっていった。生徒たちは、この年末にも自分たちで育てたもち米を収穫し、年末に餅つき大会をして、キベラの学校の子供たちに食べてもらおうと送ってくれた。日本からケニアへ運んだのも、ケニアに旅行に行く人たちのボランティアだ。キベラの学校では、さっそくお餅で「お餅食べ大会」が開催された。まず校長先生が餅つきの説明をする。子供たちはとても興味津々に、熱心に聞いていたという。初めて触れる異国の文化に、先生も子供たちもびっくりしたり感動したり。そして、大きな七輪で炭を焼いて、その上に網を置いてお餅を載せ、ぷくーっと膨れてきたお餅に先生たちや子供たちは大興奮した。それに醤油をつけてみんなが食べたのだ。そんなようすを写真に撮って、今度はそれがケニアから海を渡って愛媛県の小学校に届いた。こうして子供たちの交流は続いている。

また、大分県の山間部の小学校は全校生徒が七人しかいない小さな学校だが、子供たちがギンナンを拾い、それを売って得たお金を送ってくれた。早川さんは、こういった子供たちが自発的に活動して得たお金は喜んで受け取っている。しかし、彼女は古着の提供は断っている。最初は古着の提供を受け入れてきた。しかし、日本人が次から次へと新しい衣服を買い、どんどんとたまる古着をアフリカの人たちに送る。しかし、一部では古着があふれ、地元の繊維産業に打撃を与え、またアフリカに送られた古着はまんべんなく人々に渡るのではなく、横流しで古着をマーケットで売ってもうける人を生み出した。アフリカには、古着をほんとうに必要としている人々もたくさんいるが、そういった人たちに十分渡っていないのが現状だ。早川さんは、古着を受け取ることは、先進国の人たちが、ますます新しい物を買って物を捨てていくことを正当化させ、そのゴミ捨て場にアフリカをしたくないから古着の提供を断っているのだという。日本で出た古着は日本でリサイクルして、物の大切さをもう少しわかってほしいと彼女は願う。

彼女は、キベラの人々の仕事の活性化にも協力している。キベラの職人さんたちに、木彫りの仕事を与え、その製品を購入し、日本での講演のときに販売して、収益をキベラでの活動に利用している。また、キベラの人々に一〇〇〇シリング（約一五〇〇円）からの少額の貸し付けを行い、彼らに仕事を始める資金を提供する。ケニアでは、一〇〇〇シリングあれば、なんらかの仕事が始められるからだ。貸し付けは無利子で、貸し付ける人は、とくに、身障者やシングルマザー、身よりのない老人など、仕事を得るのが困難な人を対象にしている。彼らには月一回行われるミーティングに、義務ではないが参加してもらう。この集まりで、仕事での問題点を話し合ったり、知識や情報の交換をしたり、仕事の協力やグループを作って仕入れをしたり、機械を共同で買ったりする機会を持つ。このミーティングは彼らが自主的に行うもので、要は、助け合うことの大切さを知ってもらうためのものだ。

そして、早川さんが喜んだのは、これらの人たちが自主的にキベラでの学校づくりにも労働力を提供してくれたことだった。彼女は、日本とアフリカのどちらにおいても、コミュニティーのつながりと自発的に働き始めることの重要さを知ってもらい、そういった活動のきっかけづくりと活性化の手助けをしたいと考えている。

私は、彼女の活動を見て、単純な経済援助は、アフリカの人々にとってけっしていいわけではなく、それよりは、人々の自主性の萌芽やコミュニティーづくり、さらには文化交流を通じて、世界の人々がお互いに知り合うことが大切であるとあらためて感じたのであった。

世界の人々が友好的に交流し、世界が平和であり続けるには、どんな政治や経済力よりも、民間レベルでの文化交流が重要ではないだろうか。

第三部　その後の世界

ケニア・タンザニア・エチオピアのその後三〇年

「コニチワ」から「ニーハオ」へ

一九九二年に初めてケニアに調査に出かけたときは、ナイロビの街で歩いていると、ケニア人たちから「コニチワ」と声をかけられることが多かった。それがいつしか「ニーハオ」に変わった。以前はケニアを訪れるアジアからの観光客はほとんど日本人で、たまに韓国人であった。しかし、中国政府のアフリカへの投資の急拡大とともにその様相が大きく変わったのである。中国がアフリカに本格的に進出し始めたのは二〇〇三年頃なので、その頃がケニアでのアジア人に対する挨拶の変わり目であろう。

中国からの鉄道や道路建設のための多額の融資に伴って、ケニアに中国人労働者の姿を見かけることが多くなった。タクシーに乗って我々が日本人だとわかると運転手たちは「あの道路建設に関わっている中国人は母国での囚人らしい」とささやく。どのタクシーに乗っても運転手が同じ話をしてくるので、どうやらナイロビにそのような噂がまことしやかに流れているようだ。

とくにナイロビとモンバサ間の約四七二キロメートルを約四時間四〇分で結ぶナイロビ新幹線は、ケニアを訪れるたびに、調査地に向かう道路から建設現場が見られ、その進展具合が見て取れた。工事期間はわずか三年半で、事業費は約三八億ドル（約五〇〇〇億円）、そのうち九〇パーセントを中国輸出入銀行が融資し、残りの一〇パーセントをケニア政府が支払い、中国交通建設集団が建設を請け負った。建設下請けの過半は中国企業が受注し、中国の車両、レール、システム、中国ゼネコンの工事代金などとして支払われる。日本も試算したそうだが、日本の新幹線だと、総工費で約一兆円、工事期間六年以上、日本からの融資は最大五割程度になるという。

二〇一七年五月末に開通したナイロビ新幹線は標準軌道で、最高時速は一七〇キロメートル、平均時速一二〇キロメートルだ。ディーゼル機関車でもこのような高速で走れるとは驚きだ。客車は一日上下各二本程度で、あとは貨物車が運行する。私が一九九六年と一九九七年にナイロビからモンバサまで鉄道で行ったときは、ナイロビを夜出発して約一二時間かかって、モンバサには翌朝着いた。

乗車賃は、普通車約九ドル（開業特別価格）、一等車が約三〇ドル。「ケニア政府の鉄道建設の債務支払いが滞った場合、中国がモンバサ港の使用権を得る密約がある」と地元紙が報じた。同様の借金返済問題は、中国が建設し二〇一八年に開業したアディスアベバ―ジブチ間標準軌道鉄道でも生じている。

ケニア政府は密約を否定しているが、同じく中国輸出入銀行からの融資に頼って港を作ったスリランカ政府が、債務返済に窮したあげく中国企業に同港の運営権を譲渡した前例がある。

アフリカのホテルに泊まるとき、かつては部屋のエアコンやテレビは日本製だった。それが韓国のサムスンやLGに変わり、今は中国製に変わりつつある。一九九〇年代はまだ携帯電話は普及していなかったが、二〇〇〇年代に入ると、フィンランドのノキアの携帯が出回り、それがサムスンに変わり、携帯電話からスマホに変わって、今は中国製が多くなってきた。

ナイロビのスラム街の拡大と学校教育

発展途上国の大都市では若者を中心として周辺からの人口の流入が激しく、スラム街が発達するのが一般的である（写真7-1）。しかし上下水道やトイレは整備されておらず、ゴミの収集も十分されていないため、環境衛生上大きな問題をはらんでいる。就労は不安定で失業者も多い。また孤児が多いのもスラム街の特徴である。スラム街は土地の不法占拠地であるため、政府から見放されている場合が多く、公立の学校や病院はなく、生活環境は劣悪で、子供たちは十分に教育を受けられない状況にあるのが一般的だ。

キベラスラムでは二〇一五年当時、約五畳の広さの部屋が月一五〇〇ケニアシリング

（シル）（約一八〇〇円）であったが、二〇二二年には月三〇〇〇シル（約三三〇〇円）と価格は倍になっている。トイレは長屋に一つあるのが一般的で、二〇～四〇世帯に一つあるくらいの数である。長屋にトイレがない場合は公衆トイレを使用するのだが、公衆トイレは紙代を含んで一回五シル（約六円）するので、糞尿を路地に捨てる場合が少なくない。スラム街を流れるこの糞尿の汚水が雨季の大雨時には濁流として家屋の中に浸水し、室内が汚水まみれになる。このような劣悪な環境下でも、小学校の制服を着た子供たちが笑顔を絶やさず登校している姿を見るにつけ、子供たちがスラム内で教育を受けることの重要さを痛感する。第二部で紹介したマゴソスクールへの入学は成績ではなく、最も家庭環境のよくない児童を優先して受け入れているという。

写真 7-1　人口が増加し続けるキベラスラム（2022 年撮影）
政府による強制撤去でスラム内に広い道が作られた。手前はゴミの山

　このキベラの人口は急増したが、近年の政府による家屋などの強制撤去によって、スラムの姿は大きく変わろうとしている。

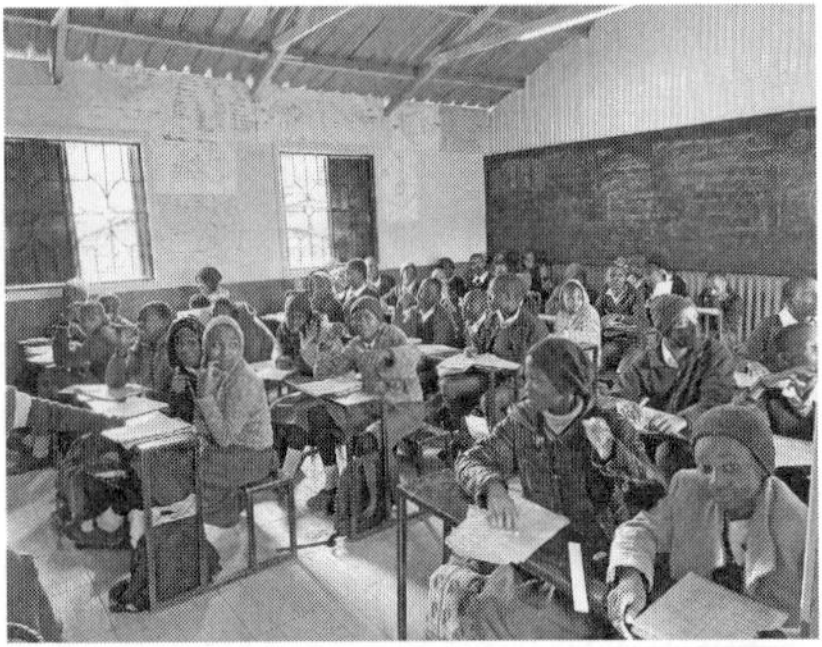

写真 7-2　マゴソスクールの教室内（2022 年撮影）

写真 7-3　キベラの人たちが手仕事のできる学校内の一室（2015 年撮影）

都市化と居住の問題に取り組む国連機関である国連ハビタット（国際連合人間居住計画）とケニア政府によってスラムの住民をスラム外の新住居に移住させて、スラム街を解消する計画が実行されている。しかし、現実には突如として始まる強制撤去によって多くの住民が家を奪われ、路頭に迷うことになる。

また、このキベラスラムの中には公立の学校は一つもない。それどころか強制撤去によって千人以上の生徒数の学校が一日によって破壊された例もある。

マゴソスクールは年々児童数が増加し、校舎も建て増ししている。二〇二二年現在、一〜八学年の教室と幼稚園児一教室、障害者教室が設置され、生徒数は約五〇〇人まで増加した（写真7-2）。教員は一四名で、そのうちマゴソスクールのOB・OGの大学生や高校を卒業して進学待ちの若者がボランティアで五〜六名教師をしている。生活困窮者や強制撤去にあった人などを雇って仕事ができるようにしているため、職員は三〇名ほどいる（写真7-3）。基本的に必要な筆記道具やノート、制服などは、準備ができない家庭の生徒に対しては支給されている。給食は、児童が学校に通う一番の要と考えられ、当初週三回だったが現在は土・日も配給され、家庭環境に応じて家族の分が配給される場合もある。学校に対する政府からの補助は一切ないため、寄付や早川さんの講演活動、学校で製作されたグッズ販売等で運営しているが、その運営基盤は不安定で、将来的な存続や発展に不安を抱えているのが現状である。

携帯電話の爆発的普及

携帯電話の急速な普及はアフリカの人たちの生活を大きく変えた。もともとアフリカでの固定電話の普及率はきわめて低かった。私の友人がナイロビの自宅に固定電話を引こうとしたとき、電話局に出向いて開通の手続きを済ませたが一ヶ月経っても固定電話が開設される気配がない。再び、電話局に行って、職員に賄賂《わいろ》を渡したら、翌日、電話が開通したという。アフリカでは、携帯電話の普及により、初めて自分の電話を持つ人が多かった。

ちなみにこの賄賂をケニアではチャイと呼んでいる。日本や中国、タイ、ベトナムなどでは茶はチャであるが、ヒンディー語やスワヒリ語、東ヨーロッパの言語ではチャイ、西ヨーロッパや南・北アメリカ、インドネシアやオーストラリア、ニュージーランドではティー（テー）と呼ばれている。ケニアでは紅茶に砂糖とミルクをいっぱい入れて飲むのが一般的だ。ケニアでは賄賂はお茶代のようなものと考えられている。言葉の由来は、「お客にお茶を出す＝融通を聞いてもらうために出す」というようなところから来ているようだ。とにかくチャイを支払わないと何も始まらない。一番チャイを要求してくるのは間違いなく警察官だ。車の後部座席でシートベルトを締めていなくて、警察官からチャイを要求されたことはアフリカで何度もある。

ケニアのナイロビの空港に着いたとき、友人が車で迎えに来てくれたことがあった。空港の駐車場にある友人の車の脇に警察官が待っていた。警察官は、フロントガラスに貼ってある車の車検証の日付を指さすと、有効期限が昨日だった。友人は警察官を車の背後に連れて行って何やら話し、戻ってきたときは二人とも笑いながら握手して別れた。チャイは賄賂なのでよくないものだが、「お仕事お疲れ様。これお茶代」というような感じで手渡している。警察官がよくチャイを要求するのには、警察官の賃金が非常に安いということも関わっているようだ。

アフリカで固定電話を引くのは大変でも、携帯電話ははるかに手軽に入手できる。アフリカの若者たちは携帯電話を購入し、それらはプリペイド式なので、プリペイドカードをそのつど購入して使用している。プリペイドカードはどこでも簡単に購入できる。路上で売り歩いている人もいる。

アフリカの若者にとって携帯電話は重要なコミュニケーションツールであり、音楽を聴いたり、ゲームをしたり、お金を送金したり、とにかく彼らにとって携帯電話は非常に貴重である。携帯電話があれば新たなビジネスを始めることもできる。その反面、若者は最新の携帯電話やスマホを欲しがり、私の指導学生はナイロビのホテル前でiPhoneを引ったくられた。また、日本からナミビアに行くときに、多くは南アフリカ共和国のヨハネスブルクの空港で飛行機を乗り換えるが、スーツケースの中に携帯電話を入れておくと、そこから消えることがあるので、携帯電話は手荷物で運ぶ必要がある。

日本でもPayPayなどスマホを使って店での商品購入の支払いが最近になってできるようになってきたが、このスマホや携帯電話での支払いはアフリカの方が普及は早かった。二〇〇七年にケニアの通信企業サファリコムが立ち上げたモバイル決済M-Pesa（エムペサ）は東アフリカ全土に広がり、さらに西アフリカやエジプトにも進出し、今

写真 7-4　キベラスラムによく見られるモバイル決済 M-Pesa の代理店（2022 年撮影）

やその利用者は四〇〇〇万人、決済処理件数は月間一〇億件を超えているという。二〇一五年のケニア調査のときは、どんな小さな店でも現地の人の多くはスマホを使って M-Pesa で支払いを行っていて、一方、現金払いする姿を見かけることは減少した。二〇二二年にケニアを訪れた際は、お店で現金が使えない場合が少なからずあった。キャンピング用品店に行ったとき、支払いは M-Pesa かクレジットカードのみだと言われた。ケニアは急速にキャッシュレスが進んでいる。とくに役所関係での支払いはほとんど現金が使えない。この場合、役人の不正防止が主な理由である。二〇二二年にキベラスラムを訪れた際は店の三〜四軒に一軒くらいの割で M-Pesa の代理店があった（写真7-4）。ケニアの店や役所のほぼ一〇〇パーセントで M-Pesa での支払いが可能だと言える。

M-Pesa は銀行口座を持たなくとも、携帯からショートメッセージ（SMS）を送信することで、送金、預金、引き出し、支払いといった金融取引を行うことができ、全国どこでも同一のサービスを受けることができる。二〇一三年にはケニアでのモバイル送金利用者が二三〇〇万人（ケニア人成人の七四パーセント）を超え、二〇一九年にはケニア全土で利用可能な店は九万六〇〇〇ヶ所となった。このような携帯電話の急速な普及の結果、二〇一九年にはケニアの固定電話契約数が七・〇万件（一〇〇人あたり〇・一件）に対し、携帯電話契約数は五四五六万件（一〇〇人あたり一〇四件）で、日本の一〇〇人あたり一三九件と大して変わらず、ひとりで二台以上持っている人が多いことになる。ちなみにケニアの携帯電話契約数は二〇一八年に四九五〇万件だったので、一年で五〇六万件増加したことになる。

タクシーについても二〇一五年のとき、ナイロビではウーバーが普及し、タクシーより安く利用することができた。またスマホのアプリ内で事前に現在地と行き先を入力すれば、乗車料金の見積や迎車予定時間も確認できて便利である。ナイロビにウーバーの車が多くなると、ウーバーに仕事を奪われたタクシー運転手とウーバーの運転手の間で小競り合いが生じることが多くなり、それが拡大してナイロビで暴動が生じ、衝突する事態が生じた。ちなみにケニアのタクシーもウーバーの車もおそらく九〇パーセント以上、日本の中古車で、乗ると運転席に日本のカーナビが付いている。東アフリカや南部アフリカではタクシーだけでなく、一般の自家用車やミニバスなど、多くが日本の中古車である。そのため、アフリカの人々が最初に覚える日本語のフレーズは「ＥＴＣカードが挿入されていません」なのだ。我々がタクシーに乗るとドライバーに「何と言っているんだ?」と聞かれることも少なくない。

テロとセキュリティー

筆者が代表者を務める科研費によって、ケニア山での研究プロジェクトが二〇一五年度から本格的にスタートした。

それまでケニア山の調査は個人での調査だった。自分の指導大学院生を同行させて調査を手伝ってもらうことがあったが、基本的には筆者の個人調査だった。しかし、二〇一五年度以降は七~八人の研究分担者、主として各大学の先生たちと自分の指導大学院生あるいは研究分担者の指導大学院生で調査チームを結成し、それぞれ地形、気候、土壌、植生、水文、氷河、地域社会、開発などの観点から共同調査を行うようになった。実は、この科研費での研究プロジェクトは二〇〇一年度から二〇〇八年度まではナミブ砂漠周辺で実施していた。そして、二〇一二年度から再び熱帯高山で開始し、南米アンデスで二〇一四年度まで実施した。そしてケニア山のプロジェクトには海外共同研究者としてナイロビ大学のムワウラ准教授に加わっていただいた。

そのため、二〇一五年以降、毎年ケニアに渡航するとき、最初にムワウラ先生の研究室を訪れるが、そのナイロビ大学には本部棟である高層の建物が中国の融資で建設された。その最上階に学長の部屋があるという。

　また大学のキャンパスの入り口と各建物の入り口では、ガードマンによるパスポートやカバンのチェックなどを受け、セキュリティーがしっかりしている。これも、ソマリアを拠点とするイスラーム過激派組織アル・シャバーブ（AS）が、二〇一三年九月に、ナイロビに所在する大型商業施設ウェストゲート・ショッピングモールを襲撃して六七名を殺害し、二〇一五年四月には東部ガリッサで大学を襲撃して一四八名の命を奪うなど、大規模テロを敢行して以降、セキュリティーが厳重になったのだ。したがって、ショッピングセンターでも厳重なセキュリティーチェックを受ける。

ナイロビとラパスの渋滞

　ケニアを訪れるたびにナイロビの市街地の渋滞に悩まされる。アフリカや南米などの発展途上国の大半は、第二次世界大戦以前はヨーロッパ諸国の植民地だったため、アフリカの道路がヨーロッパ同様になっている。たとえば、凱旋門《がいせんもん》を中心に放射状に道路が延びているパリのような放射環状路型がその典型である。この放射環状路型の場合、放射状のハブ（中心）の部分は凱旋門のところのようにランダーバード（ラウンドアバウト、ラウンドバウト）になっている。ランダーバードは、信号がなく、ロータリー型の円に減速して進入し、ケニアの場合は時計まわりに回りながら、自分の進みたい個所にて離

写真 7-5　ナイロビのランダーバード。交通渋滞の要因になっている（2015 年撮影）

脱するというもので、信号がないので待たずに異なった進行方向に進めるという利点がある。ケニアはイギリスの植民地であったため、イギリスと同様に右ハンドルで、車は左車線を走るため、ロータリーを時計回りに回るが、ドイツやフランス、およびフランスの植民地だった西アフリカなどは、左ハンドル、右側車線を走るため、反時計回りに回る（東アフリカや南部アフリカでは、日本の中古車をそのまま輸入できるが、南米のようにスペインやポルトガル領であった諸国は、日本の中古車を輸入すると、ハンドルを右から左に付け替えている）。

ところが発展途上国における首都や最大都市の近年の車の急増による渋滞はすさまじく、とくに、このランダーバードが渋滞の大きな要因になっている（写真7-5）。車の数が適度であれば、ロータリー型のランダーバードで車が時計回りにスムーズに回るのであるが、車の数が多すぎると、どの車も我先にとランダーバードに突っ込んでくるため、糞詰まり状態になって身動きできなくなるのだ。

イギリスによるケニアの植民地化のために建設された首都ナイロビでは、筆者が初めて訪れた一九九二年には一〇分で移動できた距離が今では渋滞時に一時間以上もかかる。ナイロビを訪れるたびにそのひどさは増すばかりだ。とうとうケニア政府もナイロビの市街地のランダーバードを壊して信号をつけようとしたが、その工事が始まったとたん大渋滞が生じ、けっきょくあきらめてしまった。いまでは、ランダーバードに何人もの警察官が立って、信号の代わりの交通整理を行って、なんとかしのいでいる。

二〇二二年にナイロビを訪れたときは高速道路ができていた。今まで、市街地から空港まで渋滞時には一時間以上かかっていたのが、高速道路を利用すれば三〇分ほどで移動可能になった。

なお本書にでてきた別の街でも同様の事態が起こっている。一九九三年に初めてボリビアの首都ラパスを訪れ、二度目の訪問は二〇一二年であったが、その二〇年間でラパスの市街地の車は急増し、通勤時の車の渋滞がすさまじくなっていた。ラパスの渋滞の元凶になっていたのが、ナイロビ同様、ヨーロッパ式の放射環状路型のハブのところにあるランダーバードであった。ラパスでは車のプレートナンバーによって街中に入れない曜日が決められている。二〇一二年の科研の研究プロジェクトで調査に入ったときは、八人乗りのレンタカーを二台借りていたが、そこまで気がつかず、二台の車のナンバーが異なるため、二台一緒に市街地の中心にあるホテルまでたどり着ける日は限られていた。市街地の中心に入れない車に乗っていたメンバーは入域の境界で車を降りて徒歩で

写真7-6　ラパスのゴンドラ（2014年撮影）　交通渋滞解消のため、2014年に盆地の底にあるラパスの中心街と盆地の上部のエル・アルト市が3本のゴンドラで結ばれた。市民が通勤や通学で使用している

ホテルに戻り、その車は雇っていたドライバーの自宅に乗り帰ってもらった。

翌年からはレンタカー屋がある、ラパス郊外の新興高級住宅地のカラコト地区にホテルをとった。ラパスの市街地は標高が三六四〇メートルであり、さらにそこからチャルキニ峰の標高四八七〇メートル付近にある西氷河と標高四七九〇メートル付近にある南氷河で調査をしていた我々は、高山病に悩まされていた。カラコトはラパスの市街地より標高が三〇〇メートルほど低く、日本庭園や日本食レストランがあって市街地よりは過ごしやすかった。高山病で体調が悪いと食欲もわかないので、そういうときはうどんやそば、寿司、カツ丼、すき焼きなどが食べられる日本食レストランはありがたい。それに調査から戻ったらレンタカー屋の駐車場に車を駐められる。

車の入域制限をしてもラパス市街地の渋滞解消とはならず、二〇一四年には盆地の底にある中心市街地から、盆地の崖斜面を上ったアルティプラノ（ボリビア高原）の端まで三本のゴンドラによるロープウェーを開通させ、それによって通勤・通学時間が飛躍的に短くなった（写真7-6）。ゴンドラと言えば、たいていはスキー場や観光地にあって、主なお客は観光客であるが、ここでは地元民の移動手段になっている。設備はオーストリア製で、運営はスペインの会社によって行われている。

キリマンジャロの登山形態の変化

一九九二年にキリマンジャロを登ったときは、登山ツアーに申し込み、そのときはスペイン人四人、ドイツ人二人、日本人二人、イギリス人一人のグループで、ガイド二人にコックやポーターなど計一三人が付いて登山した。しかし、今はそのようなツアーに参加して登る登山形態はなくなっている。たとえ登山客が一人でも、その一人に対し、ガイドとコック、ポーターが付く。

私が二〇〇九年に筑波大の廣田さんと二人でキリマンジャロを登ったときは、我々二人に対し、ガイドが二人、コックが一人、ウエイターが一人、ポーターが三人と計七人が付いた。二〇一六年に科研のプロジェクトでメンバーの六人が登ったときは、ガイド、コック、ウエイター、ポーターが計一八人付いた。登山客に対し約三倍の現地人の雇用があるわけだ。現地人の雇用促進のために登山形態が変化したと考えられる。

国立公園入園料も高騰し、キリマンジャロに登るには一人あたり二〇万円くらいかかる。ちなみに、二〇二二年の場合、国立公園入園料（環境保全費）は外国人が一日七〇ドル（約一万円）（タンザニア在住の外国人は三五ドル）、タンザニア人は六二〇円（一万タンザニアシリング）で、国立公園内でのキャンピング料金は外国人一人一泊あたり五〇ドル（タンザニア在住の外国人も五〇ドル）で、タンザニア人は六二〇円である。キャンピングではなく山小屋宿泊であると、外国人一人一泊あたり六〇ドル（タンザニア在住の外国人も六〇ドル）で、タンザニア人は三一〇円（五〇〇〇タンザニアシリング）である。

通常、キリマンジャロに登るには六日間かかるので、外国人は国立公園入園料とキャンピング費用だけで七二〇ドルかかり、二〇二二年八月の一ドル一四〇円のレートでは、一〇万円になる。さらにこれらに付加価値税が一八パーセントかかる。したがって、ガイド料やポーター料、食事等を含めると前述のように二〇万円くらいになってしまう。国立公園の入園料が外国人とタンザニア人で一〇倍ほど異なるが、これはタンザニアが特殊というわけではなく、発展途上国ではごく一般的なことだ。国立公園で外国人と同じ料金を取っていたら、自国民が金持ち以外利用できなくなってしまうからだ。

キリマンジャロでもケニア山でも山麓の住民、とくに若い男性にとって、ガイドやポーターの仕事は重要な現金収入である。二〇二〇年に流行が拡大した新型コロナウイルスにより、キリマンジャロを登る人が激減した。登山客のほとんどが外国人観光客であるからだ。ガイドやポーターをやっていた人たちはほんとうに生活に困るようになった。

日本のように政府から生活のための保障が得られるわけでもない。

二〇一八年にＮＨＫの番組撮影に同行したときは、筆者専用の日本語が話せる若い現地ガイドが付いていたが、コロナ禍が深刻になると彼から悲痛なメールが届くようになった。キリマンジャロを登る外国人はわずかなロシア人に限られているという。生活に困っているというので、わずかながら送金してあげると、子供の学校の制服と教科書を買うことができたと返信があった。観光に携わる人たち、とくに外国人観光客に頼る人たちには、その影響の深刻さは計り知れない。

エチオピアの変化

これを書いている二〇二二年八月時点で、エチオピアで二〇年ぶりに政府と北部のティグレ（ティグライ）人民解放戦線（ＴＰＬＦ）側との紛争が始まって一年以上が経つ。紛争は二〇二〇年一一月四日、ＴＰＬＦが政府軍施設を襲撃したとして、前年にノーベル平和賞を受賞したアビー首相（オロモ人出身としてはエチオピア初の首相）が反撃を命じて始まった。アビー首相と、ティグレ州の支配政党であるＴＰＬＦの政治的争いは、大量虐殺を伴う内戦へと発展している。国連難民高等弁務官事務所などによれば、二〇二一年現在、ティグレ州では全住民の三分の一にあたる約二一〇万人が家を追われ、州人口の約九一パーセントにあたる五二〇万人が緊急の食料援助を必要とし、母親の五〇パーセント、子どもの四分の一近くが栄養不良の状態で、そのうち約四〇万人が飢餓状態に陥っている。アムハラ州でも八〇万人、アファール州でも一四万人が新たに避難民になっているという。

筆者がかつてラスダシャン登山のために滞在した、世界遺産シミエン国立公園の入り口にあたる、アムハラ州デバルク（デバーク）は当時の牧歌的な様相が失われ、紛争に巻き込まれた最前線の異様な光景に変化した。デバルクからTPLFが拠点とするティグレ州まで直線で四〇キロにも満たない。キャンプでは一三〇〇人ほどの避難民が恐怖心におびえながら暮らしているという。登山をしたとき、ガイドがティグレ人、レンジャー二人とポーターはアムハラ人であって、仲良くいっしょに登った。しかし、アフリカでは一つの国の中に多数の民族が暮らしている場合が多く、民族間の政権争いはエチオピアでもケニアでも絶えず、住民たちはそれに翻弄されている。

ケニア山の変化

一九九二年にケニア山で調査を始めてから丸三〇年が経った。年齢が三〇過ぎだった筆者も六〇を過ぎた。その間に日本もアフリカも大きく変わった。二〇〇一年からはアフリカの主な調査地をナミブ砂漠にした。高山という気温が低く厳しい場所での自然環境や植生の調査を、今度は乾燥が厳しい砂漠で調査しようと考えたからだ。しかし、ケニア山やキリマンジャロ、アンデスの調査はその後も継続して行った。この数十年でどのような変化があったかについて述べていくことにする。

ケニア山調査でずっとガイドを務めてくれていたサイモンに会ったのは二〇一一年の調査が最後だった。二〇一三年に彼は亡くなり、二〇一五年からは彼の友人のスティーブがガイドを務めてくれた。私とサイモンは同じ年齢であり、スティーブは一つ年下なので、我々がケニア山を登るのは年々年齢的に厳しくなってきている。サイモンは生前、自分がガイドをやめるときは Mizuno がケニア山調査をやめるときだと言っていた。私が調査をやめる前にサイモンが病気で亡くなってしまったことはとても残念だ。サイモンが亡くなってからは、スティーブはサイモンの息子をポーターに雇っていた。

そういえば、ずいぶん前に、サイモンの父親が重病で病院に入るためにお金が必要になったとき、ハランベーと呼ばれる互助システムで資金集めをして、それでも足らない費用の一〇〇〇ドルを私に貸してくれないかとメールを送ってきた。私はケニア在住の日本人の友人に頼んで、一〇〇〇ドルを立て替えて彼に渡して欲しいと頼んだ。サイモンはそのお金を受け取るためにナイロビまで出て来て、その後彼は、毎月ナイロビまで来て少しずつ友人に返済し、最終的に完済した。ケニアでは病院に入院するには、最初に費用の何割かを前払いしないと受け入れてくれない。とくにお金持ちでない限り、そのような大金を持ち合わせていないので、ハランベーで友人、知人、近所の人たちが自分で協力できるだけのお金を出し合って、そのお金でそういった費用を支払っていくのだ。困った人がいたらお互いに助け合う互助システムは、保険システムが確立していないアフリカ社会では重要だ。

ケニア山登山では以前は高山病に苦しんだが、二〇〇二年の調査からはダイアモックスという高山病の予防薬（睡眠時無呼吸症候群の予防薬）を用いるようになったため、以前に比べて高山病に苦しむ比率は減った。ケニア山は一見三〇年間ほとんど変わっていないように見えるが、氷河はどんどん縮小し、今まさに消えかかろうとしている。氷河の後を追うように、氷河が消失した裸地に最初に生育できる先駆的植物たちも山を急いで登っている。

ケニア山の調査はその後、二〇〇二年、二〇〇六年、二〇〇九年、二〇一一年、二〇一五年、二〇一六年、二〇一七年、二〇一八年、二〇一九年と続いている。本来は二〇二〇年、二〇二一年にも調査を行う予定であったが、新型コロナウイルスの感染拡大で海外渡航ができなくなり中断した。ワクチンが普及してきた二〇二二年は三年ぶりに調査をすることができた。その時の調査の様子は、NHKのBSプレミアム『コズミックフロント』（二〇二二年一二月八日二二時〜）の「山岳氷河」で放映された。映像の中で、わずかにしか残っていない氷河を嘆く私の姿が映し出された。キリマンジャロの調査はその後、二〇〇二年、二〇〇九年、二〇一六年、二〇一八年、二〇一九年に行っている。

これまでの海外調査で明らかになったこと

　以下に、これまでの三〇年間の海外調査で明らかになったことを、主に『気候変動で読む地球史――限界地帯の自然と植生から』（ＮＨＫブックス、二〇一六年。韓国語版は文學思想社から刊行されている）や『世界と日本の地理の謎を解く』（ＰＨＰ新書、二〇二一年）から引用して述べる。また、ケニア山だけでなく、キリマンジャロの調査結果についてもあわせて言及したい。

ケニア山の氷河縮小

　先に、ケニア山の氷河の解けたところから、九〇〇〇年前のヒョウの遺骸が発見されたことについて述べたが、この時代は、Dansgarrd et al.（1975）によって推定されたグリーンランドなどの気候変動と矛盾がなかった。すなわち、今から九〇〇〇年前ぐらいまでは世界的に暖かく、その後急速に寒くなっていった。寒い時代は一九世紀まで続いており、このような気候変動はケニア山周辺でも同じように起きたと想定される。

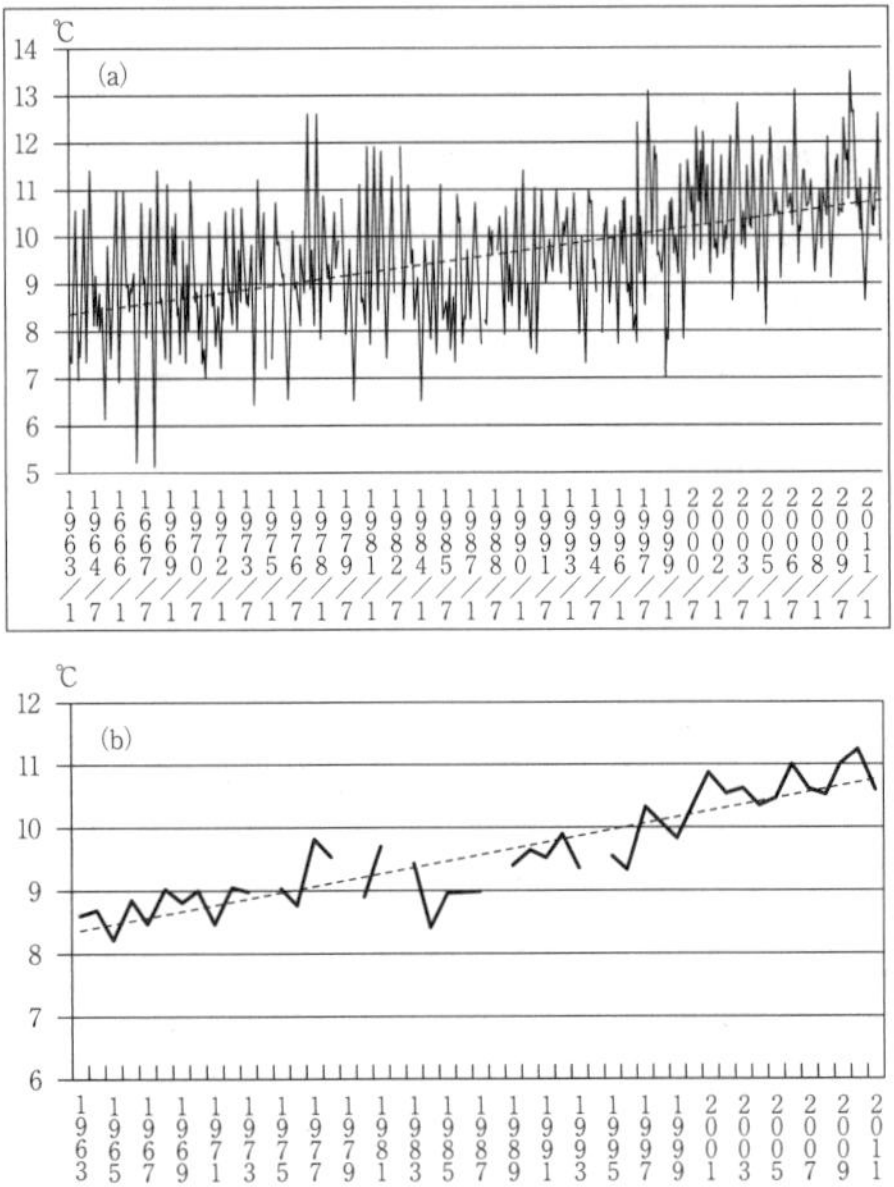

図8-1　ケニア山山麓の1890m地点の気温　(a) 日最低気温の月平均のグラフ、(b) 日最低気温の年平均のグラフ

アフリカで氷河がある山はアフリカ最高峰のキリマンジャロ（五八九五メートル）、第二の高峰ケニア山（五一九九メートル）、第三の高峰ルウェンゾリ山地（五〇〇八メートル）のみである。この三つの高山から現在氷河が急速に縮小し、消滅しつつある。それらの氷河の縮小には気温の上昇と降水量の減少が想定されるが、ケニア山山麓（高度一八九〇メートル地点）の気温は一九六三年から二〇一〇年までの四七年間で二℃以上上昇している（図8-1）。一方、過去五〇年間の顕著な降水量の減少はなく、ケニア山の氷河縮小はおもに温暖化が原因と考えられる。

ケニア山の第一の氷河であるルイス氷河は、一九九二年の観測開始以降急速に後退している（写真8-1）。第二の氷河であるティンダル氷河は、写真で示すように、一九九二年、一九九七年、二〇〇二年、二〇〇六年、二〇一一年、二〇一六年、二〇二二年と、急速に後退している（写真8-2a～g）。ティンダル氷河の後退速度は、一九五八～九六年には約三メートル/年、一九九七～二〇〇二年は約一〇メートル/年、二〇〇二～〇六年は約一五メートル/年、二〇〇六～一一年は約八メートル/年、二〇一一～一七年は約九メートル/年、二〇一七～二二年は約六メートル/年であった。

写真8-1　ケニア山最大の氷河、ルイス氷河（上：1992年撮影、下：2017年撮影）

図8-2はティンダル氷河周辺の地形を示した図である。氷河が拡大するときは、氷河

b
a
d
c

写真 8-2　ケニア山第二の氷河、ティンダル氷河（a=1992 年、b=1997 年、c=2002 年、d=2006 年、e=2011 年、f=2016 年、g=2022 年）

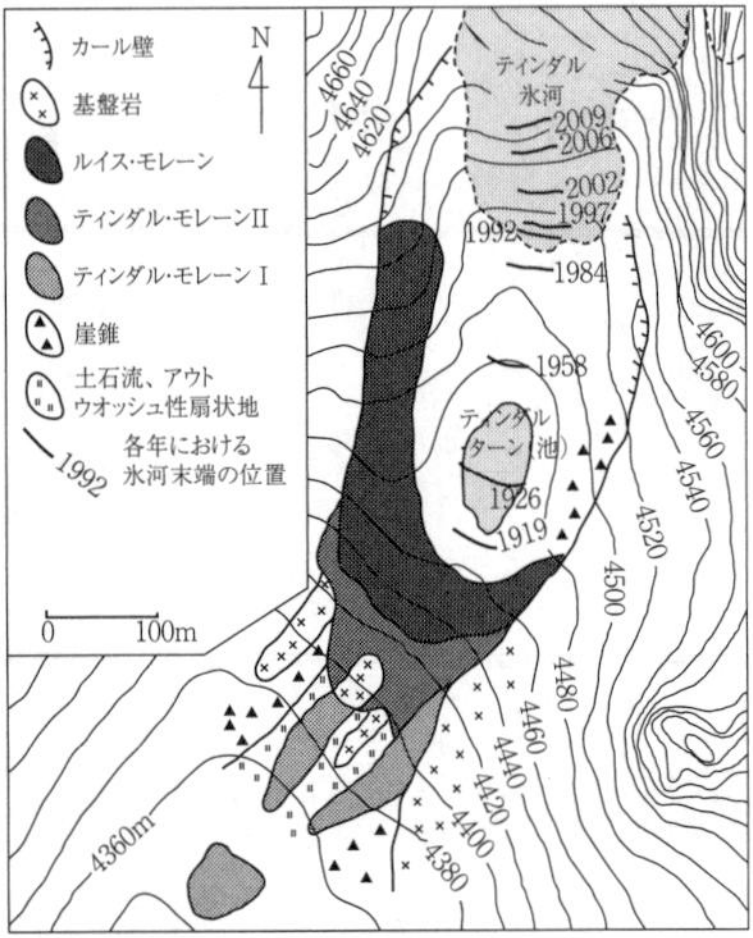

図8-2 ケニア山、ティンダル氷河周辺の地形学図（水野2003） ティンダル氷河末端の位置―1919、1926、1963: Hastenrath 1983; 1950, 1958: Charnley 1959. Lewis モレーン（Lewis Till）と Tyndall モレーン（Tyndall Till）の名称は、Mahaney（1982; 1989）および Mahaney and Spence（1989）に基づく

はブルドーザーのように岩礫《がんれき》や土砂を前に運び、氷河が縮小すると、その岩礫や土砂をその場に置いてくる。先にみたように、その小山をモレーンというが、ティンダル氷河の周辺にはルイスモレーンとティンダルモレーンが見られる（図8-2）。ルイスモレーンが約一〇〇年BP（一九五〇年を基準としてそれより何年前かを示す）、ティンダルモレーンが約九〇〇〇〜五〇〇〇年前ぐらいの氷河前進期に形成されたと考えられている。

毎回ケニア山を訪れるたびに氷河が小さくなっていく姿を見ると何か寂しい感じがする。最終氷期（七万〜一万年前）には、ケニア山には氷河によってU字谷のテレキ河谷が形成され（写真1-3）、巨大な氷河が流れていた。一万年前以降の後氷期に氷河はどんどん縮小し、今まさに消えかかろうとしている。

私が調査のベースキャンプにしているのはアメリカンキャンプと呼ばれている場所である。そこにはティンダル氷河の解け水が流水として現れ、その水を飲料水や炊事に利用している。氷河がまったく消えてしまったらどうなるのだろうか？　一九九二年から調査を始めて二〇二二年でちょうど三〇年経つ。筆者も六〇過ぎになり、三〇年前にはまったく心配したことがなかった水場の枯渇を心配するようになった。ケニア山の峰々は三〇年間まったく変わっていないように見えるのだが……。

氷河の後退とともに山を登っていく植物

氷河の後退を追うように、先駆的植物種四種は、それぞれの植物分布の最前線を斜面上方に拡大させている。とくに、氷河が解けた場所に最初に生育する第一の先駆種セネキオ・ケニオフィトウム *Senecio keniophytum* は、氷河の後退速度と類似する速度で前進している（図8-3、8-4）（写真8-3）。長年、第一の先駆的植物種はセネキオ・ケニオフィトウムであったが、二〇一六年と二〇一七年に氷河末端に一番近い場所に生育していたのは地衣類のチズゴケだった。コロナ禍で三年ぶりに調査できた二〇二二年は、氷河末端から、先駆的植物種七種の最前線の個体までの距離が、二〇一九年の時とほぼ同じであったことには驚かされた（図8-4）。七種がほぼ同じ速度で前進していることになる。このようなことは過去三〇年間の調査で一度もなかったことである。

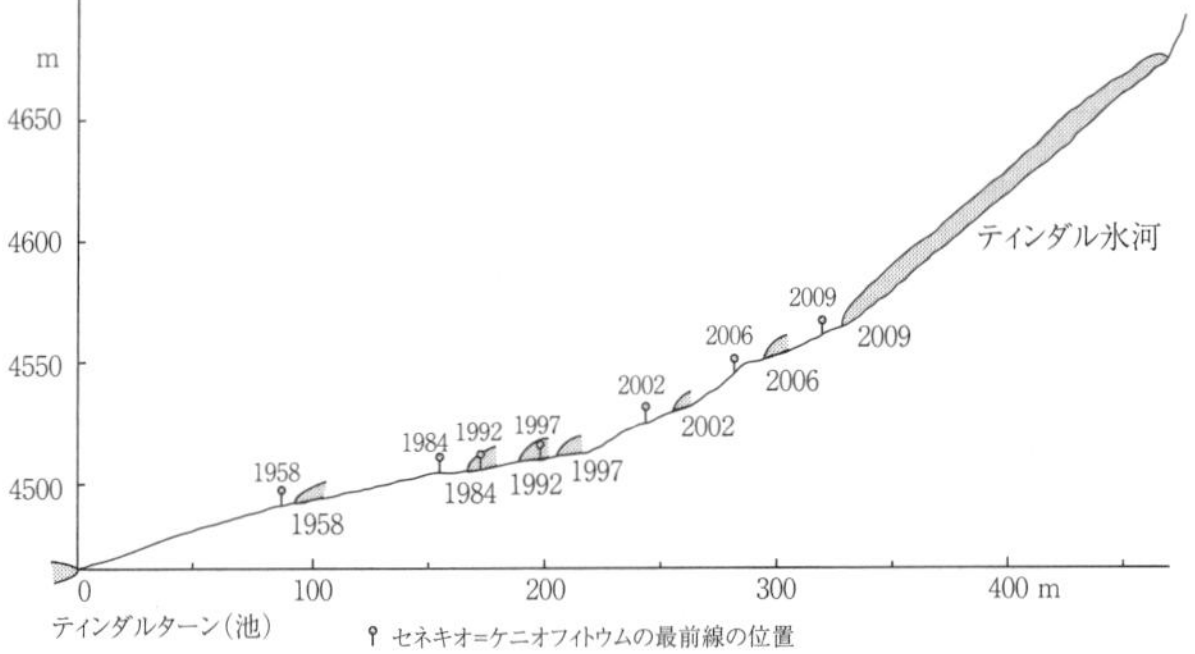

図 8-3　ケニア山第２の氷河、ティンダル氷河の後退と植物の遷移（Mizuno and Fujita 2014）　1958 年から 2009 年までの氷河の末端の位置と第一の先駆種セネキオ・ケニオフィトウムの最前線の位置（植物の分布範囲のうち氷河末端に一番近い個体の位置）（1958 年のデータは Coe　1967 より、1984 年のデータは Spence 1989 より引用）

写真 8-3　氷河融解後、最初に生育できる先駆種、セネキオ・ケニオフィトウム（1992 年撮影）

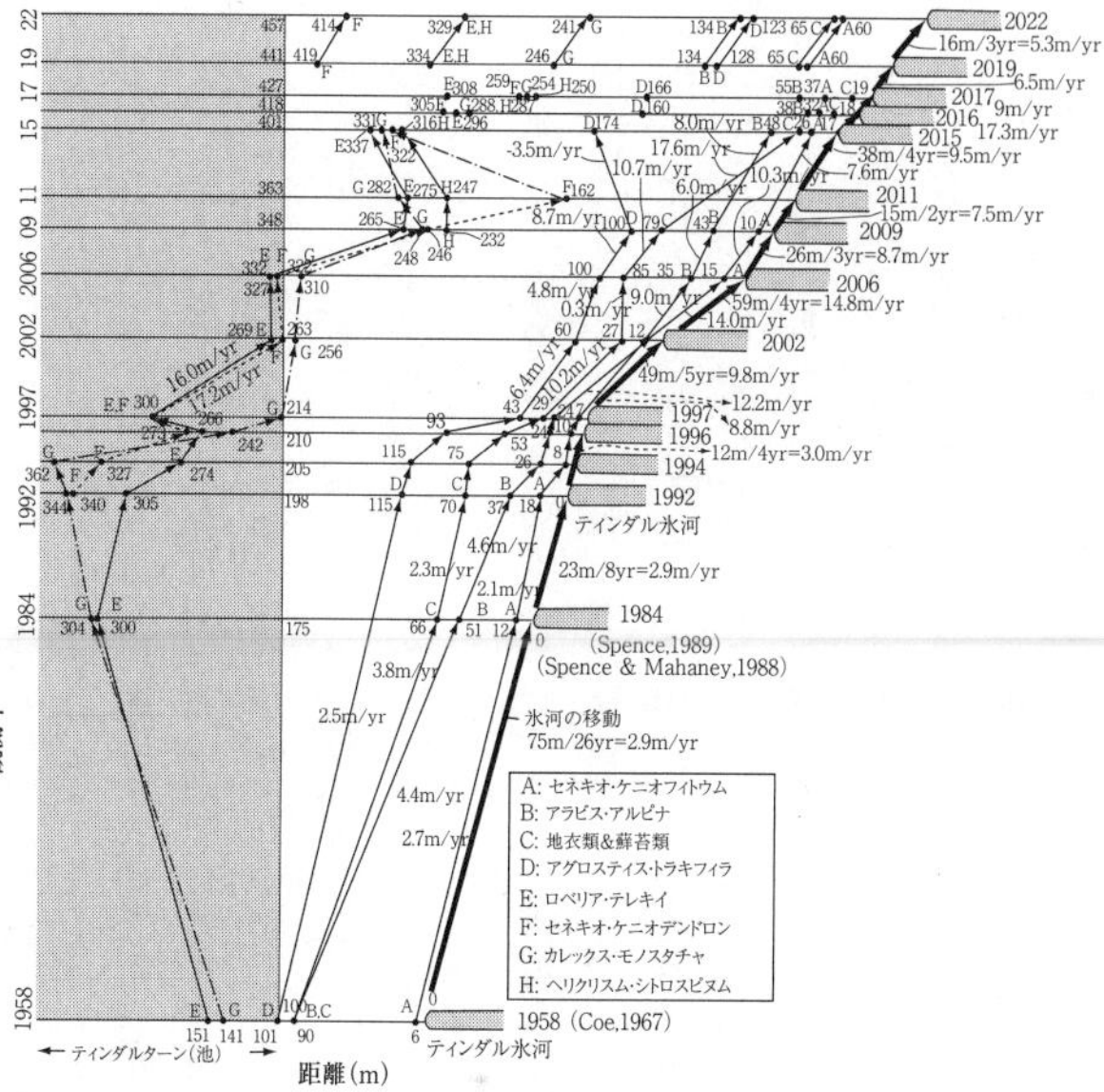

図 8-4　ケニア山、ティンダル氷河の消長と高山植物の遷移（Mizuno and Fujita 2014 に、その後のデータを追加）　横軸：ティンダル氷河末端から各植物種の生育前線までの距離（m）。縦軸：年代（縦軸の長さは年数を示す）。矢印：ティンダル氷河末端および各植物種の生育前線の位置の移動（矢印の傾きは移動速度を示す）

セネキオ・ケニオフィトウムは、キク科のキオン属の黄色い花をつける高山植物であるが、その分布を見ると、岩盤が尾根状（堤防状）に凸型の斜面をつくっているところに多く分布し、岩盤の割れ目や岩塊のすき間などに多く生育している。セネキオ・ケニオフィトウムが岩盤の割れ目や岩塊の隙間に多く生育している理由は、そのような場所は、砂や細かい礫などの細粒物質が溜まりやすく、そこに種子が落ちると、その細粒物質に保持された水分の供給を受けて植物が生育し、さらに細粒物質で根が固定されるからである。また、岩盤や岩塊のため、地表が安定していることが重要な条件になっている。

先駆種は、まだ多くの植物が生育するには困難な土壌条件の場所に侵入し、それらの腐植が堆積していくにつれ土壌が発達していく。土壌の粒子が細かくなっていき、腐植の堆積で色も黒くなっていって（図8-5）、より多くの植物が生育できる環境に変化していく。そして、氷河から解放されて一〇〇年以上たつと、大型半木本性ロゼット型植物（草本植物であるが、茎の周りの葉が枯れてもくっついたままでそれがだんだん木質化していく植物）であるキク科のセネキオ・ケニオデンドロン *Senecio keniodendron*（写真8-4）やキキョウ科のロベリア・テレキイ *Lobelia telekii* が生育できるようになる（セネキオ・ケニオデンドロンなどの半木本性のジャイアント・セネシオは、近年はデンドロセネキオ *Dendrosenacio* 亜属と区分されるようになってきたが、本書では従来通り、セネキオで表

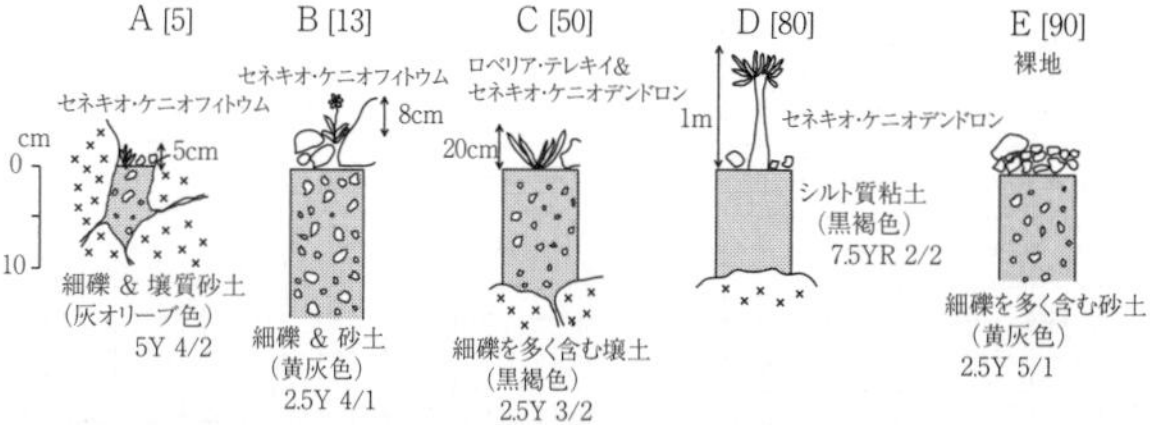

図 8-5　各調査地点での土壌断面図（Mizuno 1998）［　］：各調査地点の氷河性堆積物（土壌）の年代（年）（氷河の後退速度と各地点の氷河末端からの距離から求めた）

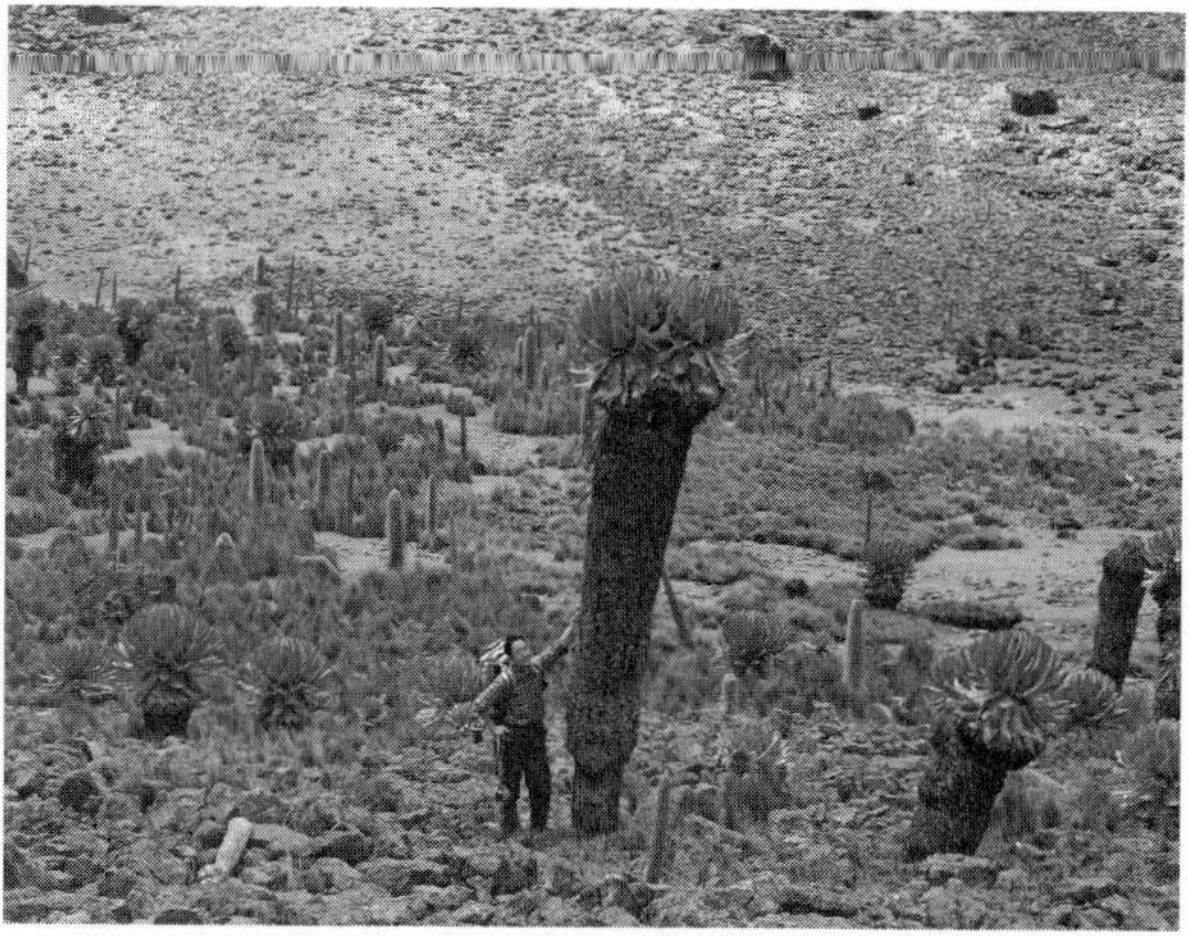

写真 8-4　大型半木本性ロゼット型植物のジャイアント・セネシオ（中央）やジャイアント・ロベリア（2009 年撮影）

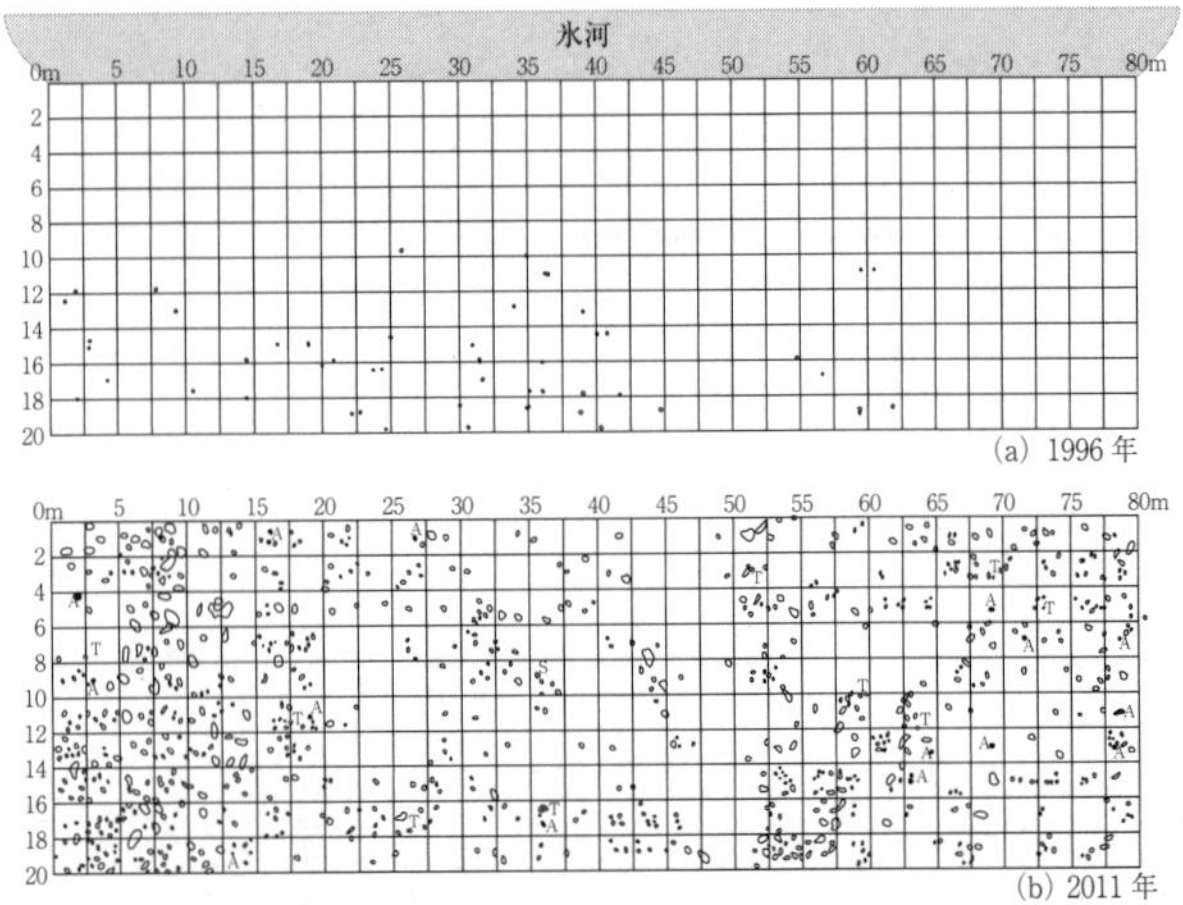

図 8-6　1996 年の氷河末端に設けられた方形区(80m×20m)の 1996 年(a)と 2011 年(b)の植生分布(Mizuno and Fujita 2014)

記する)。

一九九六年に氷河末端に接して設置した永久プロット(長期間のモニタリングのために永続して設置している区画)(幅八〇メートル×長さ二〇メートル)で植物分布の調査を開始したが、セネキオ・ケニオフィトウムの個体数と植被率(地表面を植物が覆っている率)がともに、一五年後の二〇一一年には大幅に増加していた(図8-6)。また、一九九六年にはプロット内の生育種はセネキオ・ケニオフィトウムの一種のみであったが、二〇一一年には分布の大半は同種であったものの、他にも三種が生育していた。

この永久プロットでの調査はとて

も大変だ。八〇メートル×二〇メートルのプロットの中に二メートル×二・五メートルの区画ごとに植物分布を記録していく。一九九六年時の調査については先に述べたが、二〇一一年のときは院生一名のほか数名のポーターに手伝ってもらった。しかし、ポーターには調査の精度の重要さが十分に伝わっていなくて、途中で誤差が生じ、一時間以上かけて実施した後、最初からやり直すことになった。標高四五〇〇メートルくらいの空気の薄い寒い場所での調査のやり直しはきつかった。

植物遷移の図（図8-4のうち二〇〇二年までのデータ）が、オックスフォード大学出版発行の生態学の教科書シリーズの一冊、*The Biology of Alpine Habitats* に掲載されているのを見てびっくりした。私が国際学術雑誌に二〇〇五年に載せた論文（Mizuno, 2005）からの引用であるが、その教科書によれば、氷河の後退と植物の遷移の研究は、そのほとんどが年代のわかっている何列ものモレーンに分布する植物を調べて、氷河の後退にともなう植物遷移を明らかにしていくものだ。そのなかでケニア山の研究は、リアルタイムで氷河の後退と植物遷移を明らかにしているという点で、世界でもほとんど見られない研究だと紹介されていた。

このケニア山の研究の最新の論文（Mizuno and Fujita, 2014）は *Journal of Vegetation Science* に掲載されている。年代のわかっているモレーンを使えば、一回の調査で氷河の後退と植物遷移の関係がわかるのだが、リアルタイムで調べるためには、数年おきに何十年にもわたって調査する必要があり、ライフワークとして一生涯かけてやらなくてはならない。三〇歳を過ぎてから始めた研究も、七〇歳くらいになるまで四〇年間は続けてやって、貴重な研究として世に残せればと思う。ひとりの日本人が生涯かけて行ってきた研究によって、ケニア山研究史に足跡を残せれば本望だ。ケニア山調査は、二〇一五年から科学研究費の研究プロジェクトとして実施しているが、その調査成果は後述の大谷くんの研究も含め、計九名のメンバーの成果が、*Glaciers, Nature, Water, and Local Community in Mount Kenya* にまとめられ、二〇二二年にSpringerより出版された。

三〇年間も植物を追っていると、それぞれの植物種に愛着が湧いてくる。「えっ！おまえ、こんなとこまで上がってきたのか！」と。温暖化によるそれらの動きは年を追うごとに気になっていくのだ。それは我々が子供、さらに孫と、自分たちの子孫をかわいがり、その動向を気にするのと似ている気がする。

温暖化とケニア山の植生遷移

二〇〇六年までティンダル・ターン（池）の北端より斜面上方にはムギワラギクの仲間へリクリスム・シトリスピヌム *Helichrysum citrispinum* は、生育していなかった。しかし、二〇〇九年にはティンダル・ターン北端より上方の、ラテラルモレーン（サイドモレーン、側堆石《そくたいせき》：氷河に沿って形成されるモレーン）上に三二株が分布していた（写真

写真8-5　ムギワラギクの仲間ヘリクリスム・シトリスピヌム *Helichrysum citrispinum*（2009年撮影）
2006年までティンダル・ターン（池）の北端より斜面上方には生育していなかったが、2009年にはラテラルモレーン上に32株が分布していた

8-5）。最初にヘリクリスムの白い花（実際は花ではなく葉の変形したほう葉だが、一見花びらのように見える）があちこちに咲いているのを見たときはびっくりした。「なぜ、こんなにいっぱい咲いていているんだろうか？」。その疑問は、二〇〇九年の気温データを収集して謎が解けた。

ヘリクリスム・シトリスピヌムは、通常暖かくなる一二〜二月に開花する植物であるが、二〇〇九年には八月に開花していた。それで、白い花（ほう葉）があちこちに咲いているのを見てびっくりしたのだった。これは二〇〇九年の三〜九月の気温が平年より一℃以上高かったため、一気に生育範囲が斜面上方に広がり、二〇〇九年の四〜八月の気温が、平年の一二月並の暖かい気温に達したため、八月に開花したものと推定される。白いほう葉はドライフラワーのように乾燥しているため、エバーラスティングフラワー（永久花）と呼ばれている。気温が平年値であった二〇一一年八月には、ヘリクリスム・シトリスピヌムは四九株（プラス一七株）に増えていたものの、つぼみを持つものが一株あったのみで他は開花していなかった。このように、ヘリクリスム・シトリスピヌムの前進は、近年の氷河後退にともなう植物分布の前進ではなく、気温上昇による植物分布の高標高への拡大と推定される。

また、大型の半木本性ロゼット型植物であるジャイアント・セネシオ（セネキオ・ケニオデンドロン）は一九五八～九七年には分布が斜面上方に拡大するという傾向は見られなかったが、一九九七～二〇一一年には拡大して、山の斜面を登っている。この種は氷河後退が直接遷移に関係しているとは考えられないが、先駆種の斜面上方への拡大による土壌条件の改善と温暖化がジャイアント・セネシオの生育環境を斜面上方に拡大させていると考えられる。

ジャイアント・セネシオは、通常、一二月中旬に暖かくなるとつぼみが出て、一～二月に開花し、種子が放出される。しかし、二〇一一年は八月に開花していた。例年七～八月は乾季であるが、二〇一一年の七～八月は雨続きであったため、それが関係しているかもしれない。なおジャイアント・セネシオは一〇～二〇年に一回しか開花しないと言われている。

ジャイアント・セネシオの成長速度

ジャイアント・セネシオ（ヤネキオ・ケニオデンドロン）は一〜六メートルの茎を持ち、地表の寒さを避けて茎の上部にロゼット状の大きな常緑の葉をつける。アフリカの熱帯高山特有の植物で、このような大型の植物を森林限界以上で見ることのない、我々日本人からすると、その存在は驚きだ。キリマンジャロでは別種のジャイアント・セネシオが分布し、霧の中からその姿が突如現れると、幽霊が出たようで、そのため「ゴースト・ツリー」と呼ばれている。老化すると、葉は落ちることなく垂れ下がって茎に巻きつき、木質化し、断熱層を作る。ロゼット状の葉は日中に開き、夜間は閉じる。

ジャイアント・セネシオは年輪を持たないため、これまで樹高と樹齢の関係は不明であった。ガイドたちにこの大きな「草」の年齢を聞いても、あいまいな答えが返ってくるだけで謎だった。それで、二〇一九年に、かつての指導院生だった手代木《てしろぎ》くんとその当時の指導院生だった大谷くんと協力して、モレーン上の二地点のジャイアント・セネシオから、茎の上から下まで三ヶ所の乾燥葉を採取した。その六つの乾燥葉のサンプルを放射性炭素（^{14}C）年代測定法（とくに、炭素が微量でも分析が可能な加速器質量分析〔AMS〕法を使用）により、^{14}Cの濃度から年代を求めた（Mizuno 2022）。炭素の同位体《どういたい》（原子番号が等しく、質量数が異なる原子）には^{12}C、^{13}C、^{14}Cがあるが、^{12}Cと^{13}Cが安定同位体であるのに対し、^{14}Cは放射性同位体である。自然の生物圏内では炭素14（^{14}C）の存在比率がほぼ一定であり、動植物の内部における存在比率も死ぬまで変わらない。しかし、死後は新しい炭素の補給が止まるが、安定同位体は減少しないのに対し、放射性の炭素14は、半減期（量が半分になるまでの年数）五七三〇年に従って減り始めるため、その性質を利用して年代測定を行う。

一つ目のセネシオ（高さ二八三センチメートル、樹冠七五センチメートル〈茎二〇八センチメートル〉）の平均成長速度は三センチメートル／年であり、発芽年代は一九四〇年、樹齢は約八〇年と推定された。もう一つのセネシオ（高さ三三七センチメートル〈茎二四一センチメートル、樹冠九六センチメートル〉）の平均成長速度は四・五センチメートル／年であり、発芽年代は一九五〇年、樹齢は約七〇年と推定された。したがって、高さ五メートルを超えるセネシオ（写真8-4）になると樹齢は一〇〇年以上ということになる。ケニア山の氷河近くの厳しい環境で一〇〇年もの間生きているのだ。

ケニア山の氷河の縮小と水環境の変化

私が大学院で指導した大谷くんは、ケニア山やキリマンジャロの氷河と山麓の水環境の関係について研究し、二〇一九年度末に博士号を取得した。ここでは彼の研究内容を紹介し、両者の関係について述べることにする。大谷くんは、湧き水、湖水、河川水、雨水を採水し（図8-7）、そのデータを分析した。

ここで重要なのが、住民が飲用水として利用している山麓（標高約二〇〇〇メートル）

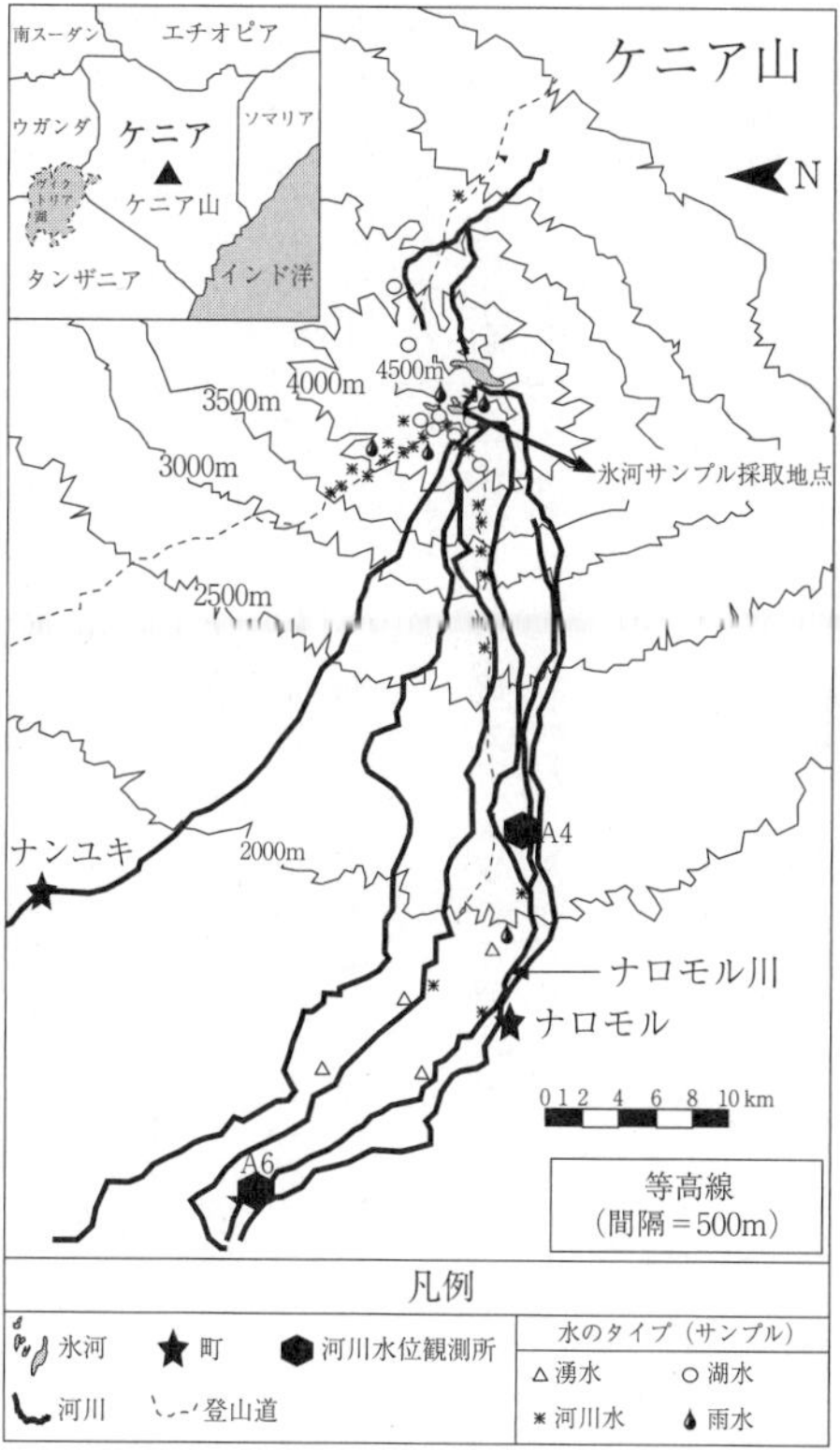

図 8-7　ケニア山の採水地点（大谷 2018）

の湧き水（湧水）だ。彼は傘を反対向きにして、その中にいろいろな標高の降水を集めて^{18}Oを測った。言葉で言うのは簡単だが、実際は大変である。まず、いろいろな標高で都合よく雨は降ってくれない。それも乾季での調査であったため、なおさら雨の採集は困難だ。雨が降り出すと急いで傘を反対向きにさして雨を集める。酸素は多くは質量数が一六の^{16}Oだが、^{18}Oは質量数が一八で、^{16}Oの同位体だ。

酸素の同位体の場合、海から雲がやってきて山麓から雨を降らせるが、^{18}Oを含む水は^{16}Oを含む水より質量数が大きくて重いので、その重い^{18}Oを多く含んだ水から先に降っていく（図8-8）。したがって、ケニア山の降水は主にインド洋から吹く南東貿易風によってもたらされる。ケニア山の降水量は南東斜面で多く、標高二二五〇メートルの南東斜面で年降水量は二五〇〇ミリメートルに達する。そのため、ケニア山の氷河は南東斜面に多く分布する。

ケニア山の標高ごとに採水した降水サンプルの酸素同位体比（δ^{18}O）は、標高が高くなるにつれて低くなる高度効果を示した（大谷、二〇一八）。グラフのマイナスは^{18}Oが少ないことを表すが、^{18}Oを含んだ水は標高が上がるにつれて少なくなっていく（図8-9）。そこから高度降下直線が算出され、この直線により、湧水をもたらした水の供給源すなわち水源になっている場所の標高を推定することができる。ケニア山山麓域で採水された湧水や山麓の河川水の酸素同位体比の値を高度効果の直線にあてはめると、約五〇〇〇メートル付近の水が地下にしみ出し、山麓で湧出していることが推察される（図8-9）。五〇〇〇メートル付近は氷河や雪の解け水が多く存在する場所であり、乾季にはそれらが麓の湧水や河川水に多く寄与している可能性が示されたのである（大谷、二〇一八）。

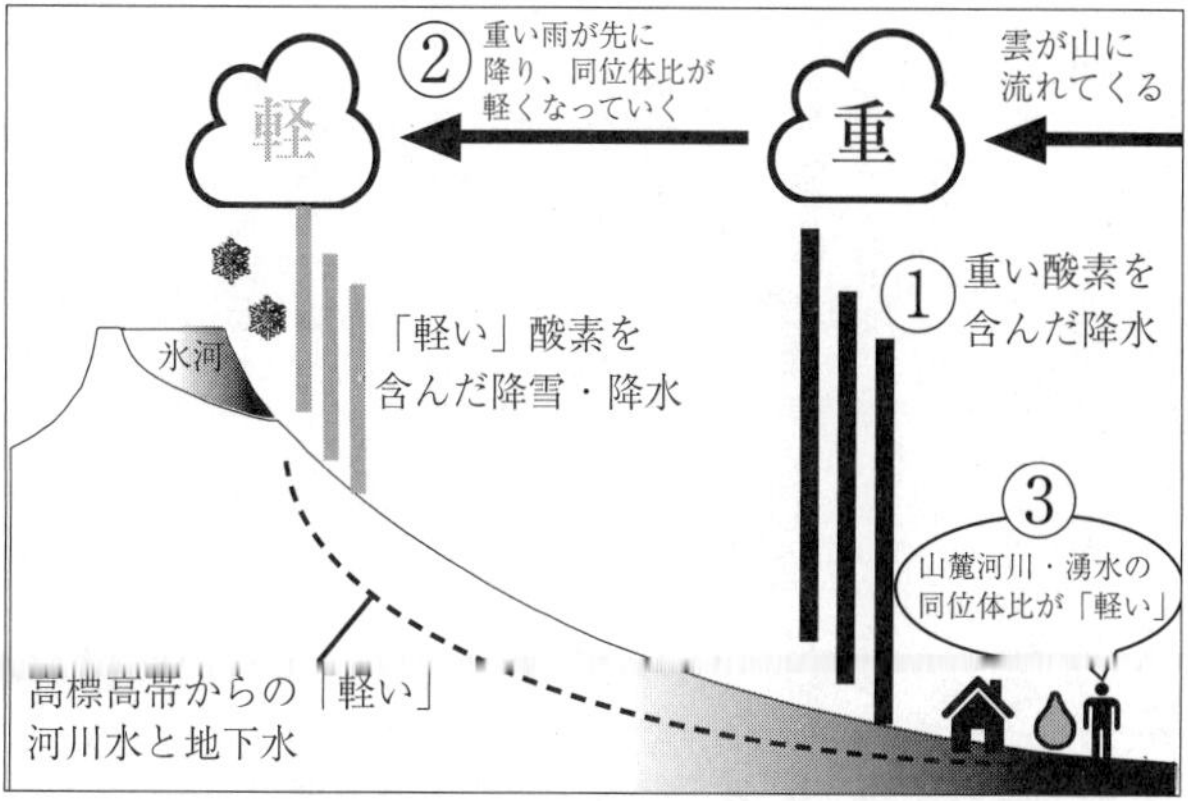

図 8-8　同位体効果と水の起源把握のメカニズム（大谷 2022）

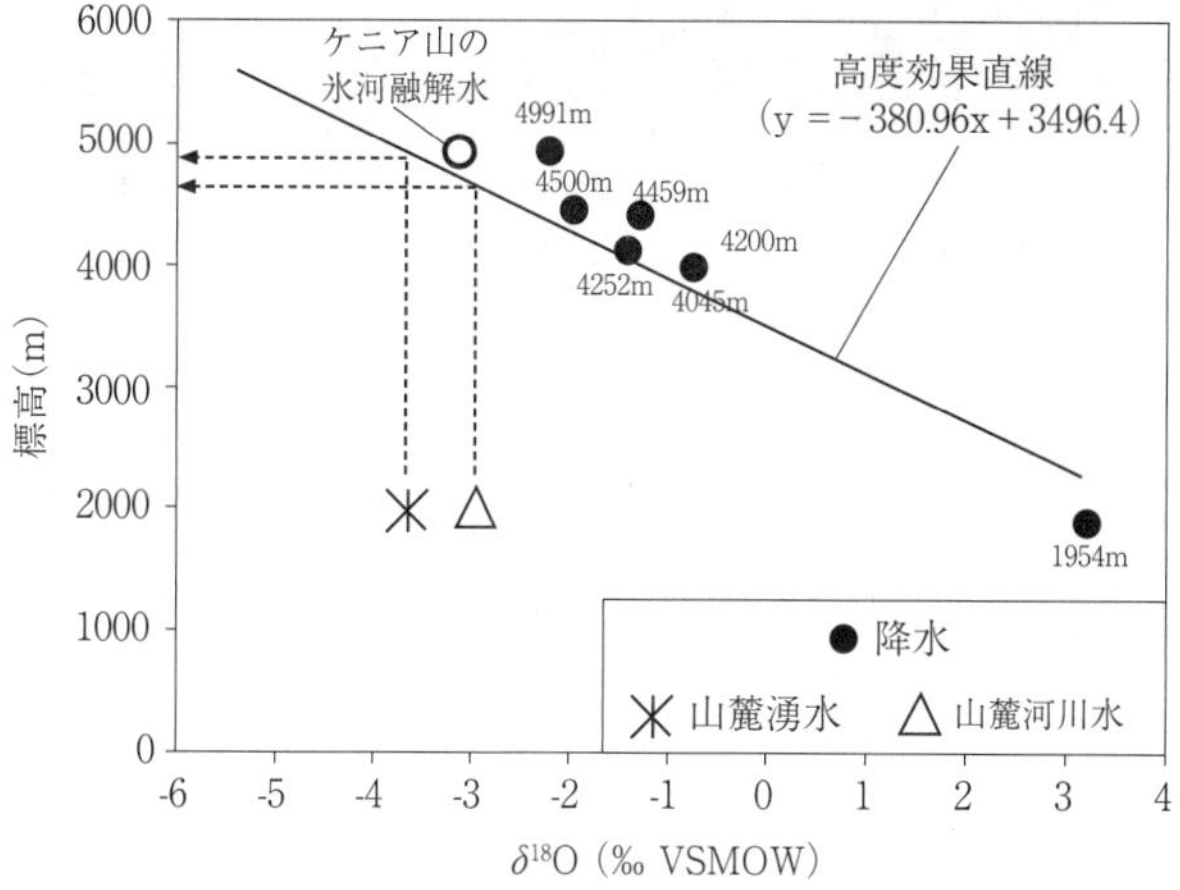

図 8-9　ケニア山における降水の高度効果（大谷 2018）　実線は降水の ^{18}O と標高の近似直線を表す

すなわち、ケニア山山麓の住民たちが飲んでいる湧き水の主体は、標高二〇〇〇メートルに降った降水ではなく、河川水でもなく、標高五〇〇〇メートル付近の氷河や積雪が解けて長い年月がかかって標高二〇〇〇メートルの山麓まで地下水として運ばれて湧き出た水であるということだ。

では何年かかって氷河の解け水が地下水として流れ山麓で湧き出てくるのか？CFCs（クロロフルオロカーボン類）トレーサーやトリチウムを使って測ったところ、地下での滞留時間は四〇〜六〇年だった（大谷、二〇一八）。山頂付近の氷河の解け水が四〇年から六〇年かかって山麓に湧水として出てくることが分かったのである。いま地元の住民たちが飲んでいる湧き水は五〇年前の氷河の解け水である。ということは、いま氷河がどんどん小さくなっているが、その解け水を飲むのは五〇年後の人びとということになる。氷河が消えれば当然、湧き水を涵養《かんよう》する水の量が格段に減少する。ケニア山の積雪量は非常に少ない。氷河の水源としての役割は大きいのだ。

二〇一九年度に博士号の学位を取得した大谷くんは、翌年にはサントリーの水科学研究所の研究員になり、二〇二二年四月からは東京大学農学生命科学研究科の特任助教として水に関する研究を続けている。二〇一九年末に大谷くんと同時に博士号を取得した芝田くんは、翌年には京大のフィールド科学教育研究センターの研究プロジェクトの研究員になり、二〇二一年度からは奈良大学文学部地理学専攻の講師になった。

私は二〇〇一年度〜一四年度まで一〇年以上ナミビアの乾燥地・半乾燥地で科研の研究プロジェクトを推進してきて、そのためその当時の私の指導院生たちはナミビアやマラウイ等で調査を行い、その中から藤岡くん、手代木くん、山科《やましな》さん、藤田くんの四名が博士後期課程まで進学して博士の学位を取得し、それぞれ九大、摂南大、筑波大、国立環境研究所で准教授や講師、助教、研究員の研究職に就いた。ナミビアで調査を行った最後の年の二〇一四年にナミビアにつれて行ったのが芝田くんで、彼はナミビア・ボツワナの自然とサン（ブッシュマン）の生活に関する研究で学位を取った。彼の論文（芝田二〇一八）は二〇一九年度日本地理学会賞（優秀論文部門）を受賞した。自分の教え子たちが海外や国内で活躍し、研究成果をあげていく姿を見ると、自分が若い頃自然や社会ともがきながら奮闘していた姿と重なって、感慨深く、とてもうれしい。二〇二二年度には博士後期課程三年の指導院生が二名いて（神品くんと韓国からの留学生キムくん）、年度末の博士号取得を目指している真っ最中だ。

キリマンジャロの氷河縮小

キリマンジャロの氷河はケニア山同様に温暖化で急速に減少している（写真8-6、8-7）。キリマンジャロが継続して積雪を被っているのは通常は雨季の四〜五月のみだ。標高が五一九九メートルのケニア山では氷河は融解して水になるが、キリマンジャロは

写真 8-6　キリマンジャロのキボ峰山頂のカルデラ内の氷河（上：1992 年撮影、下：2016 年撮影）

標高が五八九五メートルあるので、氷河縮小の主要因は昇華（固体が液体になることなしに、直接気体になること）であると言われてきた（Mölg and Hardy 2004, Kaser et al. 2004）。わかりやすい例をあげれば、冷凍庫に氷を作っても長期間放っておくと氷は小さくなっていく。すなわち、氷が解けて水になって減っていくのではなく、気化して小さくなっていく。これが昇華である。

しかし、近年のキリマンジャロの氷河には、氷河が解けて水が垂れてできた氷柱《つらら》が大量に見られ、温暖化が進んで、その融解が進んでいると推測される（写真8-8）。この膨大な氷河の氷柱は、NHKのドキュメンタリー番組「桐谷健太　熱帯の氷河　キリマンジャロに挑む」（二〇一八年）の撮影に数週間同行したときに撮影したものである。このとき私は桐谷さんにキリマンジャロの自然や氷河について解説するという役割だったの

写真 8-7　キリマンジャロ、キボ峰山頂の氷河（2009年撮影）　写真 1-10（1992 年撮影）（52 頁）も参照

写真 8-8　氷河から無数に垂れ下がる氷柱（2018 年撮影）

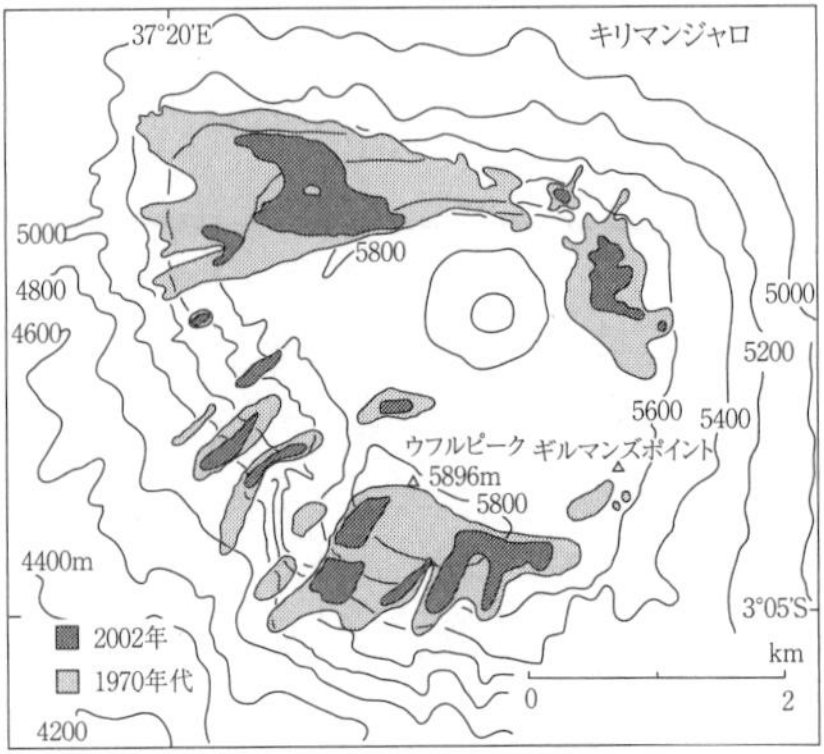

図 8-10　キリマンジャロの氷河分布図（Mizuno 2005）
1970 年代の氷河分布は Hastenrath（1984）より引用

であるが、桐谷さんは、目の前に広がる氷河から無数に垂れ下がる氷柱が太陽の光を浴びて、先から水がポタポタと絶え間なく落ちていく光景に圧倒されている様子だった。

氷河の実際の分布図（図8-10）を見ると一九七〇年代から二〇〇二年までにずいぶんと縮小している。二〇〇二年の図はセスナをチャーターして空から調査したものだ。そのときは写真やビデオの撮影をしやすいようにセスナのドアを外して飛んでもらい、私は落ちないように椅子にザイルで体を固定して空撮した。ドアを外して六〇〇〇メートル近くの高度まで上がったので、何枚も重ね着したものの、手袋はしなかったため猛烈に手が冷たかった。しかし、そこから間近に見えたキボ峰の茶色いカルデラ内にある氷河は白く輝いていた。現在は二〇〇二年からさらに二〇年ほど経っており、あと一〇年以内にケニア山でもキリマンジャロでも氷河が消滅すると言われている。

キリマンジャロには世界中から登山者が集まり、タンザニアの観光業にとって重要な場所となっている。キリマンジャロ登山のためにキャンプ地や山小屋は、山頂付近を除いてほとんど川や流水のある場所に立地している。飲食のために水が不可欠なためだ。ケニア山で水環境の調査をしていた大谷くんが、キリマンジャロで六ヶ所のキャンプ地の川の水を採取して^{18}Oと^{2}Hを調べた結果、キャンプ地の河川水の多くは氷河の解け水由来であると推察された（大谷、二〇二二）。前述の通りキリマンジャロの氷河は二〇二〇～三〇年代には消滅すると予測されている。氷河がなくなると、キャンプ地の川の水が枯れてしまう恐れが出てくる。温暖化によるキリマンジャロの氷河の消滅は、タンザニアの観光業にも少なからず影響を及ぼすに違いない。

キリマンジャロの山麓では、湧き水を何ヶ所ものコンクリートの水槽に溜めてパイプで周辺の村やホテルまで運んでいる（写真8-9）。山麓のホテルに泊まったとき、それまでのホテルのようにペットボトルのミネラルウォーターが用意されていることはなく、ガラスの器に湧き水が入れてあった。先ほど述べたように大谷くんの研究から、キリマンジャロ山麓の湧き水は氷河の解け水を少なからず含んでいると推測されている。ホテルのガラス容器の中の水は限りなく透明でとてもおいしかった。

山麓の川の水は下水や生活用水が流入しているので飲み水には使用しておらず、飲料水には湧き水を使用している。現地の四〇歳代の住民は、湧き水の滝のところで子供の頃に水遊びをしていたと言うが、その水量は子供の頃に比べて現在は半分くらいに減ったと言う（写真8-10）。キリマンジャロでも、山頂の氷河の融氷水は約五〇年かかって湧き水として湧出しているようだ。

写真8-9　キリマンジャロ山麓の湧き水（2018年撮影）　コンクリート製の水槽に溜めてパイプで周辺の村やホテルまで運ぶ

写真8-10　湧き水の滝（2018年撮影）　湧出量は年々減っている

ケニア山の山岳信仰

アフリカのケニア山（キリニャガ）やキリマンジャロでは、山頂にNgaiンガイ（最高神）が住み着いていると信じられ、信仰の対象になっている。ケニア山周辺に住むキクユの人びとは、干ばつが続くと九〇歳以上の男性四人が家族と離れて一件の家の中で一週間にわたってンガイに祈り、その後、大きなイチジク（あるいはスギやオリーブ）の木の下で子羊を生け贄《いにえ》にしてンガイに向かって祈り続ける。子羊は色が真っ黒か真っ白のものに限られている。この儀式で雨が降らなければ、またこの行為が繰り返される。この祈りは平和や健康などについても行われる。

大谷（二〇一六）によれば、ンガイに祈る方法は以下のようである。

イチジクの巨木などの聖木のもとで一九歳以上の成人が、オスの子羊を生け贄として殺す。殺した子羊を焼いて、その煙を天までまっすぐ昇らす。この「まっすぐ」が重要で、風が強い日は煙が揺らぐため祈りの日には適さない。祈る者が聖木の下に立ち両手を挙げて、ケニア山に向かって祈りを捧げる。「ダァイ　ダ　ダァイヤ　ンガイ　ダァイ」と三回唱え、東西南北四つの山に祈りを捧げる。自分の願いをケニア山に向かって唱える。「クニンナ　マホゥヤ」と祈りの終了を意味する言葉を唱える。ほとんどの祈りは人に願いを聞かれぬように深夜もしくは早朝に行われるという。

毎年一二月には、一年間の感謝と平和や健康への祈りのために大規模な巡礼が行われる。その人数は約三〇〇〇人ともいわれ、ケニア山のまわりに設けられた数ヶ所の聖木

写真8-11　キクユ民族の始まりの土地モコロウエ・ワ・ガザンガ Mokorwe wa Gathanga に残る聖木（2015年撮影）

を複数のグループで回るのである（大谷、二〇一六）。

ケニア山（キリニャガ）周辺に住む、ケニア最大の民族集団であるキクユ民族は、古くからこの山を信仰の対象として崇めてきた。その始まりはキクユ民族の創始者ギクユが山頂でンガイの声を聞いたことから始まる。ンガイはギクユに谷、川、森、鳥と獣、肥沃な土地を与えると同時に、地上での仮の棲家として大きな山をつくった。それがキリニャガ（ケニア山）である（大谷、二〇一六）。

ンガイはギクユをキリニャガの山頂に連れて行き、その土地の中央にあるイチジクの森を指差した。ンガイはモコロウエ・ワ・ガザンガ Mokorwe wa Gathanga と名づけられたその土地に家と畑を作るようギクユに命じた。また同時にンガイは、願いたいことがあれば生け贄を捧げて両手をキリニャガに向かって挙げよ、そうすればンガイはまたそなたを助けにくるだろうと語った（ケニヤッタ、一九六二）。

これがケニア山に対する山丘信仰の始まりの伝説である。モコロウエ・ワ・ガザンガはケニアのキクユ民族の始まりの土地として聖木とともに今もなお残っている（写真8-11）。筆者と大谷くんが二〇一五年にモコロウエ・ワ・ガザンガを訪問したとき、七〇歳代と思われる老人が我々を案内してくれた。休憩中に老人は私に「日本人はヒロヒトのことをどう思っているんだ？」というようなことを聞いた。私はこれまで海外で老人からたまに似たようなことを聞かれたことがあった。ヒロヒトとは、おそらく海外の国で世界史の歴史の教科書に出てくる、明治天皇や将軍（徳川家康ら）とともに最も有名な日本人である昭和天皇のことだ。ナミビアのテキストブックセンターで購入した世界史の教科書には中国と日本はそれぞれ一章が割り当てられていて、その一章「一九一四年までの日本の近代化」という章と「一九二二年から一九三九年の平和の崩壊」という章で、とくに日本の歴史を学ぶのだ。第二次世界大戦を経験している老人たちは、イギリス軍に兵士として召集された経験を持つ者もいて、その種の質問をしてくる。

このンガイが山頂に住むと信仰の対象になっている、ケニア山もキリマンジャロも山頂付近には氷河があり、山麓の町や村からは、それが日射を受けて光り輝いているのが見える。しかし、氷河はどんどん縮小し、今まさに消えようとしている。氷河が消えてしまったら、地域住民の精神的なものにも少なからず影響があるのではないだろうか。

南米調査で明らかになったこと

ボリビア・アンデス、コルディレラ・リアルのチャカルタヤ山で一九九三年に調査した結果を主に『高山植物と「お花畑」の科学』(古今書院、一九九九年)から引用し、それと二〇一二・二〇一三年に調査した結果を比較し、さらに二〇一二・二〇一三年に調査したチャルキニ峰の氷河周辺で調査した結果を、主に『アンデス自然学』(古今書院、二〇一六年)の水野・藤田(二〇一六)を引用して紹介する。

チャカルタヤ山の植物生育上限高度の二〇年間の変化

チャカルタヤ山(五三九五メートル)はラパスの北方に位置している(図2-1)。この山で調査しようと考えたのは、前述の通り、チャカルタヤ山の山頂付近に宇宙線の観測所があって、そこに金子先生たちが毎週月・火・木・金曜日の朝に観測に向かう車に乗せてもらい、氷河付近で下ろしてもらい、夕方五時頃に車に拾ってもらうことができたからだった。その氷河も二〇〇九年には消滅してしまった(写真9-1)。

写真9-1　アンデス山系、チャカルタヤ山（5395m）（上：1993年、下：2012年）　2012年は氷河が消失している

チャカルタヤ山の地質は全体的に堆積岩の珪質頁岩《けいしつけつがん》であり、薄く細かく割れた礫が斜面一面に広がっている（写真9-2）。しかし、その中で大きな岩がごつごつと露出している斜面もある。その斜面は、堆積岩の斜面に、マグマが貫入して冷えてできた火成岩の石英斑岩《せきえいはんがん》の斜面である。そして、その境界はマグマの熱変成によって堆積岩が変質してできた変成岩のホルンフェルス（泥岩や砂岩、頁岩などの堆積岩が熱による変成を受けて

写真9-2　地質による斜面の違い（1993年撮影）　写真奥が火成岩の石英斑岩、手前が堆積岩の珪質頁岩。石英斑岩の斜面が大きな岩からなっているのに対し、珪質頁岩の斜面は細かい岩屑からなり、斜面の安定性が異なる

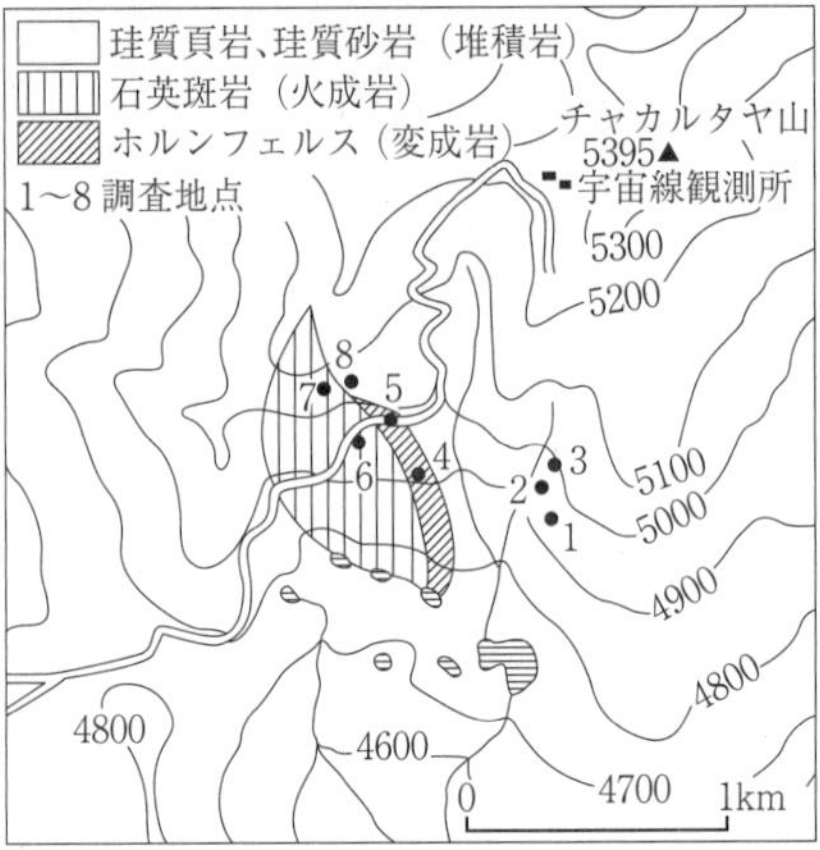

図9-1　チャカルタヤ山の調査地域概略図（水野 1999）

できた岩石）になっている（水野、一九九九、図9-1）。

京都の比《ひ》叡山《えいざん》や大文字《だいもんじ》山《やま》も両者の間に花《か》崗岩《こうがん》のマグマが貫入し、その熱変成によって頁岩が変成岩のホルンフェルスになっている。その硬いホルンフェルスの部分が侵食されにくいため、二つの山の頂を作っている。ちなみに石灰岩の変成岩は大理石で、同様に熱変成で硬くなっている。

表 9-1　チャカルタヤ山の調査地点（図 9-1）における植生と環境条件（水野 1999）

調査地点	1	2	3	4	5	6	7	8
標高（m）	4,950	4,950	4,990	4,910	4,980	4,950	5,050	5,050
斜面方向	S	S	S	S	S	S	SE	SE
傾斜	24°	17°	20°	5°	-	12°	30°	30°
岩質	珪質頁岩、珪質砂岩			ホルンフェルス		石英斑岩（花崗岩）		珪質頁岩、頁岩
基盤の節理密度平均値（最小値―最大値）	13.3 (9-19)	-	-	8.3 (4-14)	5.0 (2-11)	3.3 (2-5)	3.0 (0-6)	-
地衣類の付着率（%）	-	-	-	10	-	15	30	0
植被率（%）	0	0	0	10	10	20	2	0
カヤツリグサ科				+		10		
イネ科				5		3	1	
キク科				2		3	1	
地衣・蘚苔類				3		4		
構造土	-	-	条線十	-	-	-		
地表面構成物質の礫径分布（%）								
200 cm＜							10	
100-200	5		0	4			10	3
50-100							15	
20-50		10		30			15	20
10-20	10		2	40			8	40
5-10	15		10	20			8	27
2-5	30		10	4			15	10
1-2	20		20	0			9	0
0.5-1	10	40	20	2			0	0
0.2-0.5	5	20	18	0			10	0
＜0.2 cm	5	30	20	0			0	0

筆者が一九九三年に調査したときは、植物分布の上限の高さは、堆積岩の珪質頁岩の地域で四九五〇メートル、火成岩の石英斑岩地域で五〇五〇メートル、変成岩のホルンフェルスの地域はその中間であった（表9-1）。

また、高度四九五〇メートルでの植被率は、珪質頁岩地域が〇パーセント、ホルンフェルス地域が一〇パーセント、石英斑岩地域が二〇パーセントであった。また、珪質頁岩の平均節理密度（一メートルの針金の輪を岩盤にあてたときの節理、いわゆる割れ目と交差

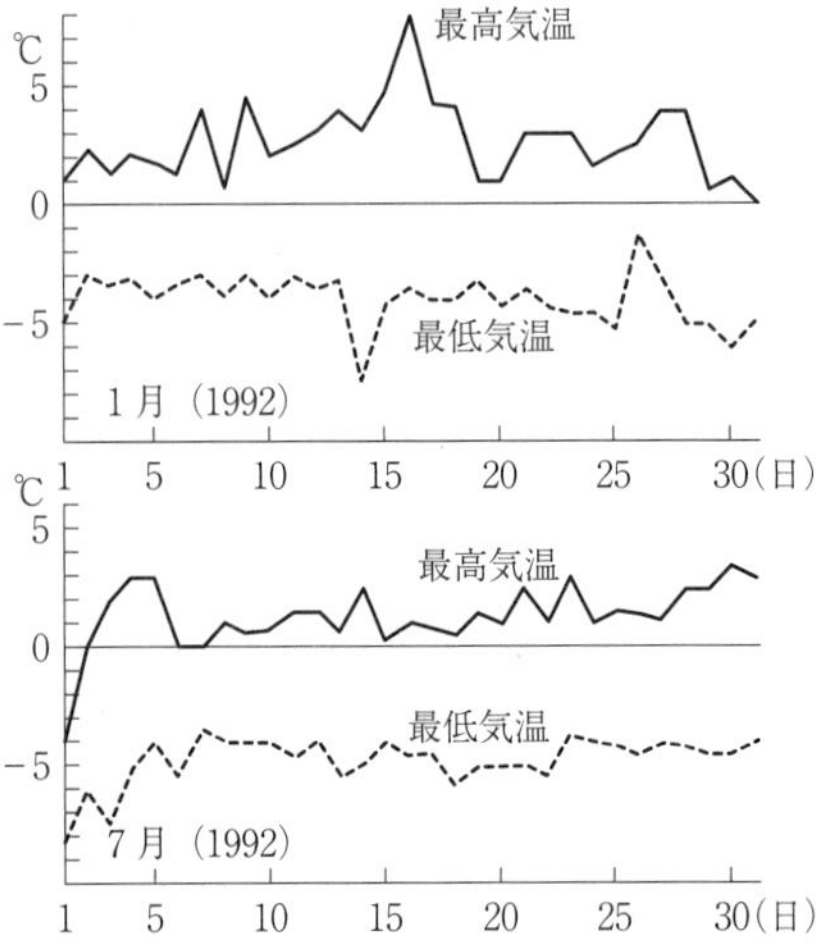

図9-2　チャカルタヤ山の気温（標高5220m）（水野1999）

する回数を二〇回測ったときの平均値）が一三・三、ホルンフェルスが五・〇～八・三、石英斑岩が三・〇～三・三であり、その節理密度にしたがって、生産される堆積物の大きさが異なった。要するに地質によって、割れ目がたくさんできる岩と少ない岩があり、その違いによって大きな岩ができるか細かい岩屑《がんせつ》がたくさんできるか決まってくるわけだ。細かい岩屑の多い珪質頁岩地域は岩屑が地表を転がりやすく地表の移動量が大きいため、植物が定着しにくく植被率が小さく、植物分布の上限が低いが、大きな岩が生産される石英斑岩地域では地表が移動しにくいため、植被率や生育上限高度が高くなっていた。このように地表面を作っている礫の大きさによって地表の移動量が異なるのは、この地域が一年を通じて一日の間に気温が〇℃を上下し、地表面が夜中に凍って日中に解けるという凍結融解作用が激しいためである（図

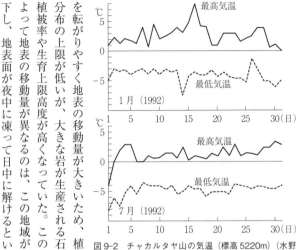

9-2)。どの斜面においても上限の分布植物はイネ科のディエウクシア・ニティドゥラ *Deyeuxia nitidula* であった。

この三つの地質地域で二〇一三年においても同様な調査を行った。チャカルタヤ山の珪質頁岩地域の植物分布の上限は五〇一〇メートル、ホルンフェルス地域の植物分布の上限は五〇三〇メートル、石英斑岩地域の植物分布の上限は五〇七〇メートルで、それぞれ一九九三年と比べて二〇年間で、六〇メートル、三〇メートル、二〇メートル上昇していた。生育植物はすべての斜面においてキク科キオン属のセネシオの一種であるセネキオ・ルフェセンス *Senecio rufescens* であった。

このように二〇年間で植物の生育上限高度が上昇した原因は、近年の温暖化であると推定され、その温暖化の影響が氷河消滅に現れている。

アンデスの植生遷移と堆積物

科学研究費を獲得し、研究プロジェクトとして二〇年ぶりにボリビア・アンデスで調査することになった。プロジェクトは地形や気候、植生、土壌などの研究者から構成され、氷河周辺で調査を行った。場所は以前調査をして土地勘があるチャカルタヤ山の近くから選定した。その調査地である、ボリビアアンデス、コルディレラ・リアルのチャルキニ峰（五三九二メートル）はラパスの北方にあるチャカルタヤ山のすぐ北西に位置している（図2-1）。大学院生三名を含む総勢一三人が、毎日、二台のレンタカーでラパスを出発するが、市街地の大渋滞で現地に着くまでに二〜三時間はかかった。

チャルキニ峰には西カールと南カールがあり、氷河が存在していた（写真9-3）。このチャルキニ峰西カールにおいて、モレーンの分布とその植生分布を調査した。道路脇に車を駐め、そこからハアハアと息を切らしながら急斜面を登っていく。チャルキニ峰西カールは、Rabatel et al.（2008）により、モレーンが1〜10に区分されている（図9-3、表9-2）。それらのモレーンのうち、Rabetel et al.（2008）で年代が示されているモレーン2：一七〇〇±一二、モレーン3：一七三九±一二、モレーン6：一七九一±一〇、モレーン9：一八七三±九と、Rabatel et al.（2008）に出てこない、さらに新しいモレーン11の計五カ所に一〇メートル×一〇メートルのプロットを設け、そのなかの二メートル×二メートルの方形区ごとに、植生分布と地表面構成物質の礫径分布を調査した（写真9-4）。

斜面には持ってきた巻き尺やヒモを引っ張ってプロットを設置した。背後には白く輝くワイナ・ポトシの峰が眩しくそびえている。各プロットは二メートル×二メートルの二五方形区に区分され、それが五プロットあるため、計一二五方形区になるが、統計分析を行うためにサンプル方形区を各プロットあたり一三方形区を取り、五プロットで計六五方形区について分析を行った。また、氷河末端付近の植生分布も調査した。モレー

写真 9-3　チャルキニ西カールと西氷河（2012 年　長谷川裕彦撮影）

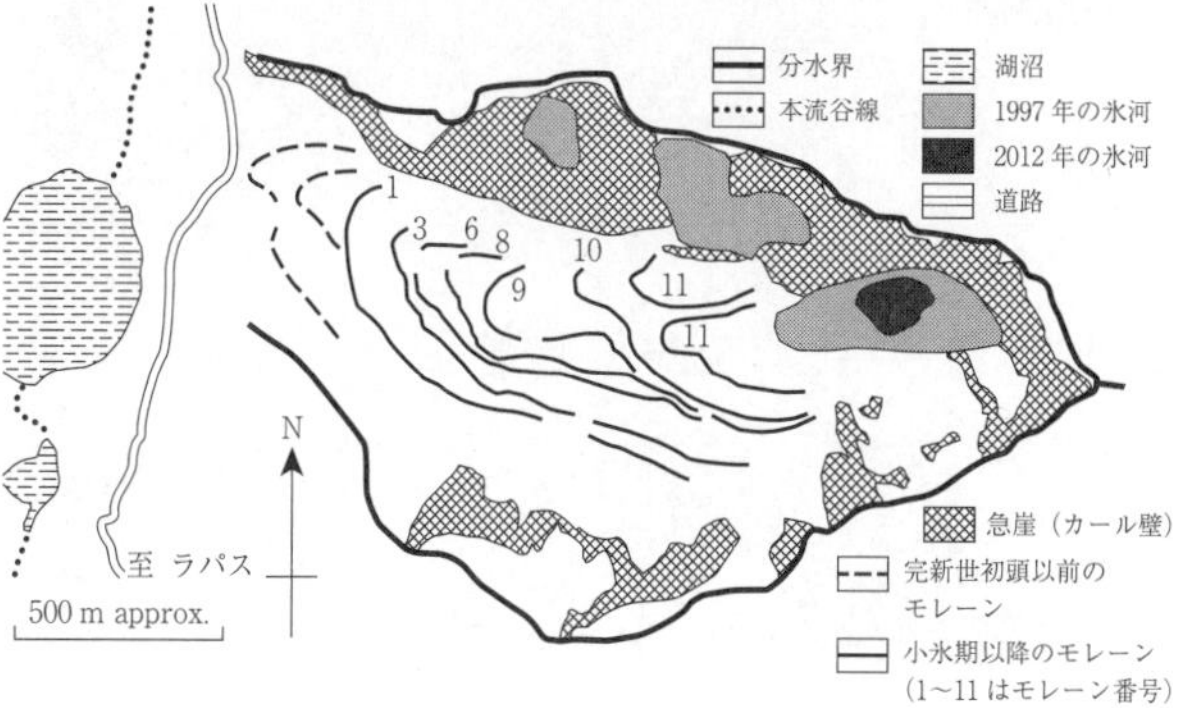

図 9-3　チャルキニ峰西氷河前面におけるモレーンの分布（長谷川 2016）

表 9-2　チャルキニ西カール内に分布する小氷期モレーン群の形成年代（長谷川 2016）　形成年代は Rabatel et al.（2008）による。網掛けは他地域でも認定されている比較的規模の大きなモレーン（Rabatel et al. 2005 による）

堆石	形成年（西暦）	堆石	形成年（西暦）
M1	1663 ± 14	M6	1791 ± 10
M2	1700 ± 12	M7	1815 ± 10
M3	1739 ± 12	M8	1852 ± 9
M4	1755 ± 10	M9	1873 ± 9
M5	1763 ± 10	M10	1907 ± 9

写真 9-4　チャルキニ峰西カールでの植生調査風景（2012 年撮影）　背後に氷河を頂くワイナ・ポトシの峰がそびえている

表9-3　頻度の高かった（頻度10%以上の）植物種のモレーン別の出現頻度（水野・藤田2016）

	モレーン2 (320)	モレーン3 (280)	モレーン6 (230)	モレーン9 (150)	モレーン11 (50)
Asteraceae sp.	54	15	0	0	0
Belloa schultzii	92	62	8	31	0
Belloa sp.	0	8	8	0	0
Perezia multiflora	62	31	15	8	0
Senecio rufescens	0	46	46	15	0
Werenia conyza	69	46	23	15	0
Deyeuxia nitidula	100	92	100	100	8
Dielsiochloa sp.	0	0	23	38	0
地衣・蘚苔類	100	85	100	100	62

(　　) 年代：　～年前

ン11の年代は、Rabatel et al.（2008）のモレーン10の年代、一九〇七±九より一〇～二〇年くらい新しいものと推定される。

表9-3は頻度の高かった植物種（頻度一〇パーセント以上の種）のモレーン別の出現頻度を示す。植物は標本にする個体を採取し、それをサンアンドレアス大学の植物学教室で同定してもらった。採取した植物はホテルに帰って新聞紙に挟んで標本を作ったが、この作業もそれなりに大変だった。

キク科の仲間（*Asteraceae* sp.）やペレジア・マルティフロラ *Perezia multiflora*、ウエルネリア・コニザ *Werneria conyza* のようにとくに低標高の古いモレーンに多く見られるものや、ベロアの仲間（*Belloa* sp.）のように中標高の二〇〇～三〇〇年前のモレーンにとくに見られるもの、セネキオ・ルフェセンス *Senecio rufescens* やディエルシオクロアの仲間（*Dielsiochloa* sp.）のように高標高の新しいモレーンにとくに出現する種、ディエウクシア・ニティドゥラ *Deyeuxia nitidula* のように低標高の古いモレーンから、高標高の新しいモレーンまで広く分布する種と、モレーンの年代や標高によって出現種が異なっていた。

氷河末端付近に生育していたのは、ペレジアの仲間、ディエウクシア・クリサンサ *Deyeuxia chrysantha*、セネキオ・ルフェセンスであった（写真9-5）。ケニア山の氷河末端付近に生育できる第一の先駆種も、同じキク科キオン属のセネキオ・ケニオフィトウム *Senecio keniophytum*（写真8-3）であったので、同じような黄色い花の植物が氷河末端付近に咲いているのを初めて見たときは、思わず、「あっ！」と声が出てしまった。南米アンデスとアフリカのケニア山、遠く離れた大陸の高山で同じような植物が氷河近くに生えていることに、驚かされるとともに何かうれしい気持ちにさせられた。

モレーン間における最大礫（方形区内で直径が一番長い岩）のサイズの比較（図9-4）やモレーン間における維管束植物の被覆率の比較（図9-5）、種数の比較（図9-6）を見ると、モレーンの年代が新しくなるにつれて、分布する堆積物の礫径が大きくなり、一方、維管束植物の植被率と出現種数はモレーンの年代が新しくなるにつれて低下していった。このことから、モレーンの年代が古くなると堆積物は細かくなっていき、植被率や出現種数は増加していく傾向があることが判明した。言い換えれば、氷河から解放されてから年数が経つにつれ、地表の礫は細かくなっていき、より多くの種類の植物に

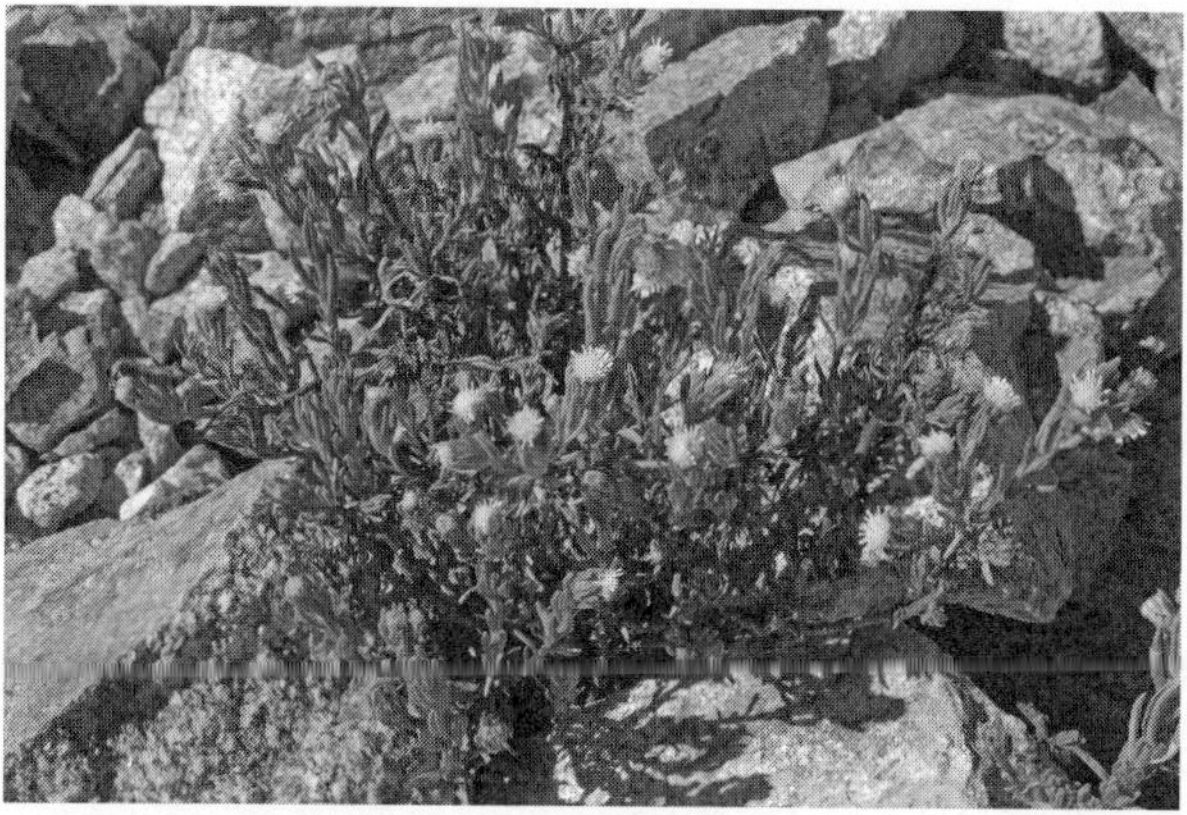

写真 9-5　チャルキニ峰西カールの氷河末端付近に生えているキク科のセネキオ・ルフェセンス *Senecio rufescens*（2013 年撮影） 2013 年にはチャカルタヤ山の植物の生育上限を占めていた

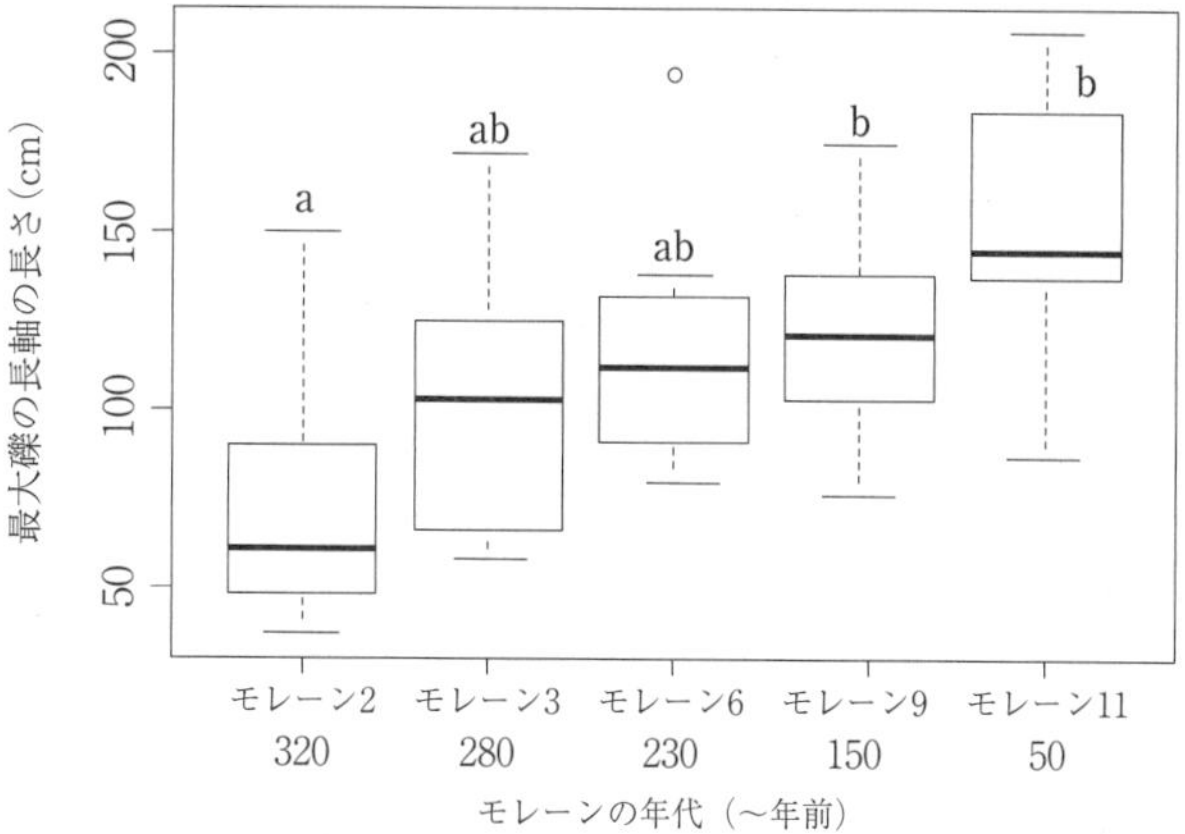

図 9-4　モレーン間における最大礫サイズの比較（水野・藤田 2016） 異なるアルファベット間には有意差（Steel-Dwass test, $p<0.05$）が認められた

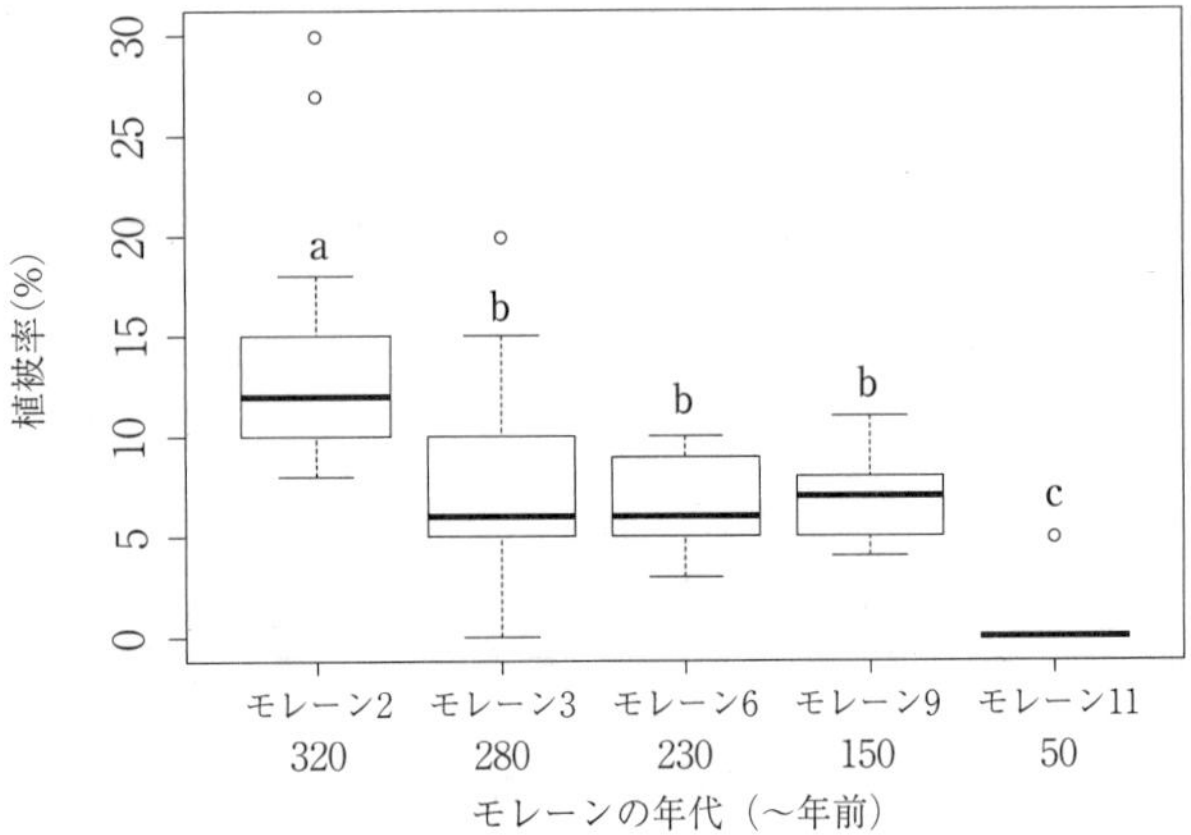

図9-5　各モレーンにおける維管束植物被覆率の比較（水野・藤田 2016） 異なるアルファベット間には有意差（Steel-Dwass test, $p<0.05$）が認められた

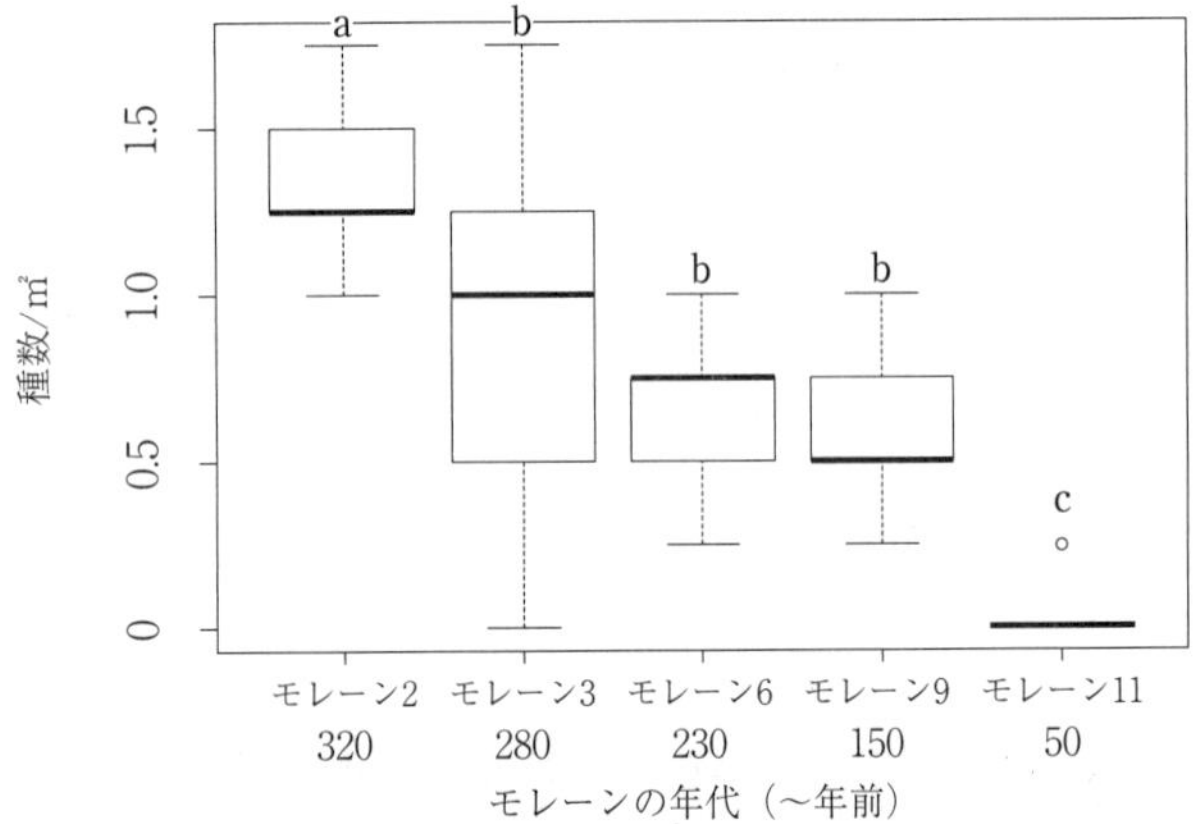

図9-6　各モレーンにおける維管束植物種数の比較（水野・藤田 2016） 異なるアルファベット間には有意差（Bonferroni test, $p<0.05$）が認められた

よって、だんだん地表が覆われていくということになる。このことをモレーンを使わず、リアルタイムで証明しているのが筆者の三〇年にわたるケニア山の研究というわけだ。

一二年ぶりにドイツに住む

徴兵制の廃止

二〇一二年の九月から一二月まで四ヶ月間、再びレーゲンスブルクに住むことになった。大学のサバティカルという制度で半年間、研究休暇が取れることになったのだ。日本にいると何かと雑音が入ってくるので、海外でゆっくり充電期間として過ごそうと考えた。それで以前お世話になったハイネ教授に連絡を取ったが、なんと教授が定年退職したときに、レーゲンスブルク大学の地理学教室が廃止されてしまったそうだ。ドイツといえば特に地理学が有名な国なのに、それでも廃止とはなんとも悲しい。そこでハイネ教授は代わりに理学部の植物学教室に私が席を置けるように手配してくださった。まだ夏の名頃があり、太陽の日差しがやや弱まってきた頃、レーゲンスブルクに到着した。

問題なのは宿舎だった。ちょうどその年に、以前住んだ大学のゲストハウスが改修工事中で利用できなかった。おまけに、ドイツでは戦後長らく徴兵制があったが二〇一一年に廃止されたため、多くの男子学生が大学に入る前に兵役（または市民ボランティア）

に一年近く行っていたのがなくなり、二〇一二年は大学に平年の二倍近くの男子学生が入学することになったのだ。それで一般のアパートも学生でいっぱいで、けっきょく、半年間フィンランドに留学する男子学生から民間経営の学生寮の部屋を借りた。

その学生寮は社会人も混じっているものの住民の大半は大学生で、男性と女性が混じって住んでいる。若い人たちばかりの寮に住むのは自分も若返ったようでちょっとウキウキ気分だった。部屋の中で自炊をすることが多く、おいしいアスパラガスやソーセージはよく料理して食べた。寮の建物の地下の部屋には洗濯機二台と乾燥機一台が置いてあった。その洗濯室の鍵は、入居する際に部屋の鍵と玄関の鍵とともに渡されていた。洗濯をするために初めてその部屋に入ったとき、暗い地下室の鍵を開けて電気をつけるとびっくり。部屋には何本ものロープが張られ、そこに女子学生たちが洗濯した下着がずらりと干されているのだ。男子学生も干しているが、女子学生のほうが多い。一本のロープには全部白の女性用下着が干され、別のロープには全部黒の女性用下着が干されていた。色の趣味が異なる二人の女子学生が干しているのかなと思いながらも、これは日本ではあり得ないことだと驚いた。

私は洗濯物を自分の部屋で干している。そもそもヨーロッパではベランダやバルコニーのような人目につく場所に洗濯物を干さない。それなのに、なぜ、男性も入室する洗濯室に女子学生が下着を干すのか理解できなかった。ひょっとしたら、日本で起きている下着泥棒という犯罪はヨーロッパ社会ではまれなのかもしれないと思った。

日本で購入したiPhoneは内蔵カメラで撮影するときパシャッと大きな撮影音がする。電車や飛行機の窓から風景を撮るときも、この撮影音が周りの人に迷惑にならないか気になる。撮影音を消すことはできないからだ。しかし、海外で購入するiPhoneは撮影音がしない。私は最近までiPhone自体によって撮影音がするのかと思っていた。八月にタンザニアに行って、空港でSIMカードを購入し入れ替えたら、撮影音がしなくなった。日本に戻りSIMカードを入れ替えるとまた音がするようになり、次に九月にケニアに行ってSIMカードを入れ替えたとたん、再び撮影音がしなくなった。それで日本のSIMカードが撮影音をするように設定されていることに気がついた。日本の盗撮の多さが撮影音を消せない設定の要因だそうだが、この撮影音はけっこう鬱陶しい。

ウイーンに向かう

植物学教室では私はハーバリウム（植物標本室）の一角に机をもらって、そこにノートパソコンとプリンターを置いて論文を書いたりして毎日を過ごしていた。植物学教室には附属の植物園や温室もあるので、ときどき観察したりもした（写真10-1）。昼食は主にカフェテリアでサンドイッチとコーヒーで済ませていた。何か困ったことがあったときは、研究室の研究員に助けてもらっていた。毎週木曜日の午後二時には研究室のお茶タイムがあって、できるだけ構成員が集まることになっていて、差し入れのケーキを食べ珈琲を飲みながら談笑するしくみになっていた。秋が深まるにつれ、日が暮れるのが早くなり、朝はいつまでも暗かった。一一月頃には朝八時はまだ暗く、その暗い中、ひたすらキャンパスの建物の明かりを目指す自転車のライトの群れが蛍のようだった。

ハーバリウムでは時々整理するためなのか標本が植物標本棚から出されて、山積みに

写真 10-1　レーゲンスブルク大学植物学教室の附属温室（2012 年撮影）

写真 10-2　レーゲンスブルク大学植物学教室のハーバリウム（植物標本室）に保管されている約 200 年前の植物標本（上）と記録（下）（2012 年撮影）

なっていることがある。その標本をいくつか開いて見てみると、一九世紀の標本だった(写真10-2)。標本台紙の表紙をめくるたびに、そこには一〇〇年以上前に咲いていた植物が、植物種名、採集場所、採集日付け等の記録とともに顔を出す。へたしたら、人の目にふれることもなく、何十年も眠ったままになっているものも少なくないのではないだろうか。レーゲンスブルクは第二次世界大戦の戦火を免れて、旧市街地はユネスコの世界遺産になっている。貴重な標本も消失せずにすんだ。

あるとき、ハーバリウムでパソコンを開くと、当時私が所属していた京大の大学院アジア・アフリカ地域研究研究科(通称ASAFAS)の教務掛《がかり》から一通のメールが届いていた。内容は、「教務掛に水野先生に連絡を取りたいというひとのメールが届いたので、転送します」というものだった。私は、そのひとにメールで連絡を取ると、ウイーン大学で助手をしているひとということがわかった。彼ロブサン・テンパ氏は、私が調査していたインド、アルナーチャル・プラデーシュ州のモンパ民族地域出身のタワンモンパの人だった。文化人類学をウイーン大学で学び、博士号の学位論文執筆のために彼の出身地で調査しているとのこと。しかし、彼がどこに聞き取り調査に行っても、「そのことなら日本人研究者がすでに調査に来ていた」ということを聞かされたため、私と情報交換がしたいと言う。

運がいいことに、レーゲンスブルクもウイーンもドナウ川沿いの街で、ドナウ川沿いに特急列車を使えば三時間で行ける。私は自分がレーゲンスブルクに住んでいることを告げ、彼に会いにウイーンに行くことにした。ウイーンに着いてすぐにホテルのロビーで待つと、温厚な感じの青年がやってきて、一目でその人が彼だとわかった。ロビーで一時間以上、お互いの調査の話をして、それだけで私は彼が非常に有能で現地のことをよく知っていることがわかった。翌日はいっしょにウイーンを歩き、夕食をともにした。

写真10-3　ウイーンのオペラハウス内（2012年撮影）

ウイーンに到着した日、ホテルのレセプションでチェックイン時に、オペラハウスのオペラを鑑賞したいと告げると、レセプションの人がすぐにチケットの予約をしてくれた。席は最前列から数列後で、新作のオペラだったのでかなりの高額チケットだった。オペラハウスに入るとみなさんきちっとした身なりで、セーターを着ていた私はかなり目立った（写真10-3）。後日、レーゲンスブルクに戻ってハイネ教授夫妻にその話をすると、ウイーンはドイツより格式張っているので、ウイーンのオペラハウスではかなりきちっとした服装をするのが一般的だと教えられた。以前、ウイーンの楽友協会でニューイヤーコンサートを聴きに行ったときはそれなりの服装をしていったが、今回はウイーンに急に飛び立ち、思いつきでオペラを鑑賞したので服装まで気が回らなかったのだ。

翌日は前日出会ったテンパ氏とウイーンを観光して、夕食時に、私が二〇一二年の三月に出版した『神秘の大地、アルナチャル――アッサム・ヒマラヤとチベット人の社会』の英語版を出すつもりがあることを告げ、その英語本に協力してくれないかと頼んだ。彼は二つ返事で了承してくれた。けっきょく、このウイーンの出会いがあって、二〇一四年に彼を京都に招き、彼の一週間の京都滞在中に、私の和書の英訳原稿を彼に読んでもらって、間違った箇所を修正し、彼の知識を追加して、帰国後もメールのやりとりを重ねて、Mizuno, K. & Tenpa, L. *Himalayan Nature and Tibetan Buddhist Culture in Arunachal Pradesh, India: A Study of Monpa* (Springer, 2015) を出版することとなった。私がサバティカルでレーゲンスブルクに来ていなかったら彼と直接会うこともなかったし、この英文書籍が出ることもなかったかもしれない。この本が世に出た頃にはテンパ氏はドイツのライプチヒ大学に移り、博士号を取得したのだった。

レーゲンスブルク植物学会

植物学研究室に所属したため、レーゲンスブルク植物学会の定例会での講演を頼まれた（写真10-4）。レーゲンスブルク植物学会（旧レーゲンスブルク王立バイエルン植物学会）は一七九〇年の設立で、世界で最も古くから存続している植物協会である。学会の有名な会員としては、ヨハン・ヴォルフガング・フォン・ゲーテ、アレクサンダー・フォン・フンボルトらがいた。学会は一九七四年からレーゲンスブルク大学の管理下に置かれた。筆者はその例会にて、ケニア山での研究について発表を行った。私のつたない英語で、英語を母国語としないドイツ人を相手に話すのは不安であったが、なんとかやり終えた。講演終了後にレストランで懇親会が行われた。そこでドイツのヴュルツブルク出身のフィリップ・フランツ・フォン・シーボルトの話になり、シーボルトはドイツ人には一般に知られていないが、ドイツの植物学者ならたいてい知っているということだった。

　後日、ヴュルツブルクのシーボルト博物館を訪問する機会があったが、トラムに乗って行ったところ、「次はシーボルト博物館です」という案内がそこだけ日本語で流れた。やはり日本の歴史に大きな足跡を残したシーボルトを慕って博物館を訪れる日本人は少なくないと思われた。博物館の

写真10-4　レーゲンスブルク植物学会での講演案内（2012年撮影）

中には、愛人の楠本《くすもと》滝の名前から学名*Hydrangea otakusa*（お滝の草）を付けられた、日本の固有種であるアジサイの植物図譜があった。またシーボルトがオランダ人になりすまして日本にやって来た動機のひとつ、イチョウの標本や図譜があった。ヨーロッパでは第三紀（六六〇〇万～二五八万年前）の時代の植物化石でしか見られなかったイチョウが、なんと日本では生きた植物として見られるという長崎の出島のオランダ商館員の報告が、シーボルトの心を強くとらえたのである。博物館には、そのほかに彼が出島から出て治療を行ったときに使った医療器具などが展示されていた。鎖国されていた江戸時代に、オランダ人になりすまして日本にやってきたひとりのドイツ人、シーボルト。冒険心と探究心にあふれたひとだったのだろう。生まれた時代がいっしょだったらぜひ会ってみたかったものだ。

一二年間の変化

レーゲンスブルクを再訪して、街並みは以前とほとんど変わっていなかった。その中でも大きく変わっていたのが、ユーロの流通である。以前はドイツの通貨マルクを使用していたが、ユーロ硬貨と紙幣は二〇〇二年一月一日に流通開始され、二〇〇二年三月までに旧通貨から完全に置き換えられた。マルクからユーロに変わって、すべての物価が高くなったような気がした。マルクを使用していたときは、ドイツは日本より物価が安い感じがしたが、それが高く感じるようになったのである。また、二〇〇〇年頃は日本の消費税は五パーセントであったが、当時のドイツは一五パーセント程度で、現在（二〇二二年）日本は一〇パーセントであるが、ドイツは一九パーセントである。しかし、消費税は、ドイツでは内税なので、最初から商品の値段は消費税込みの値段でしか表示されていない。それで、消費税が高いという感覚を持たない。日本のように消費税抜きの値段で表示されていると、支払いのときにその値段に一〇パーセント上乗せされるので、すごく高いという印象を持つ。私が二回目の訪問時（二〇一二年）には、円高で、一ドル八〇円、一ユーロ一〇〇円くらいだった。したがって、さらに割安感があった。

現在（二〇二二年九月）のように一ドル一五〇円近くであると、海外に出る日本人の生活は大変である。しかし、最近の円安と西欧諸国に比べて物価の安い日本を見ていると、発展途上国から来る留学生たちの大変さが身近に感じられる。物価が安いと言っても、発展途上国からしたら日本の物価は高い。日本で割安のバナナと牛乳と卵とパンで生活する留学生たち、その苦労はたやすくはない。

海外に出て思うこと

海外に出て、その土地を再訪すると、以前訪れたときの土地の様子と自分の当時の姿を重ねて思い出すことが多い。あのころは若かったから何も知らず疲れ知らずの行動を取ったな」とか、すごく些細なこともよく覚えている。私は寝ぼけることがたまにあって、夏にロンドンの安宿に泊まったとき、暑いので上半身裸でパンツ一枚の姿で寝た。ヨーロッパのホテルやレストランにはエアコンがないことが多い。ただ、そのときは暑かったのでパンツ一枚で寝たのであった。夜中にトイレに行きたくなって、トイレのドアを開けたつもりが、寝ぼけて部屋のドアを開けて廊下に出てしまった。ドアを閉めたとき、「ガッチャン」という金属音の響きで寝ぼけから現実に引き戻された。ドアはオートロックだったのだ。廊下にパンツ一枚の姿で放り出され、その格好でフロントに行ったが、夜中の一時でフロントは閉まっている。フロントに置いてあった呼び鈴を何度もたたくと眠そうな宿のおやじが出てきて私の姿を見てびっくりした様子だったが、「トイレと間違えて廊下に出てしまった」とうろたえると、鍵の束から一本の鍵を選んで差し出してくれた。この光景は数十年たった今でも鮮明に覚えている。このような海外での思い出はいっぱいある。このときのホテルの部屋の窓から眺めた光景は、窓のすぐ脇にあった何本もの線路とそこをギィーギィーと音をたてながら走る列車だった。

また、いつだったか夏にパリを訪れたとき、ヨーロッパにしてはものすごく暑かった。それまで何度か利用したことがあったパリ北駅構内の観光案内所に行くと閉鎖されていた。それまで宿探しに利用していたのだが、しようがなく、額に汗をかきながらシャンゼリゼ通りの観光案内所まで重たいスーツケースを引きずっていった。ドアを開けると、見覚えのある中年女性のスタッフが笑顔で迎えてくれた。彼女には、これまで何度か北駅構内の案内所でお世話になったことがあり、そのときと同じように、胸に日本や中国、スペインなどの国旗を示したバッチを付けていた。彼女はそのバッチの国の数だけ言葉が話せるのだ。その笑顔を見て、暑さを忘れてほっとした。何でも北駅の案内所が一時閉鎖し、そのためにこちらに移ってきたという。宿を紹介してもらい、案内所でもらった、ホテルの場所に赤い○が付けられた地図を頼りに、地下鉄に乗り、太陽の照りつける通りを歩いて、カルチェラタンにある宿に無事たどり着くことができた。

私がこれまでパリに来たとき最も多く宿泊したのがカルチェラタンである。カルチェラタンは学生街なので値段が手頃のホテルやレストランが集まっている。昼には、ハムや野菜を挟んだフランスパンをはおばる学生たちであふれる。また、ソルボンヌ大学の近くにハルマッタンという本屋があって、そこには世界の国ごとに関連書籍が並べられ、アフリカの場合、とくにフランス語圏の西アフリカや北アフリカ諸国の本が書棚を占めている。私はパリに来たときは必ずこの本屋に立ち寄っている。

ホテルの部屋に入ったものの、当然のことのようにエアコンはない。扇風機もないので、窓を全開にして、ベッドの上に仰向けになり、外からのわずかな風を全身で受けた。異常気象で例年になく暑い夏だったようだ。近くのリュクサンブール公園に行くと、若い男女が水着で日光浴している光景が目に入ってくる。日本ではあまり見たことのない光景だったので、とくに印象的だった。緯度の高いヨーロッパでは日射量が少ないため、健康のため日光浴がかかせない。骨の発育を促すビタミンDが日光浴での紫外線で生成されるからだ。ヨーロッパ人の日光浴に対する欲求は日本人からは考えられないほど強い。そんな二〇年くらい前の思い出が最近よみがえってきた。

二〇二二年の七月後半、私はパリにいた。海外に出るのは二〇一九年三月のインドネシア、バリ島以来三年以上ぶりである。国際地理学会がソルボンヌ大学で開催され、参加するために現在の指導大学院生四名、元指導大学院生（現在、大学教員）二名といっしょにやってきたのだ。しかし、ものすごく暑かった。宿はAirbnbで探した、家族で夏のバカンスに行っている世帯のアパルトマンだった。エアコンはなかったが、扇風機があったのが救いであった。レストランに行ってもエアコンはなく、一番暑かった日には、とにかくエアコンがある店を探したところ、ハンバーグチェーンの店にエアコンが入っていた。日本で七〇〇円くらいのハンバーグセットが円安も手伝って一五〇〇円くらいだった。その日は、フランスの歴代一位の暑さで気温は四〇℃を越えたというニュースが流れていた。ソルボンヌ大学での学会では、受付時に手提げ袋が手渡され、その中には扇子も入っていた。大学の教室にエアコンは入っておらず、発表を聞いている人たちは、みなパタパタと扇子で扇いでいた。参加者はヨーロッパ人が多かったが、彼らがいっせいに扇子で扇ぐ姿は何かユーモラスな感じがした。そんな光景に、二〇年くらい前の「暑い」記憶が鮮明によみがえってきたのだった。

　海外に出ると何もかもが新鮮で、小さな経験も鮮明に覚えていることが少なくない。おそらく国内にいたら何も考えず時間だけが過ぎていっただろう。レーゲンスブルクを再訪したとき、すぐに自転車を買った。自転車で市街地の石畳の道も小麦畑の細い道も、初秋の風を肌で感じ、土地の匂いを身体いっぱいに吸い込みながら走り抜けると、言い様もないワクワク感とすがすがしさで満たされる（写真10－5）。このワクワク感とすがすがしさは年齢と共に薄れていくが、海外に出ると少年に戻ったかのように、ワクワクしてペダルを一生懸命漕ぐのだ。このワクワクを感じたいために、私はさらに未知の世界や旧知の世界に飛び出していく。そこで新たな発見が見つかれば、日本にいてぐちゃぐちゃ考えていることや悩んでいることも些細なことだと思えてくる。海外に出ることの大切さをあらためて認識するのだ。今度はどこに飛び立とう？　地図帳をひろげ机上で考えるだけでも楽しくなる。

写真 10-5　初秋のレーゲンスブルク郊外の小麦畑（2012 年撮影）

文庫版あとがき

ちょうどこのあとがきを書いているとき、NHKのBSプレミアムの『コズミックフロント』(毎週木曜日二二〜二三時)で「山岳氷河」が特集され、それに私が科学研究費の代表者を務めているケニア山研究プロジェクトの調査の様子が放映された。本書で綴られているように、ケニア山調査は私が三〇年前の一九九二年から一人で始めたものである。しかし、二〇一五年からは科研費のプロジェクトとして、地形・土壌学、気候学、雪氷学、水文学、地生態学、植生地理学、生態人類学の研究者がチームを作って多角的にケニア山の氷河の縮小と自然環境や住民生活との関係を解明すべく調査を行っている。

調査をひとりで始めたころは広大な氷河であったものの、その氷河は今まさに消えようとしている。放映されたTVの映像には、二五年前の一九九七年に筆者らが撮影した映像も出てきて、そのころは私も若く、声も今より鮮明であった。氷河がどんどん後退するとともに、私の若さも後退していき、年齢を重ねるにつれて氷河の末端が遠く離れていき、到達するのが難しくなってきた。本書はその最初の調査である一九九二年の渡航から語られている。

ＴＶ映像には、私が長年調査してきたケニア山の研究を、当時私が調査を始めたころの年齢である、私の元教え子の若手研究者も登場し、その活躍ぶりも描き出された。今後は彼らが氷河のなくなっていくケニア山の調査を引き継いでくれるだろう。「ひとりぼっちの海外調査」は三〇年経って、新たに若い世代に引き継がれていく。私もさらに未知の世界を探して、海外を放浪することだろう。体力の続く限り永遠に……。

私が京都大学大学院のアフリカ地域研究専攻に就職したときに、生態人類学が専門のポスドクとして在籍していた都留泰作さんには、『月刊地理』にドイツ編を連載した際、挿絵を描いていただいた。都留さんはその後、富山大学助教授を経て、京都精華大学のマンガ学部の教授に就任された。今回都留さんには幸いにも「解説」を寄せていただいた。文庫化するにあたり、ちくま文庫編集部の河内卓さんおよび校閲の方々のご尽力を得た。鹿児島大学の藤本麻里子さんにはザンジバルの果実や香辛料のスワヒリ語名を確認していただいた。明星大学の長谷川裕彦さんにはチャルキニ峰の写真を提供していただいた。お礼を申し上げる。本書を握りしめ、発見と出会いを求めて世界を行く！若者たちが出てくることを期待してやまない。

二〇二二年一二月

水野一晴

著者と学生たち　都留泰作画

解説

都留泰作

本書の著者である水野一晴さんと、私との縁は、京都大学のアフリカ地域研究資料センターで出会った関係である。水野さんは教員、私は院生という立場であった。本書でも、何人もの院生が登場し、水野さんの海外調査に同行しては、フィールドの辛さに苦しんだり怯《おび》えたりしているが、あのような関係性だと思っていただいて間違いはない。ただし、水野さんは、自然地理学が専門だが、私は、生態人類学が専門であって、本書においても、アフリカ、ウガンダでのマウンテン・ゴリラ見学ツアーで登場し、水野さんにウェイティング・リストを譲って下さる市川さんのもとで学び、やはり本書にもたびたび登場するアフリカのピグミー系狩猟採集民のフィールドワークに従事したので、一緒に調査したことはない。

その頃の私は、陰気な顔をした世間知らずの院生だったと思う。水野さんは、学部の出身が同じ名古屋大学であり、また、部活も同じワンダーフォーゲルだったりと、経歴が重なっているところが多かったこともあって、いつも気さくに声をかけてくださった。

その後、私は、京都大学から出て、別の道を歩んだので、水野さんとは出会う機会がなくなったが、同じ京都の岩倉在住ということもあり、遠くからお見かけすることもあった。本書の中で、水野さんは「日本にばかりいると、つい、ぼぉーっと時を費やしてしまいがち」であり、だからこそ新鮮な驚きと学びを求めて海外に出かけるのだ、とされているが、まさにそんな「ぼぉーっ」とした、飄々《ひょうひょう》として、でもちょっと憂鬱そうな雰囲気で通り過ぎていかれた。

水野さんは、現在も在籍されている京大に来られるまで、いろいろな立場を転々とされた。名古屋大の文学部を卒業した後、都立大で博士研究をされた後、東京の複数の大学で非常勤講師の掛け持ちをしながら、河合塾で予備校講師もされていた。河合塾では大変な人気講師だったとお聞きする。私も、一度だけ水野さんのレクチャーを聴講したことがあったが、いつもの「ぼぉーっ」とした雰囲気をかなぐり捨て、大阪芸人のようにハイテンションでテンポ良い語りを展開し、本書の叙述にも表れている通り、情報提示も的確でわかりやすく、これは人気講師になるわけだなと大いに納得した。私などは「講義が淡々としている」「眠くなる」と言われるばかりなので、少しうらやましくもある。

元来が世話好きで、若者の面倒を見るのが好きな水野さんのお人柄は、本書でも、院生の調査同行者とのやりとりに見て取ることができる。院生に怒って調査作業の指示をどなったりする一方、高山病が辛くて、岩の上に座ったまま黙って涙をこぼす姿に「これ以上調査を続けられない」と心を痛めたりされているのを読むと、私もこういうふうに水野さんには見えていたのかな、と感慨深い。

そんな水野さんなので、マスコミ受けするところは確実にある。直接お会いする代わりに、テレビの中で度々、水野さんとお会いするのでびっくりする。タモリ氏の『ブラタモリ』というＮＨＫの人気番組である。私の見たのは、二度ほど、いずれも京都の回で、水野さんは、比叡山の地質や、大原の畑の土壌などについてお話しされていたと思う（比叡山の地質については、本書でも少しだけ言及がある）。比叡山の回では、やはり、研究室の男性の院生さんを連れてこられて、タモリ氏に「この人はモテるんですよ！」と嬉しそうに紹介していた。相変わらず、世話好きだなあと懐かしく拝見した。『ブラタモリ』は私も大好きな番組なので、京都回に限らず、しばしば視聴する。毎回、いろいろな研究者たちが登場するが、院生さんを連れてきたのは水野さんだけだったと思う。

さて本書は、学術論文には反映されないような、そんな水野さんの調査経験を、楽しく軽快に綴った、独特の紀行文となっている。水野さんは、世界中の高地の、とりわけ氷河の周囲の植生のデータを収集し、地球環境の変化について解き明かすという雄大な構想のもとに、アフリカ・南米の高山地帯を踏査している。本書には、その調査の過程における、人との出会いや事件、さらに、そのような経験から想起される、雄大な地球や、人間の歴史への随想が綴られている。在外研究で滞在されたドイツのレーゲンスブルクでの見聞が、ヨーロッパという「異なる文明」での経験談として、これらの「秘境」での体験を補う形になっている。

海外で学術調査を行う研究者の間には、科研費など「お国の金」で海外旅行をするという「裏の文化」というものがある。誤解はしないでいただきたいが、もちろんみんな真面目に調査はする（本書でも最後の「第三部　その後の世界」で、その豊かな研究成果が紹介されている）。しかし、ツアーの観光旅行や芸能人のロケとは違って、自分で生活や移動手段などをやりくりしなければならない、「ひとりぼっちの」研究者たちは、そこで当然ながら、研究以外に、住居探しだったり、サボったりお金をちょろまかそうとする現地の窓口対応者や調査協力者たちとの騒々しいバトルだったり、膨大な雑事を経験する。しかし、海外にいる間は、ただ苛立たしく不愉快なこんな経験も、日本で「ぼぉーっ」としているのに比べると、とても刺激的で面白く、それどころか人間の真実に触れる経験になってくるのだ。

余暇の時間も当然生じるので、見学旅行をする機会もある。ただその旅行も、研究者だから、普通の人とは違った見方をする。自然地理学者である水野さんの場合は、その場所の気候・地形や、それらを基盤とした土地の文化についての考察が、いやがおうにも生じてくる。

本書の「文庫版はじめに」では、「本書は、旅をしながらその地域の自然、環境、文化などがいっそう理解できるように」、新しいスタイルの「紀行自然学」を企図していると書かれている。私の考えでは、本書は、新しいツーリズムへの提案にもなっている。さきほど言及した『ブラタモリ』を見ていて、いつも思うことがある。同じ観光旅行でも、あんなふうにぶらぶら歩きながら、地学や歴史学の専門家が行く先々に現れて、この坂道がどういう地質条件によって成り立っているのかとか、なんの変哲もない通りが、実は城の構造と関係しているとか教えてくれたら、変哲もない地方都市であれ、どこであれ、どんなに楽しい旅行になるか……ということだ。本書でも、ドイツの「ロマンチック街道」ブームについて、水野さんが指摘している通りだが、駆け足でただ、名所をめぐるだけの観光旅行は、旅の本来の面白さとはかけ離れている。

私たちが、海外や異世界への旅行に求めているのは、本書で書かれているような、ただ一個の人間として異境に立ち、そこで五感で感じる「体験」のはずである。その土地を自分の足で歩き回り、その空間や時間、ひいては雄大な地球の歴史を体験する。例えば、本書のケニア山をめぐる調査では、インド洋から起こった貿易風が、美しい珊瑚礁と白い砂に囲まれた天国のようなザンジバル島を経て、膨大な雨水とともにケニア山の東麓に吹き付け、清浄な地下水となって地域住民に利用される……そんな風景が、水野さんの旅路と調査の「合わせ技」によって、まさに「体感」される。アフリカの風と、大地に湧き出る水を、ただのモノとしてではなく、一種のロマンとして感じとる感覚。エチオピア高地を歩きながら、地球の寒冷化とともに、アクスム、ゴンダール、アジスアベバへと移り変わるエチオピアの都の変遷を体感する。その同じエチオピアで、天才的な詩才と美貌に恵まれながら、武器商人に身を落として、三七歳の若さで亡くなったアルチュール・ランボーの胸中を思う。さらにエチオピアから、ナイルの流れを南に遡って、ナイル川源流の一つであるヴィクトリア湖に至り、バートンとスピークの苦難と、二人の間の謎の確執に思いを馳せる。

そして、土地にしかない食材に触れる魅力。水野さんによれば、食物は原産地が一番美味しいとのことだ。本書で触れられるエチオピアのコーヒーや、アンデスのジャガイモを、私もぜひ現地で味わってみたくなった。

何よりも、本書の最大の醍醐味は、旅先における、印象的な人々との一期一会の出会いだろう。ナイロビの交差点でたまたま出会った日本人旅行者とキリマンジャロに登る。ソニー製品を欲しがるキャンプの小屋番。ケニアのナイロビで水野さんの結婚について占ってくれる謎の「インドおやじ」。やはりナイロビの巨大スラムで、日本人でありながら現地の人たちの学校作りに取り組む早川さん。

エコツーリズムという用語が流行って久しいが、具体的にそれがどのような「ツーリズム」になりうるのか、私自身はあまりはっきりしないところがあった。カヌーに乗って川下りするとか、「ぼぉーっ」と、ガイドさんについて回って、田舎道を歩き回る、とか、そんな貧困なイメージしかなかった。本書に触れた上で、『ブラタモリ』で楽しそうに語る水野さんの姿も思い出し、少しそのイメージが変わった気がする。それは、まさに本書で示されているように、フィールドワークによる「知」を、旅という「体験」と融合させていく営みなのだ、ということになるのではないだろうか。それを意図して、ということではないのだが、水野さんの研究経歴と人柄、叙述の巧みさから、ある種の必然として、本書は「エコツーリズム」に対する、血と肉を備えた「ナマの原型」を示そうとするものともなっている。

ナイル源流のひとつ、ヴィクトリア湖、マーチソン滝から立ち昇る水しぶきを浴びながら、「海外調査の旅。どこまで続くのだろう」と、独白する水野さんの横顔を思い浮かべつつ、そんな旅がこれからも壮大かつ楽しく続いていくことを願って、本稿の結びとしたい。

引用・参考文献

日本語文献

市川光雄・佐藤弘明編（2001）：『森と人の共存世界』京都大学出版会.

岩田修二（2009）：熱帯高山の縮小する氷河．水越武写真集『熱帯の氷河』山と渓谷社，146–157.

大谷侑也（2016）：息づく山岳信仰――神が住む山　キリニャガ（ケニア山）．水野一晴編『アンデス自然学』古今書院，210–214.

大谷侑也（2018）：ケニア山における氷河縮小と水環境の変化が地域住民に与える影響．地理学評論，91, 211–228.

大谷侑也（2021）：近年のキリマンジャロの氷河縮小と氷河融氷水の山腹河川水への寄与の可能性，アフリカ研究，100, 111–120.

大谷侑也（2022）：アフリカ熱帯高山の消えゆく氷河――氷河と山麓水資源の関係性の解明．陀安一郎・申基澈，鷹野真也編『同位体環境学がえがく世界：2022年版』総合地球環境学研究所，113–117.

尾本恵市（2016）：『ヒトと文明――狩猟採集民から現代を見る』ちくま新書.

門村浩（1993）：アフリカ熱帯雨林の環境変遷．創造の世界，88，66–90.

木村圭司（2005）：気候からみたアフリカ．水野一晴編『アフリカ自然学』古今書院，15–24.

木村大治（2003）：『共在感覚――アフリカの二つの社会における言語的相互行為から』京都大学学術出版会.

ケニヤッタ，J（1962）：『ケニア山のふもと』野間寛二郎訳，理論社.

小塩節（1994）：『ドイツと日本』講談社学術文庫.

酒井昭（1995）：『植物の分布と環境適応』朝倉書店.

重田眞義（1996）：熱帯アフリカ高地における栽培植物と環境利用．熱帯研究（TROPICS），5，151–160.

篠田雅人（1996）：『神々の大地アフリカ』古今書院.

芝田篤紀（2018）：ナミビア北部ブワブワタ国立公園における住民の生業活動と植生の関係．地理学評論，91，357–375.

諏訪兼位（1997）：『裂ける大地　アフリカ大地溝帯の謎』講談社選書メチエ．

谷克二・武田和秀（1999）：『図説ドイツ古都物語』河出書房新社．

橋本萬太郎（1984）：世界の言語．週刊朝日百科・世界の地理，30「民族と言語」，3-267．

長谷川裕彦（2016）：アンデス低緯度地域の氷河変動と古環境変遷，水野一晴編『アンデス自然学』古今書院，64-75．

早川千晶（2000）：『アフリカ日和』旅行人．

ヘミングウェイ（1969）『キリマンジャロの雪』瀧口直太郎訳，角川文庫．

水野一晴（1999）：『高山植物と「お花畑」の科学』古今書院．

水野一晴（2003）：ケニア山における氷河の後退と植生の遷移――とくに1997年から2002年において．地学雑誌，112-4，608-619．

水野一晴編（2005）：『アフリカ自然学』古今書院．

水野一晴（2012）：『神秘の大地，アルナチャル－アッサム・ヒマラヤの自然とチベット人の社会』昭和堂．

水野一晴編（2016）：『アンデス自然学』古今書院．

水野一晴（2016）：『気候変動で読む地球史――限界地帯の自然と植生から』NHKブックス．

水野一晴・藤田知弘（2016）：アンデスの植生遷移と堆積物および植物生育上限高度の20年間の変化，水野一晴編『アンデス自然学』古今書院，111-120．

水野一晴（2021）：『世界と日本の地理の謎を解く』PHP新書．

安岡宏和（2010）：ワイルドヤム・クエスチョンから歴史生態学へ．木村大治・北西功一編『森棲みの生態誌――アフリカ熱帯林の人・自然・歴史Ⅰ』京都大学学術出版会，17-40．

山極寿一（1998）：『ゴリラ雑学ノート』ダイヤモンド社．

吉野正敏・安田喜憲（1995）：『歴史と気候』朝倉書店．

欧文文献

Charnley, F. E. (1959): Some observations on the glaciers of Mount Kenya. *Journal of Glaciology*, 3, 483-492.

Coe, M. J. (1967): *The Ecology of the Alpine Zone of Mount Kenya*. Junk, Hague.

Dansgaard, W., Johnsen, S., Reeh, N., Gundestrup, N., Clausen, H. B. and Hammer, C. U. (1975): Climatic changes, Norseman and modern man. *Nature*, 255, 24–28.

Hastenrath, S. (1983): Diurnal thermal forcing and hydrological response of Lewis Glacier, Mount Kenya. *Archiv fur Meteorologie Geophysik und Bioklimatologie*, Ser. A, 32, 361–373.

Hastenrath, S. (1984): *The Glaciers of Equatorial East Africa*. D. Reidel Publishing Company, Dordrecht.

Kaser, G., Hardy, D. R., Mölg, T., Bradley, R. S., and Hyera, T. M. (2004): Modern glacier retreat on Kilimanjaro as evidence of climate change: observations and facts. *International Journal of Climatology*, 24, 329–339.

Kotzé, C. and Lang, L. (2002): *Go for History: IGCSE*. Gamsberg Macmillan Publishers, Windhoek.

Mahaney, W. C. (1982): Chronology of glacial and periglacial deposits, Mount Kenya, East Africa: description of type sections. *Palaeoecology of Africa*, 14: 25–43.

Mahaney, W. C. (1989): Quaternary glacial geology of Mount Kenya. In Mahaney W. C. (ed.), *Quaternary and Environmental Research on East African Mountains*. Balkema, Rotterdam, 121–140.

Mahaney, W. C. and Spence, J. R. (1989): Lichenometry of Neoglacial moraines in Lewis and Tyndall cirques on Mount Kenya. *Zeitshrift für Gletscherkunde und Glazialgeologie*, 25, 175–186.

Mizuno, K. (1998): Succession processes of alpine vegetation in response to glacial fluctuations of Tyndall Glacier, Mt. Kenya, Kenya. *Arctic and Alpine Research*, 30–4, 340–348.

Mizuno, K. (2005): Glacial fluctuation and vegetation succession on Tyndall Glacier. Mt. Kenya. *Mountain Research and Development*, 25, 68–75.

Mizuno, K. and Fujita, T. (2014): Vegetation succession on Mt. Kenya in relation to glacial fluctuation and global warming. *Journal of Vegetation*

Science, 25, 559–570.

Mizuno, K. and Tenpa, L. (2015): *Himalayan Nature and Tibetan Buddhist Culture in Arunachal Pradesh, India: A Study of Monpa.* Springer, Tokyo.

Mizuno, K. (2022): Retreating glaciers, plant succession on Mount Kenya due to climate change, In Mizuno, K. and Otani, Y. eds. *Glaciers, Nature, Water, and Local Community in Mount Kenya*, 89–106, Springer, Singapore.

Mizuno, K. and Otani, Y. (eds.) (2022): *Glaciers, Nature, Water, and Local Community in Mount Kenya*. Springer, Singapore.

Mölg, T. and Hardy, D, R. (2004): Ablation and associated energy balance of a horizontal glacier surface on Kilimanjaro. *Journal of Geophysical Research*, 109 (D16104).

Nagy, L. and Grabherr, G. (2009): *The Biology of Alpine Habitats.* Oxford University Press, Oxford.

Rabatel, A., Jomelli, V., Naveau, P., Francou, B. and Grancher, D. (2005): Dating of Little Ice Age glacier fluctuations in the tropical Andes: Charquini glaciers, Bolivia, 16° S. *C. R. Geoscience*, 337, 1311–1322.

Rabatel, A., Francou, B., Jomelli, V., Naveau, P. and Grancher, D. (2008): A chronology of the Little Ice Age in the tropical Andes of Bolivia (16° S) and its implications for climate reconstruction. *Quaternary Research*, 70, 198–212.

Schmidt, G. (1969): *Vegetationsgeographie auf ökologisch-soziologischer Grundlage*. BBB. G. Teubner, Leipzig.

Spence, J. R. (1989): Plant succession on glacial deposits of Mount Kenya, East Africa. In Mahaney, W. C. (ed.) *Quaternary and Environmental Research on East African Mountains*, 279–290. Balkema, Rotterdam.

本書は、二〇〇五年十二月に刊行された『ひとりぼっちの海外調査』（文芸社）を改題・増補改訂し、文庫化したものです。

ちくま文庫

地理《ち り》学者《がくしゃ》、発見《はっけん》と出会《であ》いを求《もと》めて
世界《せかい》を行《ゆ》く！

二〇二三年二月十日　第一刷発行

著　者　水野一晴（みずの・かずはる）
発行者　喜入冬子
発行所　株式会社　筑摩書房
　　　　東京都台東区蔵前二―五―三　〒一一一―八七五五
　　　　電話番号　〇三―五六八七―二六〇一（代表）
装幀者　安野光雅
印刷所　株式会社精興社
製本所　株式会社積信堂

ISBN978-4-480-43805-8 C0126